民族档案与民族文献研究丛书

# 非物质文化遗产传承人建档保护研究

以白族传承人及其聚居区为中心

黄体杨 著

中国社会科学出版社

# 图书在版编目（CIP）数据

非物质文化遗产传承人建档保护研究：以白族传承人及其聚居区为中心 / 黄体杨著．
—北京：中国社会科学出版社，2019.8

（民族档案与民族文献研究丛书）

ISBN 978-7-5203-4801-0

Ⅰ.①非… Ⅱ.①黄… Ⅲ.①白族—非物质文化遗产—民间艺人—档案管理—研究—中国 Ⅳ.①K825.7②G275.9

中国版本图书馆 CIP 数据核字(2019)第 161683 号

| | |
|---|---|
| 出 版 人 | 赵剑英 |
| 责任编辑 | 孔继萍 |
| 责任校对 | 冯英爽 |
| 责任印制 | 郝美娜 |

| | |
|---|---|
| 出　　版 | 中国社会科学出版社 |
| 社　　址 | 北京鼓楼西大街甲 158 号 |
| 邮　　编 | 100720 |
| 网　　址 | http://www.csspw.cn |
| 发 行 部 | 010-84083685 |
| 门 市 部 | 010-84029450 |
| 经　　销 | 新华书店及其他书店 |

| | |
|---|---|
| 印刷装订 | 环球东方（北京）印务有限公司 |
| 版　　次 | 2019 年 8 月第 1 版 |
| 印　　次 | 2019 年 8 月第 1 次印刷 |

| | |
|---|---|
| 开　　本 | 710×1000　1/16 |
| 印　　张 | 16.25 |
| 插　　页 | 2 |
| 字　　数 | 204 千字 |
| 定　　价 | 88.00 元 |

凡购买中国社会科学出版社图书，如有质量问题请与本社营销中心联系调换
电话：010-84083683
**版权所有　侵权必究**

## 编委会名单

主　编：华　林
副主编：陈子丹　杨　毅　胡　莹
编　委：陈海玉　王旭东　王雪飞

# 总　序

2016年10月22日，由云南大学历史与档案学院档案与信息管理系主办的"首届全国民族档案学术研讨会"在云南大学科学馆召开。研讨会由云南大学历史与档案学院主办，来自海峡两岸30余所高校、研究机构、档案局（馆）等部门的70余位专家学者及历史与档案学院师生出席会议，对民族档案研究近30年的历史进行总结和展望，共话民族档案研究和发展之路。中国人民大学信息资源管理学院院长张斌教授代表参会专家学者致辞，祝愿本次研讨会成功举办并取得丰硕成果。云南大学党委副书记张昌山教授主持开幕式并致辞。他倡导与会代表解放思想、拓展思维，注重学科间的相互吸收、渗透、融合，不断发掘民族档案的历史价值、文化价值、社会价值、经济价值，为守护我国和人类记忆做出应有的贡献。云南省档案局黄凤平局长，台湾"中研院"王明珂院士，《档案学通讯》总编、中国人民大学胡鸿杰教授，广西民族大学副校长黄世喆教授，武汉大学信息管理学院副院长周耀林教授，云南大学历史与档案学院华林教授6位专家分别围绕"云南少数民族档案抢救与保护实践探索"、"文献、社会现实与历史变迁"、"记忆中的档案"、"传承与记忆——以广西民族大学非遗传承人群培训为例"、"文化与科技融合背景下非遗建档技术的回顾与展望"以及"民族记忆抢救视域下的民族档案学研究构建"6个方面作了精彩的主题报告。"首届全国民族档案学术研讨会"标志着我国民族档案学的研究发展到了一个新阶段，也意味着云南大学在民族档案学研究所付出的巨大努力与取得的显著成果得到了学术界的认可与赞誉。

**一 谋定布局，规划发展战略**

1984年，云南大学在历史学系之下创办档案学本科专业。其后，云南大学大批师生依托学校中国民族史优势学科，对中国民族史史料学，特别是西南民族古籍文献开展持续深入研究。在几代学者共同努力下，云南大学民族史料学研究与人才培养蓬勃发展，积累了优良的学术传统和深厚的研究底蕴。依托这一明显优势，云南大学于1988年率先在中国民族史硕士、博士点设立"民族档案史料学"研究方向，招收主要从事民族档案史料研究的硕士、博士学位研究生。1999年在新增档案学硕士点设"民族档案史料学"研究方向，开始招收和培养硕士学位研究生。2004年，在新增历史文献学博士点设"民族历史档案整理与研究"方向，2007年，在新增档案学博士点设"民族档案学"研究方向，开始招收和培养博士学位研究生，逐步建立了民族档案学本科、硕士和博士三级完备的教学和人才培养体系。1988年，档案学系成立伊始，即设立了以我国著名民族史学家尤中先生、张鑫昌教授为学科带头人的民族档案教研室，制定了"立足云南、发展西南、面向全国"的民族档案学研究发展战略，2004年，情报与档案学院成立后，又扩大为民族档案研究所，形成了以西南少数民族历史档案为主，面向全国发展的学术研究特色，建成老、中、青三代相结合的教研师资队伍，并逐渐形成国内民族档案学特色化教学研究基地，使民族档案学发展成为中国当代档案学领域中的一个突出特色和亮点。

## 二　依托优势，构建研究特色

云南大学对民族档案学的研究是伴随着档案学专业创建而发展起来的。早在1984年，云南大学创办档案学本科专业之时，就利用西南地区少数民族档案史料资源丰富的优势，率先对少数民族档案进行全面研究，形成以下鲜明特色：

（一）开展学科融合研究

其一，在研究队伍构建方面。云南大学民族档案学研究骨干主要毕业于中国人民大学、南开大学、武汉大学、北京师范大学、中山大学、华东师范大学、云南大学等国内著名高等学府，所学专业涵盖档案学、图书馆学、信息管理与信息系统、情报学、计算机科学与技术、软件工程、历史学、民族学、物理学、化学等诸多领域学科，形成了一支职称、学历、学缘结构合理，文理兼备，教学经验丰富，科研实力雄厚的民族档案教学科研队伍。其二，在研究方法融合方面。云南大学民族档案学研究借鉴了档案学、民族学、史料学、文献学、图书馆学、情报学和计算机信息科学等学科的研究理论和方法，从多学科交叉融合的视角，全面开展民族档案学研究，在研究方法上形成鲜明的科研特色。

（二）打造特色研究方向

云南大学民族档案学研究创建之际，就制定了"立足云南、发展西南，面向全国"的研究发展战略，利用云南、西南和西部边疆民族地区民族档案资源遗存丰富、种类繁多和古朴博大的优势，全面探讨民族档案、民族档案实体管理、民族档案事业保障，以及民族档案学学科体系构建问题。如今，云南大学民族档案学研究依托张昌山教授、华林教授、陈子丹教授、杨毅教授、罗茂斌教授等学科带头人领衔的教学科研团队，发展形成了"民族档案学理论与实践研究""民族档案保护技术研究""民族口述档案研究""民族档案数字化建设研究"以及"民族非遗档案化研究"等特色鲜明的研究方向，在其学科理论体系构建、民族档案文献遗产保护、民族档案数字化资源建设开发等方面取得了丰硕的科研成果，在推动边疆民族地区少数民族档案管理工作发展方面做出重要贡献。

（三）构建学科理论体系

云南大学对民族档案学研究的一项重大贡献是从学科体系建设视域，建立形成了民族档案学学科理论体系，及其学科群建设的规划设想。把民族档案学作为档案学分支学科进行构建和研究的设想，是由张鑫昌、张昌山和郑文教授等首先提出的。在《关于民族档案学的几个问题》（1987）和《民族档案学刍议：特征与任务》（1988）论文中，张鑫昌等学者依据档案学的理论，结合民族档案及其工作特性提出，民族档案学主要研究少数民族档案及其管理工作；其学科体系主要包括民族档案学概论、民族档案史、民族文书、民族档案管理、民族档案文献编纂、民族档案保护技术、比较民族档案学等分支学科，并确立了研究少数民族档案学的方法论体系，对整个民族档案学的构建作了系统、全面的规划和研究，为我国民族档案学的建立构建了基本框架。其后，华林教授的《西南少数民族历史档案管理学》、陈子丹教授的《民族档案史料编纂学概要》、杨毅教授的《西南民族档案资源集成管理研究》和刘强教授的《西南少数民族历史档案保护》等，都对其学科理论建设与分学科建设进行完善与发展，拓展了民族档案学、民族档案学科群建设发展的广阔前景。

### 三　深化研究，形成丰硕成果

（一）学术专著出版

得益于民族档案学发展布局与规划，云南大学出版的民族档案或民族文献方面的专著众多，主要有：华林：《西南彝族历史档案》,云南大学出版社 1999 年版;华林:《傣族历史档案研究》,中国民族出版社 2000 年版;陈子丹:《云南少数民族金石档案研究》,云南大学出版社 2001 年版;华林:《西南少数民族历史档案管理学》,中国民族出版社 2001 年版;陈子丹:《清代滇黔民族图谱》,云南大学出版社 2005 年版;华林:《藏文历史档案研究》,云南大学出版社 2006 年版;陈海玉:《西南少数民族医药古籍文献的发掘利用研究》,民族出版社 2011 年版;陈子丹:《民族档案史料编纂学概要》,云南大学出版社 2012 年版;杨毅:《论西南少数民族档案的源头》,山东大学出版社 2013 年版;陈子丹:《民族档案学专题研究》,云南大学出版社 2013 年版;陈子丹:《元朝文书档案工作研究》,中国社会科学出版社 2014 年版;华林:《中国西部民族文化通志·古籍卷》,云南人民出版社 2014 年版;陈子丹:《少数民族口述历史档案研究》,云南大学出版社 2015 年版;陈海玉:《少数民族科技古籍文献遗存研究》,中国社会科学出版社 2015 年版;陈子丹:《民族档案研究与学科建设》,云南大学出版社 2016 年版;刘强:《西南少数民族历史档案保护》,中国社会科学出版社 2016 年版;胡莹:《东巴古籍文献遗产保护研究》,中国社会科学出版社 2016 年版;陈海玉:《傣族医药古籍整理与研究》,云南大学出版社 2016 年版;杨毅:《西南民族档案资源集成管理研究》,中国社会科学出版社 2017 年版;华林:《西部散存民族档案文献遗产集中保护研究》,中国社会科学出版社 2017 年版;杨毅:《西南民族档案资源集成管理研究》,中国社会科学出版社 2018 年版等。

(二) 科研课题众多

近年来,云南大学加大对少数民族档案文献科研课题的申报力度,申报获得了大量的各个级别的民族档案文献科研课题。如在民族档案学科理论与方法研究方面,有杨毅教授 2009 年 7 月申报获得的教育部人文社会科学研究项目"民族档案学理论方法及其学科化建设研究（09YJA870025）"等。在民族档案资源建设研究方面，有杨毅教授2011年7月申报获得的国家社会科学基金项目"西南民族档案资源集成管理研究（11XTQ008）"；华林教授2011年7月申报获得的国家社会科学基金项目"西部散存民族档案遗产集中保护研究（12BTQ048）"、2016年7月申报获得的国家社会科学基金项目"民族记忆传承视域下的西部国家综合档案馆民族档案文献遗产资源共建研究（16BTQ092）"等。在民族档案文献遗产保护研究方面，有华林教授2009年7月申报获得的教育部人文社会科学研究项目"文化遗产抢救视野下的西部濒危少数民族历史档案保护研究（09YJA870024）"；刘强教授2012年12月申报获得的国家自然科学基金项目"濒危砖石质文物的盐结晶破坏及调控机制的研究（41261001）"；罗茂斌教授2013年7月申报获得的教育部人文社会科学研究项目"植物源杀虫剂在档案害虫防治中的应用研究（10XJA870005）"等。在民族口述档案文献遗产抢救研究方面，有陈子丹教授2010年7月申报获得的教育部人文社会科学研究项目"云南少数民族口述历史档案抢救保护与国际合作研究（10XJA870001）"；胡立耘教授2010年7月申报获得的国家社会科学基金项目"民族地区口承文献的保护与利用研究（10BTQ027）"；侯明昌副教授2010年7月申报获得的国家社会科学基金项目"云南少数民族口述文献价值及其数字化语音库建设——以纳西族东巴为个案的实证研究（10CTQ015）"等。在民族档案数字化保护方面，主要有甘友庆副教授2011年7月申报获得的教育部人文社会科学研究项目"云南少数民族金石文献数据库建设（11XJC870001）"；陈海玉副教授2011年7月申报获得的国家社会科学基金项目"云南傣族医药古籍文献整理及其基础数据库建设研究（11CTQ041）"等。这些科研课题的研究，极大地推进了云南大学民族档案学教学科研的发展。

### (三) 学术论文丰硕

云南大学民族档案研究蓬勃发展，其中，研究成果最为丰硕的是发表了大量的少数民族档案方面的学术论文，这些论文内容涵盖少数民族档案概念界定、类型构成、特点价值；少数民族历史档案收集、整理、鉴定、保管、统计和利用等实体管理工作；少数民族历史档案数字化资源建设与开发；以及少数民族历史档案信息资源的发掘利用等诸多方面，对推动其管理学科理论体系与实践方法建设发挥了重要作用。其中，对少数民族档案探讨梳理的重要论文有：张鑫昌、张昌山等《民族档案学刍义：特征与任务》、华林《论少数民族古籍的档案界定》、杨毅《论西南少数民族档案的源头》、陈子丹《丽江木氏土司档案文献概述》等；对少数民族档案工作研究的论文有：陈子丹《对少数民族金石档案收集的思考》、华林《论西南少数民族档案文献流失海外的保护与追索问题》、郑荃《云南藏文历史档案及其开发利用》、吕榜珍等《云南省少数民族档案的数字化管理策略》、胡莹《云南省少数民族档案的数字化管理策略》和陈海玉《少数民族特色医药档案资源库建设刍议》等；对少数民族档案学科构建的论文有：华林的《少数民族历史档案学的创建——历史、现实与发展》和《少数民族历史档案研究述评》，陈子丹的《民族档案学形成与发展刍议》和《民族档案研究与学科建设》等。民族档案研究的蓬勃发展，以及大量高质量学术论文的发表，解决了民族档案学诸多学科建设理论与实践问题，从而极大地推进了我国民族档案学学科的建设发展。

## 四　规划未来，研究前景广阔

### (一) 民族档案学学科发展科学规划

主要解决两个问题：其一，民族档案学发展的实践支撑问题。首先是国家政策法规的认同与支持，如在教育部教执委档案学发展规划中的列入与支持；国家或地方档案法规中民族档案的确立与管理；国家和地方档案事业发展规划中的支持等。其次是建设主体的构建与发展，如在各民族地区地方大学档案专业中设立民族档案学学科方向，建立研究队伍，构建后备人才培养机制等；地方档案局馆开展民族档案研究、管理，以及人才队伍建设工作等。最后是实际工作的需求支持。民族档案学发展的原动力是现实工作的实践需求，这就要求切实研究解决实际工作中出现的新问题，进而推动学科建设的发展。其二，民族档案学发展的规划问题。主要问题有：一是分析民族档案学学科建设现状，确立其学科建设发展的主要方向。如中华人民共和国成立后民族档案管理对象的变化导致的管理工作变化问题；档案学理论在其指导工作中的应用与建设问题；民族档案信息化建设问题等。二是科学论证，依据民族档案工作的实践需求，在其学科体系下，确立发展分支学科。对民族档案学分学科群的论证构建，可推动其学科体系建设的科学发展。

（二）民族档案与民族文献丛书使命

就云南大学民族档案学发展而言，《民族档案与民族文献研究丛书》的编撰面临着前所未有的历史契机：其一是云南大学"双一流"建设契机。得益于云南大学"双一流"建设，华林教授领衔的云南大学一流大学学科建设项目"图书情报与档案管理学科发展建设"；以及云南大学一流大学"创新团队"建设项目"少数民族档案文献遗产管理及学科体系建设研究"获得立项，得到大量建设经费支持，为《民族档案与民族文献研究丛书》的撰写提供了充裕的经费支持。其二是"首届全国民族档案学术研讨会"的召开。"首届全国民族档案学术研讨会"的召开既是档案学界对云南大学民族档案学研究成就与地位的认可，也是云南大学民族档案学研究发展的一个重大转折节点。在此背景下，《民族档案与民族文献研究丛书》的编研出版也就被赋予了承前启后的重要历史使命：

1. 对民族档案学研究的历史总结。始自 1984 年，云南大学民族档案学的研究已经走过了 35 年的历史，《民族档案与民族文献研究丛书》的撰写，相应地就要承担对这 35 年民族档案学在民族档案概念界定、类型构成、特点价值；民族档案收集、整理、鉴定、保管、统计和利用等实体管理工作；民族档案数字化资源建设与开发；以及民族档案信息资源的发掘利用等诸多方面碎片化知识的理论总结与凝练，形成体系化研究成果。

2. 对民族档案学研究的发展探索。伴随着我国经济文化建设的高速发展，新时代的到来，大数据、人工智能、数字信息，微博、微信公众号、移动客户端等新媒体，以及音视频、H5 页面、VR 等新技术在档案管理领域的应用，我国民族档案学的研究面临着发展创新的巨大挑战，同时也是民族档案学研究发展的重要机遇。如何抓住这一重要历史发展契机，面对挑战，创建学科理论与实践管理方法，全面构建民族档案学学科发展新体系，也就成为《民族档案与民族文献研究丛书》研究撰写所需要解决的重要理论与实践问题。

当然，《民族档案与民族文献研究丛书》的编研撰写不能解决民族档案学研究所有的新理论与实践问题，该丛书的一个重要使命就是在原有民族档案学研究成就的基础上，尝试进行新的探索、新的突破，为云南大学民族档案学的研究开启一个新的历史发展前景，这就是《民族档案与民族文献研究丛书》所承担的重要使命，也是云南大学档案人所面临的历史使命与担当。

**云南大学历史与档案学院档案与信息管理学系教授、**
**博士生导师、民族档案学学科带头人**
**华 林**
**2019 年 5 月 30 日**

# 序

  2013年9月，体杨同学回到云南大学跟我攻读档案学博士学位。到大理实地调查之后，选择白族非物质文化遗产传承人建档保护作为博士论文的选题，并较好地完成了博士论文的研究和写作工作。如今博士论文即将付梓，可喜可贺！

  非物质文化遗产传承人建档保护是一个颇具现实意义的研究话题。1986年，白族作曲家、民族音乐学家李晴海先生出于对其老师杨汉先生的怀念，撰写了《杨汉与大本曲艺术》一书，系统回顾了杨汉先生的艺术生涯，整理和总结其艺术成就，作者在后记中感慨道，"不失时机地为民间曲艺优秀艺人建立艺术档案（包括立传、文字资料积累、录音录像等），探讨、总结民间曲艺自身的艺术规律，以及总结民间曲艺艺人的创作、表演等方面的经验，仍是今天继承传统、开拓曲艺新局面的至关重要的工作之一"。2019年全国两会上，全国人大代表、西安关中民俗艺术博物院院长王勇超仍在呼吁"要成立专门抢救性发掘机构，积极抢救和挖掘民间传统文艺，组织相关人员收集记录民间传统文化艺术作品，利用影像、录音、出版等现代技术手段，建立民间艺人电子档案"（光明网《王勇超代表：运用现代技术建立民间艺人电子档案》，2019年3月8日）。这种从建立传统档案到数字档案的持久呼吁，既是非物质文化遗产保护从业者、经历者的迫切期待，也是现代社会急剧变化不得已的应对。

现代化、全球化和网络化浪潮席卷而来，极大地促进了人类文明的发展，但也对民族传统文化的延续和人类文明的多样性造成了巨大的冲击，我们无法、也不应该拒绝现代文明的发展，但也不能、更不可以无视传统文化和小众文明的消亡。原原本本地、原汁原味地记录、保存和保护传统文明与文化遗产，传承国家和民族记忆，是我们这一代人，尤其是档案学人义不容辞的责任与担当。

我国政府和社会各界历来重视非物质文化遗产的传承与保护工作。尤其是进入21世纪以后，以2004年8月加入《保护非物质文化遗产公约》，2011年通过《中华人民共和国非物质文化遗产法》等为重要标志，我国在非物质文化遗产保护方面取得了举世瞩目的成就。在相关的政策与法规文本中，非物质文化遗产档案管理、建档保护、为传承人建档等内容一直是其重要的组成部分，但在基层实践中，尚有诸多不尽人意之处，尤其是档案、文化乃至教育等部门在建档保护工作中权责交叉的问题比较突出。

我国地方国家档案馆自20世纪80年代初开始广泛开展为知名人士建立个人档案（全宗）的实践工作，积累了相对丰富的实践经验，也形成了较为完善的个人全宗理论，各级档案部门也长期引导和推动家庭建档工作的开展，近年在传承人档案收集和保管、口述档案建立等方面也开展了卓有成效的工作。非物质文化遗产管理及保护机构是传承人建档保护的责任主体，早期的工作仅基于管理和监督传承人的需要建立了一些业务档案，对于传承人所承载的非物质文化遗产内容的音视频、图文档案等关注极少，2015年开始，原文化部在全国范围内组织开展的"国家级非物质文化遗产代表性传承人抢救性记录工作"，实质上乃是为传承人建立全面的个人档案，进而达到保存、保护传承人所承载的非物质文化遗产的目的。毋庸讳言，在这项工作中，档案界的介入是相当有限的，档案学的理论与方法、档案部门的前期工作基础也并不为相关部门所利用。

黄体杨博士敏锐地认识到"传承人档案"对于传承和保护非物质文化遗产的重要作用，发现了传承人建档保护状况并不理想的现实状况，试图探索和寻求传承人建档保护的可行之路。总体而言，该书具有如下两个特点。

一是尝试小问题、大视野的学术研究取向。古往今来，非物质文化遗产传承人何止千万，而且不同文化、民族与区域的具体情况千差万别，以作者一己之力定是无法掌握其大概。同时，当前我国的非物质文化遗产及其传承人保护的制度体系与政策框架又是相同的，不同民族、区域的管理工作又是相似的。作者较好地把握了这一特点，并不是对非物质文化遗产传承人建档保护这一问题进行蜻蜓点水式的分析和阐述，而是在宏观层面对全国有关法律和政策文本的梳理，分析我国在传承人建档保护问题上的整体状况，在微观层面聚焦于白族聚居区的传承人及相关组织，深入了解相关组织及传承人在传承人档案的留存认识、行为和现状，发现基层实践的基本格局，宏观与微观并举、政策与田野相结合，使文章既有一定的理论高度和宏观格局，又落到实处，言之有物，不显空洞。

二是践行先行政、后业务的解决问题路径。我国1987年通过的《中华人民共和国档案法》就明确了"我国档案工作实行统一领导、分级管理的原则"，奠定了我国档案管理体制的基本格局，学界对此关注和研究并不多，直到近年电子文件及其国家战略问题的凸显才有学者提出协调、联动等话语。作者在对传承人建档保护这一问题的调查和研究中，发现传承人建档保护工作的难点和症结主要是多元建档主体各自为政、组织化个人档案和个人存档二元并存两个方面，这显然既非档案管理的纯业务问题，也脱离了现行档案管理体制。作者意识到传承人建档保护问题的根本解决需要寄托于体制制度的变革，也就是说，在传承人建档保护工作中，传承人档案的建立、分类、组织、保管等科学方法的建立与运用只是档案管理业务层面的问题，这些问题的有效解决的前提则是破解"多元主体各自为政"这一行政管理问题。进而以较大的篇幅聚焦于为传承人建档保护的行政管理问题，引入协同治理理论，提出协同开展建档保护的解决之路。

诚如作者所言，"档案的形成是不可逆的，一名传承人的档案不能等到他成为代表性传承人之后才建立"，但也不能因为每一位个体都有可能成为非物质文化遗产代表性传承人而要求相关部门为每个人建立丰富的个人档案。我们一方面研究、讨论、呼吁为当下的传承人建立档案，旨在尽量留住珍惜、宝贵的非物质文化遗产记忆；另一方面，在全社会宣扬存档意识，致力于提升公众的档案素养，也是档案学人的职责和担当所在。

是为序。

华　林

2019 年 7 月

# 摘　　要

作为一种活态文化，非物质文化遗产只有依托"人"这一承袭主体才能实现世代相传，因此，传承人构成了非物质文化遗产保护工作的核心和重点。在现代化冲击之下，非物质文化遗产面临着前所未有的危机，本研究调查发现，众多的白族非物质文化遗产项目正在丧失其数百上千年奠定的群众基础和市场份额，直接导致了传承人收益和社会地位的下降，随着老一代传承人相继谢世，传承人面临着断代乃至后继无人的尴尬局面。手稿、证书、作品、照片、音频和视频等传承人档案能够原真地记录传承人所承载的非物质文化遗产信息与文化，将活态的非物质文化遗产"物化"留存下来，为后世提供无穷的智慧。从这个意义上看，建立、收集、管理和保护传承人档案的建档保护方式，与延续传承人传承生命、培养新的传承人的动态保护方式具有同等重要的价值。

在档案多元论、协同治理及个人档案管理等理论的指导下，本书基于对白族传承人及其聚居区的实地调查，从现实需求、现状与出路、协同机制的构建和业务方法的归纳等方面探讨非物质文化遗产传承人建档保护问题，主要讨论如下几个问题。

首先，在掌握白族非物质文化遗产及其传承人的基本情况的基础上，从传承人的境况，传承人档案留存与保管状况，以及传承人档案的价值三个方面展开分析，阐述开展传承人建档保护的紧迫性和重要性问题。认为建立丰富、全面和完整的传承人档案既能留存非物质文化遗产的文化信息、技艺信息和作品信息，也将为后续传承、发扬非物质文化遗产提供不可多得的宝贵资源。

其次，基于对有关法律、法规和政策文本的分析及白族聚居区的调研，梳理我国非物质文化遗产传承人建档保护的体制机制及白族聚居区的实践状况。当前我国形成了由文化和档案行政部门主管，以文化行政部门、非物质文化遗产保护单位、地方国家档案馆和传承人为主体，多元力量广泛参与的传承人建档保护格局，基层实践中紧跟法律、法规和政策规定，但存在相关组织开展传承人建档保护工作广度和深度不够且困难重重，作为核心建档主体的传承人个人存档整体状况堪忧等。将传承人建档保护的目标总结为管理制度化、业务规范化、保护科学化和利用合理化等方面，提出引入协同治理理论，通过构建协同组织、规范建档业务、搭建共建共享平台等方式实现传承人档案的科学建立和保护。

再次，从行政管理的角度研究传承人建档保护协同机制的构建问题，在借鉴行政学和组织学研究者所构建的分析模型的基础上，提出协同开展传承人建档保护的分析模型，并以白族聚居区及其传承人的现实情况作为素材，从初始条件、行动者、结构、过程与结果五个维度探讨传承人建档保护的分析模型，提出健全传承人建档保护协同机制的法规、政策，构建科学的传承人建档保护协同治理框架，开展持续有效的评估、逐步完善协同治理制度和规则等传承人建档保护的实现路径。

最后，讨论协同机制格局下非物质文化遗产传承人建档保护的业务方法问题，认为在多元主体格局下，业务方法的统一和规范是实现协同建档的基础和前提。从建档对象、归档范围和建档方法等方面分析传承人档案的建立;从分类和保管两方面分析传承人档案的管理;从前提、基础和重点三个角度阐述在协同背景下传承人档案的发掘利用问题。

# Abstract

As a living culture, intangible cultural heritage relies on inheritors to inherit from generation to generation, and inheritors are the core of the intangible cultural heritage protection work. Under the shock of modernization, intangible cultural heritage is facing with unprecedented crisis, during the authors' survey, much intangible cultural heritage of Bai nationality is losing its mass base and market share which was established for hundreds of years, and it's led to the inheritors' decline of income and social position. With the older generation inheritors gradually aging, inheritors are facing with dating and even no successors. Archives of inheritor such as manuscripts, certificates, productions, tools, photos, audies, and viedies record originally the inheritor's intangible cultural heritage information and culture, materialize the living intangible cultural heritage for the later generations, in this sense, establish, collect, manage and protect the archives of inheritors, with continuate the inheritors inherit life and develop the new inheritors are equally important.

On the base of the archival multiverse and pluralism, collaborative governance, and personal archive management theory, the paper investigates the Bai inheritors of intangible cultural heritage, and the relevant organizations of agglomeration of Bai nationality, to study the archiving protection of Bai inheritors. It is consisting of the following components:

Firstly, destribes the general problems include Bai inheritors and their archives, and then analyse the Bai inheritors' living condition, historial and actual experience of Bai inheritors' archiving conditions, and the value of Bai inheritors' archive to describe the current demand of archiving protection of Bai inheritors. thepaper believed that the establishment of rich, comprehensive and complete archives of inheritors can not only preserve the cultural information, technical information and works information of intangible cultural heritage, but also provide valuable resources for the follow-up inheritance and development of intangible cultural heritage.

Secondly, by analyzing laws, regulations and policies texts and field research, the research teasing out the structure and mechanism and its' grass-roots practice related to the archiving protection of intangible cultural heritage inheritor. And summarized the goal of archiving protection as institutionalization on administrate, standardization on professional work, scientization on protect, and rationalization on utilize. And propose to establish multi-subjects collaborative archiving protection mechanism and regulate professional work, to achieve scientific and effective archiving protection of Bai inheritors.

Thirdly, from the view of administration discuss the construction of collaborative mechanism of archiving protection of Bai inheritors. Based on the administrative management and organization studies, the paper sets up an analysis model of collaborative archiving protection, analysis the current construct and mange situation of Bai inheritors' archive, and the study found the method of archiving protection of Bai inheritors is that to improve and perfect the law of support the development of collaborative mechanism of the archiving protection of Bai inheritors, set up a scientific frame of collaborative governance of the archiving protection of Bai inheritors, and develop the sustained appraise, perfect the system and rule of collaborative governance.

Lastly, the paper discusses for the professional work of archiving protection of Bai inheritors based on the collaborative mechanism, from the archiving object, range and way to analysis the establishment of archives, from the classification and storage to discuss the management of archives, and expounds in a collaborative context to development and utilization Bai inheritors' archives. The paper found that in the pattern of multi subject, unified and standardized management methods is the foundation and prerequisite of to achive the collaborative archiving.

# 目 录

第一章 绪论 …………………………………………………（1）
  第一节 研究缘起 ……………………………………………（1）
  第二节 文献综述 ……………………………………………（6）
  第三节 研究思路 ……………………………………………（12）
  第四节 研究方法 ……………………………………………（15）

第二章 概念界定与理论基础 ………………………………（23）
  第一节 概念界定 ……………………………………………（23）
  第二节 理论基础 ……………………………………………（31）

第三章 非物质文化遗产传承人建档保护的现实需求 ………（44）
  第一节 白族非物质文化遗产传承人的构成 ………………（44）
  第二节 白族非物质文化遗产传承人的境况欠佳 …………（52）
  第三节 白族非物质文化遗产传承人"文献不足征" ………（57）
  第四节 传承人档案是保护非物质文化遗产不可或缺的
         原始记录 ……………………………………………（58）

第四章 非物质文化遗产传承人建档保护的现状与出路 ……（65）
  第一节 传承人建档保护的体制机制——法律、法规与
         政策分析 ……………………………………………（66）

第二节　传承人建档保护的基层实践——白族聚居区的
　　　　　　田野调查 ………………………………………… (70)
　　第三节　传承人建档保护的协同之路——从现实困境到
　　　　　　科学保护 ………………………………………… (77)

第五章　非物质文化遗产传承人建档保护协同机制的
　　　　构建 ……………………………………………………… (86)
　　第一节　传承人建档保护协同机制分析模型的提出 ……… (86)
　　第二节　传承人建档协同机制构建的因素分析 …………… (92)
　　第三节　传承人建档保护协同机制的实现路径 …………… (116)

第六章　非物质文化遗产传承人建档保护的业务方法 ……… (121)
　　第一节　传承人档案的建立 ………………………………… (122)
　　第二节　传承人档案的管理 ………………………………… (139)
　　第三节　传承人档案的发掘 ………………………………… (149)

第七章　结论与展望 ……………………………………………… (155)
　　第一节　主要研究结论 ……………………………………… (155)
　　第二节　研究局限与展望 …………………………………… (158)

附录一　省级及以上白族非物质文化遗产项目名录 ………… (161)
附录二　市级及以上白族非物质文化遗产项目代表性
　　　　传承人名录 …………………………………………… (164)
附录三　64份个人档案管理规范一览表 ……………………… (191)
附录四　非物质文化遗产传承人个人档案目录 ……………… (195)

参考文献 …………………………………………………………… (213)
后记 ………………………………………………………………… (226)

# 表索引

表 1—1　文本分析涉及的法律、法规和政策文件 …………（18）
表 1—2　个人档案管理规范文件文本分析编码表 …………（20）
表 1—3　44 份规范的实施年份一览……………………………（21）
表 4—1　法律与政策文本中传承人建档保护的行政主体……（66）
表 4—2　法律与政策文本中传承人建档的业务主体 ………（68）
表 4—3　法律与政策文本中传承人建档的内容 ……………（70）
表 4—4　申报国家级非物质文化遗产项目代表性传承人的
　　　　　材料要求 …………………………………………（71）
表 4—5　赵怀珠申报大理州州级传承人的申报档案目录 …（72）
表 5—1　非物质文化遗产传承人建档保护参与主体 ………（100）
表 6—1　8 份省级国家档案局(馆)的规范文本关于建档
　　　　　对象的描述 ………………………………………（124）

# 图索引

图1—1　本书的总体框架 …………………………………（15）
图3—1　228人次传承人命名当年年龄分布折线图 ………（53）
图3—2　228人次传承人2019年年龄分布折线图…………（54）
图4—1　非物质文化遗产传承人建档保护的基本流程 ……（78）
图4—2　传承人建档保护机制示意图 ………………………（79）
图5—1　克里斯·安塞尔和加什·艾莉森的协同治理
　　　　模型 ……………………………………………（89）
图5—2　约翰·布赖森等的跨部门合作分析框架…………（90）
图5—3　朱春奎和申剑敏的跨域治理ISGPO模型 …………（91）
图5—4　协同开展传承人建档保护的分析模型 ……………（92）
图5—5　协同机制的基本架构 ………………………………（108）
图5—6　传承人建档保护协作方式示意图 …………………（110）
图6—1　三大建档主体的建档对象范围 ……………………（126）
图6—2　赵丕鼎批注的《大本曲览胜》一书第54页 ………（146）

# 第 一 章

## 绪　　论

### 第一节　研究缘起

"非物质文化遗产是人类在长期历史社会中形成的具有相对稳定形态的精神文化与技艺传统，这些文化传统长期服务于它的创造主体，成为人类文化的重要遗产。"① "人类社会对非物质文化遗产相关内容的保护可谓历史悠久。……但将这笔遗产视为本国文化财富，并对其实施活态保护的工作，却是从20世纪50年代的日本开始的。"② 其获得国际社会的广泛关注则始于20世纪70年代后期以来，联合国教科文组织对保护非物质文化遗产的不懈努力。进入21世纪，我国政府逐步重视非物质文化遗产保护工作，"并取得了令世界瞩目的成绩。短短十几年来，我国的非物质文化遗产保护工作，经历了由以往单项的选择性项目保护阶段，走上全国性、系统性的全面保护阶段、科学保护阶段和以2011年2月25日十一届全国人大常委会第十九次会议审议通过《中华人民共和国非物质文化遗产法》为标志的依法保护阶段"③。我国政府将非物质文化遗产

---

① 萧放：《关于非物质文化遗产传承人的认定与保护方式的思考》，《文化遗产》2008年第1期，第127—132页。
② 苑利、顾军：《非物质文化遗产学》，高等教育出版社2009年版，第19页。
③ 王文章主编：《非物质文化遗产概论》，教育科学出版社2013年版，第1页。

提升到促进国家和平稳定和提升文化软实力的高度，指出："非物质文化遗产是文化遗产的重要组成部分，是我国历史的见证和中华文化的重要载体，蕴含着中华民族特有的精神价值、思维方式、想象力和文化意识，体现着中华民族的生命力和创造力。保护和利用好非物质文化遗产，对于继承和发扬民族优秀文化传统、增进民族团结和维护国家统一、增强民族自信心和凝聚力、促进社会主义精神文明建设都具有重要而深远的意义。"[①]

作为一种活态文化，非物质文化遗产只有依托"人"这一承袭主体才能实现世代相传，"技在人身，技随人走，人亡技亡"[②]是其基本状态，因此，其"产生、传承和发展主要由其载体即传承人来完成，没有了传承人就丧失了非物质文化遗产"。[③]"从这个意义上来讲，保护非物质文化遗产就是保护非物质文化遗产的传承人，所以说，传承人是非物质文化遗产保护的核心因素"，[④]是保护工作的重中之重。日本、韩国等开展非物质文化遗产保护较早的国家主要关注传承人的"活态保护"，如日本将非物质文化遗产传承人称为"无形文化财产保持者""人间国宝"，"在经济上对那些技艺超群的艺人、匠人给予必要的经济补贴，同时还赋予他们相当高的社会地位，以激励他们在表演艺术、传统工艺方面进行传承"。[⑤]韩国将非物质文化遗产传承人称为"持有者"，即"原原本本领会或保存重要无形文化财产之技艺、技能，并能原原本本地进行艺术表演

---

[①]《国务院关于公布第一批国家级非物质文化遗产名录的通知》，《中华人民共和国国务院公报》2006年第20期，第8—24页。

[②] 孙谦、张向军、陈维扬等：《我国非物质文化遗产传承人保护研究综述》，《黑龙江史志》2013年第13期，第158—159页。

[③] 张邦铺、燕朝西：《论非物质文化遗产传承人的保护和培养机制——基于阿坝州的实证分析》，载徐新建《文化遗产研究（第三辑）》，巴蜀书社2014年版，第171—184页。

[④] 王云庆、李许燕：《为非物质文化遗产传承人建档的路径探析》，《浙江档案》2011年第12期，第32—34页。

[⑤] 苑利、顾军：《非物质文化遗产学》，高等教育出版社2009年版，第20页。

或进行工艺制作的人",其国家级传承人除可获得必要的生活补贴和崇高荣誉外,也有义务将自己的技艺或技能传授他人,这也是获得"重要无形文化财产持有者"荣誉称号的基本条件。①我国政府也非常重视非物质文化遗产传承人的保护工作,自原文化部2007年公布第一批国家级非物质文化遗产项目代表性传承人、2008年颁布《国家级非物质文化遗产项目代表性传承人认定与管理暂行办法》以来,我国已经公布了五批3099名国家级代表性传承人;同时,为了加强传承人的保护,各级地方人民政府或文化行政管理部门也都开展了代表性传承人的认定工作,并给予精神、物质上的支持和奖励。

在现代化冲击之下,非物质文化遗产面临着前所未有的危机,众多的非物质文化遗产项目正在丧失其数百上千年奠定的群众基础和市场份额,直接导致了传承人收益和社会地位的下降,随着老一代传承人相继谢世,传承人面临着断代乃至后继无人的尴尬境地。仅通过维系传统技艺的"动态保护"并不能较好地实现对非物质文化遗产的传承和保护,"传承人掌握并承载着比常人更多、更丰富、更全面、更系统的非物质文化遗产的知识和技艺,他们既是非物质文化遗产'活'的宝库,又是非物质文化遗产代代相传的代表性人物"。②传承人所承载的非物质文化遗产信息部分将通过其从事相关活动中形成的手稿、曲谱、乐谱、艺术心得体会、表演技巧、多媒体材料、非物质文化遗产作品等档案材料"物质化"下来,还有一部分通过录制音频、视频等现代技术手段记录并保存下来,这些档案材料对传承民间技艺、传播文化及开展学术研究都具有重要价值,能够为后世提供无穷的智慧。从这个意义上看,建立、收集、

---

① 苑利、顾军:《非物质文化遗产学》,高等教育出版社2009年版,第22页。
② 黄永林:《非物质文化遗产传承人保护模式研究——以湖北宜昌民间故事讲述家孙家香、刘德培和刘德方为例》,《中国地质大学学报》(社会科学版)2013年第2期,第95—102页。

管理和保护传承人档案的建档保护方式，与延续传承人传承生命、培养新的传承人的动态保护方式具有同等重要的价值。而且"许多非物质文化遗产保护的成功经验和非物质文化遗产消失的教训都表明，加强传承人档案管理是保护非物质文化遗产的重要手段，是整个非物质文化遗产档案管理的核心和关键"。① 近年随着非物质文化遗产保护工作的不断推进，"建档保护"逐步纳入政府组织和社会各界的视野。

在法律、法规和政策层面，我国在非物质文化遗产传承人的认定和管理过程中，对保存、保护传承人档案有明确的规定，《中华人民共和国非物质文化遗产法》第三十一条规定，非物质文化遗产传承人应当履行"妥善保存相关的实物、资料"②的义务；《国家级非物质文化遗产项目代表性传承人认定与管理暂行办法》中规定："国务院文化行政部门应当建立国家级非物质文化遗产项目代表性传承人档案"，"国家级非物质文化遗产项目保护单位应采取文字、图片、录音、录像等方式，全面记录该项目代表性传承人掌握的非物质文化遗产表现形式、技艺和知识等，有计划地征集并保管代表性传承人的代表作品，建立有关档案"③。在地方政府、文化行政管理部门颁行的"民族民间文化保护条例""非物质文化遗产保护条例"等法规中，云南、宁夏、江苏、广东、江西、上海等省（自治区、直辖市）的法规都有诸如"对于被命名的民族民间传统文化的传承人，命名部门应当为他们建立档案"④ "县级以上地方

---

① 李树青：《传承人档案：非物质文化遗产档案管理的核心》，《山东档案》2014年第3期，第38—41页。

② 《中华人民共和国非物质文化遗产法》，《中华人民共和国全国人民代表大会常务委员会公报》2011年第2期，第145—149页。

③ 《国家级非物质文化遗产项目代表性传承人认定与管理暂行办法》，《中华人民共和国国务院公报》2008年第33期，第34—36页。

④ 《云南省民族民间传统文化保护条例》，载中华人民共和国文化部《中华人民共和国文化法规全书》，文化艺术出版社2008年版，第969—972页。

人民政府文化行政管理部门应当为非物质文化遗产代表性传承人和代表性传承单位建立档案"[①] 等规定。

在实践层面，各级文化行政管理部门基于认定和管理传承人的需要，建立了相对完善的申报和管理档案，例如，原文化部办公厅2015年10月21日下发的《关于开展第五批国家级非物质文化遗产代表性项目及传承人申报工作的通知》中，明确规定申报国家级传承人需要提交申请报告、申报表、申报片以及已正式公布的省级非物质文化遗产项目代表性传承人文件（含名单）等材料。自2015年开始在全国范围内开展的"国家级非物质文化遗产代表性传承人抢救性记录工作"，既收集纸质文献、数字及音像文献和实物文献等传承人档案，也采集传承人口述、传承人项目实践活动和传承人传承教学等多媒体档案。[②]

传承人基于自己意愿或传承非物质文化遗产的需要，也都保存了一些日记、手稿、荣誉证书等档案材料；部分地方国家档案馆也在接收和征集传承人个人档案，采集非物质文化遗产传承人口述档案，为其建立个人全宗；一些学术机构也在采集、购买传承人的作品、实物、手稿等材料。但就整体情况而言，非物质文化遗产传承人建档保护仍然存在诸多问题，包括文化行政管理部门、地方各级国家档案馆等机构确定的归档范围有限，仅趋向于为国家级、省级传承人建立档案，大多数传承人（尤其是未获得认定的传承人）没有纳入他们建档保护的范围；由于传承人多为民间人士，他们早期的传承活动少有档案记录，目前相关组织开展建档活动属于一种补救性措施，不可避免地存在大量珍贵、有价值的材料无法回溯的状况；传承人缺乏基本的建档意识和建档知识，普遍存在其个人保管

---

① 《江苏省非物质文化遗产条例》，《江苏法制报》2013年1月23日，第3版。
② 《国家级非物质文化遗产代表性传承人抢救性记录工作规范（试行稿）》，2015年4月7日，中国非物质文化遗产网（http://www.ihchina.cn/newResources/fyweb/id/d/20150522001/64ce3bdb69ae4b61b3df95ee1d44397d.doc）。

的档案材料内容不全、保管不善、遗失严重等现象；虽然参与传承人建档保护的主体众多，但处于一种各自为政的格局，形成部分传承人无人建档，部分则存在重复建档的现象，一些现存的档案也未得到较好的保管，这些问题都严重地影响着传承人档案的科学建立和有效保护。

在学术研究领域，研究者主要关注非物质文化遗产档案管理、非物质文化遗产传承人动态保护等方面，极少有学者关注传承人建档保护问题，有关传承人建档保护的研究成果寥寥无几。严峻的现实对相关理论研究形成倒逼之势，什么是传承人档案？其内容和范围是什么？有何特征？有没有价值？有何价值？当前建立、保管和利用的现状如何？如何科学地建档保护？应当由谁承担建档保护的职责？诸多问题都亟须通过系统的理论梳理和严谨的调查研究去探索和归纳。

## 第二节　文献综述

早在20世纪80年代初期，白族学者李晴海就注意到，"不失时机地为民间曲艺优秀艺人建立艺术档案（包括立传、文字资料积累、录音录像等）……仍是今天继承传统、开拓曲艺新局面的至关重要的工作之一"。[①] 但并没有引起档案学及相关领域学者的关注，直到进入21世纪以后，伴随着社会上和学术界对非物质文化遗产的广泛关注，与之相关的传承人建档保护问题才逐步进入学者的研究视野。总体而言，研究者在以下几个方面取得了一些成果：

其一，关注传承人建档保护的价值和重要性问题，认为建档是

---

① 李晴海：《杨汉与大本曲艺术》，云南艺术学院研究室1986年印，第36页。

保护非物质文化遗产传承人的一种有效的抢救性措施。研究者普遍认为，非物质文化遗产是一种"活态"的文化，"人"是非物质文化遗产的承袭主体。保护非物质文化遗产就是保护非物质文化遗产的传承人。① 但目前非物质文化遗产传承人面临生存危机、传承断层、人绝技亡等不容乐观的当代生境，为非物质文化遗产传承人建档是保护非物质文化遗产传承人的一种有效的抢救性措施。② 李树青指出，许多非物质文化遗产保护的成功经验和非物质文化遗产消失的教训都表明，加强传承人档案管理是保护非物质文化遗产的重要手段，是整个非物质文化遗产档案管理的核心和关键。③ 王云庆和魏会玲将建立非物质文化遗产传承人档案的重要性总结为四点：第一，非物质文化遗产项目传承人的老龄化现象严重，急需档案部门对传承人进行立档保护；第二，传承人档案资源的建设是非物质文化遗产档案工作的核心内容，也是非物质文化遗产保护工作的重要内容；第三，为非物质文化遗产项目传承人建立档案既可以保护非物质文化遗产的完整性，又可以促进非物质文化遗产的宣传；第四，建立非物质文化遗产项目传承人档案有利于传承和发扬民族文化、民族智慧与民族精神。④

其二，在理论上讨论非物质文化遗产传承人档案的构成问题。周耀林等将非物质文化遗产传承人档案的内容总结为五个方面：第一，传承人信息，包括姓名、性别、出生年月、民族、文化程度、工作单位、职务、身份证号码、非物质文化遗产活动经历信息等；

---

① 王云庆、魏会玲：《论建立非物质文化遗产项目传承人档案的重要性》，《北京档案》2012 年第 2 期，第 11—13 页。

② 王云庆、李许燕：《为非物质文化遗产传承人建档的路径探析》，《浙江档案》2011 年第 12 期，第 32—34 页。

③ 李树青：《传承人档案：非物质文化遗产档案管理的核心》，《山东档案》2014 年第 3 期，第 38—41 页。

④ 王云庆、魏会玲：《论建立非物质文化遗产项目传承人档案的重要性》，《北京档案》2012 年第 2 期，第 11—13 页。

第二，与传承人相关的非物质文化遗产信息；第三，传承人技艺信息、作品信息；第四，传承人作品；第五，相关机构对传承人或者非物质文化遗产进行宣传、评价的资料、证书、奖品、声像材料等。认为传承人档案具有多样性、专指性、相对动态性、环境依赖性和专业性等特点。① 李昂和徐东升认为，对传承人档案的征集要力求完整，应至少包括以下内容：传承人和征集者姓名、性别、年龄、民族、文化程度、工作单位、职务、身份证号码等信息；与传承人相关的非物质文化遗产体裁和内容等信息；与非物质文化遗产有关的人文知识、自然知识；各级组织部门、宣传机关对传承人或非物质文化遗产进行的宣传、评价性的文字材料、证书、奖品、奖状及声像材料等背景资料。②

其三，对非物质文化遗产传承人建档保护的现状及路径问题开展了有益的调查和探讨。徐智波认为在我国当前非物质文化遗产传承人建档工作中，文化部门是"无心无力"，只单纯地为非物质文化遗产项目申报服务；而档案部门则是"有心有力"，因为在如今的非物质文化遗产保护工作体系中，档案部门被边缘化了。③ 李孟珂和张静秋通过对傣族非物质文化遗产"马鹿舞"的传承人建档工作进行田野调查，发现"马鹿舞"传承人的生存状况不容乐观，当地文化和档案机构只注重非物质文化遗产整体档案材料的收集和保管，缺乏为传承人单独建档的意识；对非物质文化遗产传承人档案材料的收集不全；口述档案、照片音像档案的保存状况堪忧。④ 面

---

① 周耀林、戴旸、程齐凯等：《非物质文化遗产档案管理理论与实践》，武汉大学出版社2013年版，第200—205页。

② 李昂、徐东升：《做好非物质文化遗产传承人档案的征集工作》，《兰台世界》2010年第6期，第2—3页。

③ 徐智波：《非遗传承人档案工作机制亟待构建》，《浙江档案》2013年第11期，第61页。

④ 李孟珂、张静秋：《建立和完善非物质文化遗产传承人档案的思考——以孟连傣族"马鹿舞"为例》，《云南档案》2013年第3期，第50—52页。

对不容乐观的非物质文化遗产传承人建档工作，王云庆认为应该通过积极寻访传承人、做好传承人档案的征集工作；建档要运用新科技和新载体，并力求内容完整；注重对非物质文化遗产传承人口述档案的建立等途径建立非物质文化遗产传承人档案。① 何芮则指出："个人数字存档具有数字化、高密度性、可操作性和生动性的特点，可以降低非物质文化遗产传承人档案管理难度，平衡档案利用与隐私、知识产权保护的关系。"认为"非物质文化遗产传承人档案管理面临诸多难题，个人数字存档是解决难题的最佳选择"，并就"非物质文化遗产传承人个人数字存档"的概念、现实意义和实现方法等问题进行了讨论。②

其四，对非物质文化遗产传承人档案的管理进行了系统的理论阐释。周耀林等著的《非物质文化遗产档案管理理论与实践》一书中，以"非物质文化遗产传承人档案管理"一章的篇幅，从非物质文化遗产传承人档案的收集、整理、鉴定、保管、编纂、检索等方面对非物质文化遗产传承人档案管理问题进行了系统的理论阐释，还以"江浦手狮舞传承人档案管理"为案例进行分析。③ 而汤建容和何悦介绍了武陵山区的非物质文化遗产传承人档案管理模式，即根据相关法律法规确定国家级非物质文化遗产代表性传承人作为建档对象，结合非物质文化遗产项目加强对传承人档案的管理，以及采取现代化手段管理非物质文化遗产传承人档案。④

其五，开始关注非物质文化遗产传承人个人存档及个人数字存

---

① 王云庆、李许燕：《为非物质文化遗产传承人建档的路径探析》，《浙江档案》2011年第12期，第32—34页。
② 何芮：《非物质文化遗产传承人个人数字存档研究》，《云南档案》2015年第10期，第46—50页。
③ 周耀林、戴旸、程齐凯等：《非物质文化遗产档案管理理论与实践》，武汉大学出版社2013年版，第200—205页。
④ 汤建容、何悦：《关于武陵山区非物质文化遗产传承人档案管理的思考》，《科技文献信息管理》2013年第2期，第58—60页。

档问题。何芮认为，"开展非遗传承人个人数字存档，有利于科学管理和开发非遗传承人档案，促进非遗的保护和传承"。并将非物质文化遗产传承人个人数字存档界定为"由非遗传承人担当第一责任人，通过档案部门指导、协助、监督，以非遗传承人一生信息为基本单元，实现数据化已有档案资料及原生性档案资料的收集、整理、保存、组织、检索，实现传播、利用、传承功能的过程"。[①] 戴旸和叶鹏认为当前的非物质文化遗产传承人建档保护实践和政策存在一定的缺陷和不足，包括文化行政部门、非物质文化遗产保护机构等为传承人建档是二次解读，很难真实、深入、透彻地描绘非物质文化遗产传承人及其技艺的整体性；传承人也无法将所有资料倾囊相授，传承人档案的全面性和完整性难以保证；在以传承人为对象的建档工作中，传承人却被排除在建档主体之外等。以传承人"个人存档"补充并充实现行的建档工作，将是解决上述问题和提高传承人建档质量的必要途径。[②] 彭鑫和王云庆通过对传承人个人存档的SWOT分析，提出了推广传承人个人数字存档、完善相关非物质文化遗产的法律政策、加大非物质文化遗产建档的经费投入、加强对传承人的档案意识培养和建档业务的指导等非物质文化遗产建档保护的策略。[③]

综观相关研究，研究者对非物质文化遗产传承人档案价值性、重要性，以及建档保护必要性等问题具有深刻的认识，但在建档保护问题上，仅从档案管理理论的角度讨论传承人档案应该包括哪些内容，应该如何建档、管理和保护等问题，对传

---

[①] 何芮：《非物质文化遗产传承人个人数字存档研究》，《云南档案》2015年第10期，第46—50页。

[②] 戴旸、叶鹏：《我国非物质文化遗产传承人建档探索》，《中国档案》2016年第6期，第68—70页。

[③] 彭鑫、王云庆：《非物质文化遗产传承人个人存档SWOT分析》，《档案学通讯》2017年第5期，第99—104页。

承人档案的构成、现存状况既缺乏整体性把握，也鲜见个案性质的深入研究。

进而形成当前的相关研究中几乎都是以组织档案管理的视角去调查和理解传承人建档保护问题，主要关注档案部门、非物质文化遗产保护部门等机构建立、保管传承人档案的情况，分析传承人档案的收集、整理、鉴定、保管、利用等业务管理问题。不够重视对传承人档案的唯一形成主体——传承人所建立、形成和保管的档案状况和存档行为的研究，这无疑是一种重要的缺憾。

同时，由于我国长久以来形成了"统一领导、分级管理"的档案事业体制已然是固有状态，也有法律的保护，研究者也几乎不再讨论档案管理体制问题，但是在非物质文化遗产传承人建档保护中，却遭遇到档案部门"有心有力"却被边缘化的尴尬，而文化部门虽然是责任主体但"无心无力"，传承人建档当前是一种多元主体各自建档的格局。研究者虽然注意到了这一现状，指出"云南白族档案文献遗产散存于各单位及民间，为民族档案文献遗产的保护、传承、开发和利用带来了很多问题"，[①] 但是并没有探讨其中更深层次的背景及原因，没有对多元主体建档这一现实给予足够的重视，尤其对传承人这一重要主体缺乏关注，导致相关研究都有意无意地忽视了传承人建档保护的体制、机制问题，形成当前一些研究成果在现实中遇到"无米之炊""不得要领"的尴尬。

最后，传承人档案是个人档案的重要组成部分，世界各国在个人档案管理方面具有较长的实践历史，也形成了一系列理论成果，尤其是我国各级各类档案馆自20世纪80年代开始便广泛地为各行各业的知名人士建立个人全宗，近年还有学者开始研究个人存档问题，在个人档案的征集、整理、鉴定、保管和利用等方面都有丰富

---

① 李佳妍：《云南白族档案文献遗产散存问题及其解决方案》，《大理学院学报》2015年第5期，第5—12页。

的研究成果、业务规范和实践经验可供参考，但遗憾的是，相关研究中从个人档案管理的角度去研究传承人档案管理的成果还不多见，尤其缺乏具体的实践或案例分析。

## 第三节  研究思路

非物质文化遗产传承人建档保护是一个以现实需求为导向的研究话题。传承人档案具有重要的历史、文化和凭证价值，是传承非物质文化遗产必不可少的组成部分，建立并保存传承人档案，是保护非物质文化遗产的重要途径之一。目前，非物质文化遗产传承人面临生存危机、传承断层、人绝技亡等不容乐观的当代生境，① 建立、保存和保护传承人档案显得更加突出和迫切。现实困境要求在传承人建档保护问题上必须做出改变，而且这种改变并没有成熟的案例或理论可以照搬。在体制上，它不同于主流的档案事业体系，传承人档案管理的主要责任者不再是档案行政管理部门或各级国家档案馆，非物质文化遗产保护机构承担主要的管理职责，传承人个人存档显然超出了我国现有档案行政体制的管辖范围；在方法上，现存的传承人档案主要是手稿、个人录制的音视频材料等"非认定"档案，而且更多的还需要通过回溯建档、采集口述档案等方式去"找回来"，这也不是主流档案管理理论能够指导的。如此种种特例，迫使研究者在理论上重新思考、发现传承人档案的基本特征，去寻求、发现能够指导传承人建档保护的理论。

非物质文化遗产传承人范围广泛，仅文化部公布的五批国家级非物质文化遗产项目代表性传承人就有3099人，再加上各省级、

---

① 王云庆、李许燕：《为非物质文化遗产传承人建档的路径探析》，《浙江档案》2011年第12期，第32—34页。

市级和县级代表性传承人,以及大量未被认定的一般传承人,是一个较为庞大的数目,而且各地方在传承人建档保护方面既与国家政策一脉相承,又具有诸多的地方特色,对此进行全面、系统地调查和研究也是一个庞大的研究项目。考虑到代表性、可操作性等因素,本研究选择白族传承人及其聚居区作为研究对象和场域开展研究,理由如下:

其一,非物质文化遗产保护工作起源于对少数民族传统文化的保护,因为相对落后的少数民族通常人口较少且文化底蕴相对薄弱,其抗拒现代化、全球化的冲击的能力也相对较弱,也较早地出现了传统文化危机,故而,少数民族地区的政府部门也早于国家层面开展传统文化和民族民间艺人的保护工作,并取得了领先的成绩,从维护文化多样性的角度看,对少数民族非物质文化遗产的保护和传承更具价值,研究少数民族非物质文化遗产传承人建档保护问题更具现实意义。

其二,白族总人口规模适中,分布于云南、贵州、湖南等省份,在范围上具有一定代表性和可操作性。白族是云南的土著民族之一,其主要聚居地也一直在云南,但是在长期的历史变迁中,白族人口曾多次向省外迁徙,如今已经遍及全国各省(自治区、直辖市),特别是在贵州、湖南等省份形成了多处具有一定历史和规模的白族聚居地。根据《中国 2010 年人口普查资料》记载,我国有白族人口 193 万 3510 人,占全国总人口的 0.1451%,在中国少数民族人口总数中位列第 14 位,主要居住在云南(156 万 4901 人,占白族总人口的 80.94%),贵州(17 万 9510 人,占白族总人口的 9.28%)和湖南(11 万 5678 人,占白族总人口的 5.98%)等省份①,其中,云南的白族人口分布在大理白族自治州(111 万 2469

---

① 国务院人口普查办公室、国家统计局人口和就业统计司编:《中国 2010 年人口普查资料(十)》,中国统计出版社 2012 年版,第 35—55 页。

人）、怒江傈僳族自治州（13万9164人）、昆明市（8万2560人）、丽江市（5万2071人）、保山市（4万5890人）和临沧市（3万904人）等市（州），①贵州省的白族人口主要分布在六盘水市和毕节市，湖南省的白族人口主要集中在张家界市（9万5235人）桑植县。

其三，白族是一个文化底蕴深厚、非物质文化遗产丰富的民族，其非物质文化遗产项目及传承人涉及非物质文化遗产种类的方方面面，具有适中的代表性和可行性。截至2019年3月，国务院公布的四批国家级非物质文化遗产项目中，有白族扎染技艺等13项入选，云南省和湖南省公布的省级项目中，有石宝山歌会等38项入选（附录一：省级及以上白族非物质文化遗产项目名录）；在传承人方面，有国家级代表性传承人13人次（含"中国工艺美术大师"2人，"民间工艺美术大师"1人），省级代表性传承人113人次（含云南省民间艺人等早期称谓39人，云南省工艺美术大师14人），市（州）级代表性传承人106人次（附录二：市级及以上白族非物质文化遗产项目代表性传承人名录），以及数百位县级代表性传承人以及大量未获政府命名的一般传承人。

本书在梳理相关概念和理论基础的基础上，基于对白族传承人及其聚居区相关组织的实地调查，从传承人的境况，传承人档案留存与保管状况，以及传承人档案的价值三个方面展开分析，分析传承人建档保护的现实需求；从传承人建档保护的政策文本和对白族聚居区的田野调查两个方面分析建档保护的现状，结合相关理论分析传承人建档保护的目标和出路；进而从协同机制的构建和业务方法的探讨等方面探索建档保护的实现方式，为传承人建档保护所面临的现实问题提出解决的途径，具体思路如图

---

① 云南省人口普查办公室、云南省统计局编：《云南省2010年人口普查资料（上）》，中国统计出版社2012年版，第116—118页。

1—1 所示。

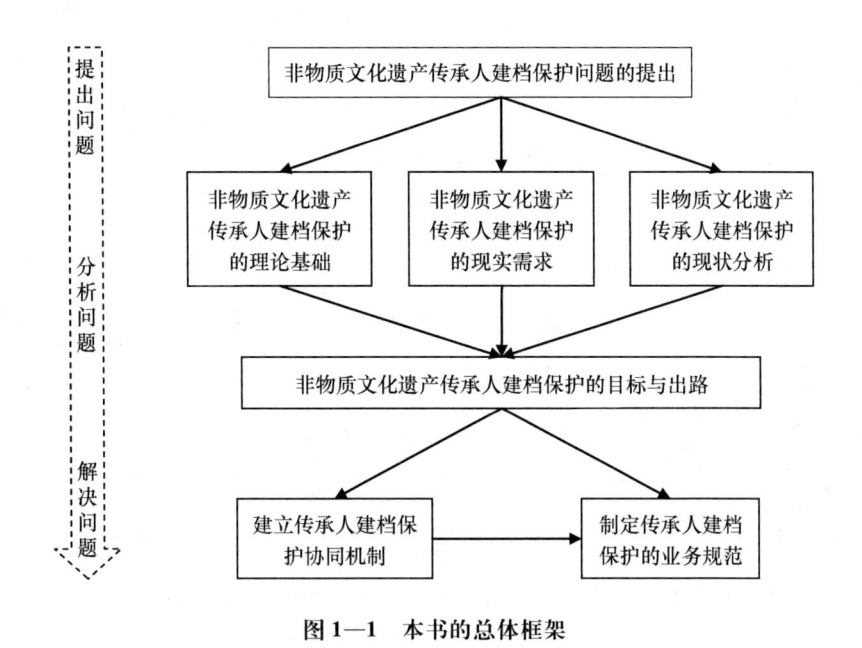

```
提出问题
  ↓
非物质文化遗产传承人建档保护问题的提出
  ↓
┌──────────────┬──────────────┬──────────────┐
非物质文化遗产   非物质文化遗产   非物质文化遗产
传承人建档保护   传承人建档保护   传承人建档保护
的理论基础      的现实需求      的现状分析
  ↓
分析问题
  ↓
非物质文化遗产传承人建档保护的目标与出路
  ↓
解决问题
  ↓
建立传承人建档保    制定传承人建档
护协同机制    →    保护的业务规范
```

图 1—1　本书的总体框架

资料来源：本书作者整理。

## 第四节　研究方法

非物质文化遗产传承人建档保护问题是一个兼具理论性和实践性的研究论题，研究传承人建档保护，既要解决传承人建档的制度、体制和规则等宏观问题，又要关注档案管理的业务方法等微观问题，因而，本项研究适合于实证主义的方法论取向。因为实证主义是以事实为依据，既肯定过去，更重视现在，既承认精神，也承认物质，因而它能对过去和现在、精神和物质做出公正的评价，并能使观念与运动、进步与秩序得到基本的协调。实证主义方法论主张社会科学的研究也要遵循科学主义、仿效自然科学的研究方法去发掘事物内部固有的规律，①坚持经验研究的取向、主张整体主义的方法论和价值中立原则。实证主义方法论认为，一个命题或者理论只要在经验中找到相应的依据，那么它就是有意义的，而也只有有意义的命题或理论才是科学的命题或理论。②总体上看，本书主要采用如下几种方法获取资料和开展研究：

### 一 文献调查法

文献是"记录有知识的一切载体"，③包括图书、期刊等公开出版的著作，也包括政府出版物、网络信息资源等非正式出版的资料。文献调查贯穿研究的全过程，本书在如下资料获取方面使用该方法：其一，获取国内外有关个人档案管理、非物质文化遗产及其传承人建档保护等方面的研究论著、实践经验、管理规范和政策法规等，有关档案多元论、协同治理理论等理论和方法方面的论著、案例等；其二，获取有关白族非物质文化遗产项目及传承人的基本信息、统计数据以及地方政府出台的相关文件、统计资料、调查报告等，相关图书、期刊、网络等媒体上形成、保存的非物质文化遗产传承人个人档案等。

### 二 实地调查法

实地调查是取得第一手原始资料的最重要途径。在选题之前，作者于 2014 年 7 月至 8 月到云南省大理白族自治州进行过一次实地调查，拜访了赵丕鼎、赵冬梅父女（大理市非物质文化博物馆

---

① 贺磊、贺海波：《实证主义与中国社会科学研究》，《河南师范大学学报》（哲学社会科学版）2014 年第 5 期，第 59—63 页。

② 王知津、韩正彪、周鹏：《当代情报学理论思潮：经验主义、理性主义与实证主义》，《情报科学》2011 年第 12 期，第 1761—1766、1772 页。

③ 《中华人民共和国国家标准 GB 3792.1—83——文献著录总则》，《图书馆学通讯》1983 年第 4 期，第 52—60 页。

内）和张亚辉（湾桥大本曲文化传习所）3 位代表性传承人，到大理白族自治州文广局、大理白族自治州档案局（馆）、大理白族自治州文化遗产局、大理白族自治州白剧团、大理市非物质文化博物馆等机构了解了相关情况，以确定选题的可行性。

选题确定以后，又于 2016 年 1 月到大理白族自治州开展实地调研，拜访了 8 位传承人：赵冬梅、赵丕鼎、李润凤（原名"李丽"，下同）、戴四达（一般性传承人）、杨克文、程介伟、杨春文、赵兴杰；到大理白族自治州文广局、云龙县文广局、云龙县文化馆、云龙县政协、剑川县文广局、剑川县文化馆、剑川县档案局、大理市档案局等机构进行了实地调研，获取了相关资料。于 2016 年 2 月到保山市文广局进行实地调查，了解保山市白族非物质文化遗产传承人的基本情况。

此后，本书作者还先后到重庆市非物质文化遗产保护中心、原云南省文化厅非物质文化遗产处、云南省非物质文化遗产保护中心、昆明市文化馆/昆明市非物质文化遗产保护中心、云南省档案局/馆等机构进行调研，了解其开展非物质文化遗产传承人建档保护的相关情况。

### 三　文本分析法

文本分析法是借助于各种正式文本（如法律与政策、规章制度、图书、期刊乃至网络文献等）发现和分析问题，"将文件中的文字、图像内容，从零碎和定性的形式转换为系统和定量的形式的一种研究方法"[①]。本书中对传承人建档保护的法律、法规和政策的分析，以及对各档案部门制定的各类"个人档案管理规范"的分析采用该方法。

---

① 李怀祖编著：《管理研究方法论》，西安交通大学出版社 2004 年版，第 163—164 页。

（一）传承人建档保护的法律、法规和政策文本分析

传承人档案是非物质文化遗产档案的重要组成部分，有关传承人档案的内涵、内容、管理主体等相关问题，我国在法律、法规和政策中对此都有零散的规定。对此进行系统的梳理和分析，能大致理清当前我国传承人建档保护的宏观格局。传承人建档保护属于档案管理和非物质文化遗产保护的交叉领域，与之直接相关的法律有《中华人民共和国档案法》和《中华人民共和国非物质文化遗产法》两部。相关的法规和政策较多，在兼顾全面性和代表性的基础上，本书采取如下策略选取文本：其一，全面收集全国性（国务院、文化部、国家档案局等颁行的文件）的法规和政策文本，依据全国性法规或政策制定的地方性法规或政策，若无特别之处，则不再采集。其二，地方性法规和政策文本中，如果多个地方政府施行类似的法规和政策，则选取较早颁布或较具代表性的版本，其他不再采集，如云南、贵州、广西等省份都颁行了"民族民间传统文化保护条例"，选取了颁行最早的《云南省民族民间传统文化保护条例》。其三，在内容方面，一是判别法规和政策中是否对传承人档案管理有明确表述；二是判别是否有与传承人建档有关的隐喻，如非物质文化遗产档案管理、个人档案管理等。据此，共采集到相关法律、法规和政策文本12份（见表1—1，依施行日期排序）。

表1—1　　　　文本分析涉及的法律、法规和政策文件

| 编号 | 文号 | 标题 | 施行日期 |
| --- | --- | --- | --- |
| P01 | 八届主席令（第71号） | 中华人民共和国档案法 | 1996年7月5日 |
| P02 | 广东省人民政府令〔1996〕（第4号） | 广东省名人档案管理办法 | 1996年11月1日 |
| P03 | 云南省九届人大常委会公告（第43号） | 云南省民族民间传统文化保护条例 | 2000年9月1日 |

续表

| 编号 | 文号 | 标题 | 施行日期 |
|---|---|---|---|
| P04 | 文化部、国家档案局令（第21号） | 艺术档案管理办法 | 2002年2月1日 |
| P05 | 国办发〔2005〕18号 | 国务院办公厅关于加强我国非物质文化遗产保护工作的意见 | 2005年3月26日 |
| P06 | 文化部令（第45号） | 国家级非物质文化遗产项目代表性传承人认定与管理暂行办法 | 2006年12月1日 |
| P07 | 十一届主席令（第42号） | 中华人民共和国非物质文化遗产法 | 2011年6月1日 |
| P08 | 国家档案局令（第9号） | 各级各类档案馆收集档案范围的规定 | 2011年11月21日 |
| P09 | 文非遗发〔2012〕4号 | 文化部关于加强非物质文化遗产生产性保护的指导意见 | 2012年2月2日 |
| P10 | 中共中央办公厅、国务院办公厅 | 关于加强和改进新形势下档案工作的意见 | 2014年5月4日 |
| P11 | 文非遗函〔2015〕318号 | 文化部开展国家级非物质文化遗产代表性传承人抢救性记录工作通知 | 2015年4月22日 |
| P12 | 档发〔2016〕4号 | 全国档案事业发展"十三五"规划纲要 | 2016年4月1日 |

根据研究需要，本书主要分析了上述表1—1法律和政策文本中有关传承人建档保护的行政主体、业务主体和建档内容等方面（详见第四章第一节）。

（二）"个人档案管理规范"文本分析

在业务层面讨论传承人建档保护问题，以"个人全宗"为核心的个人档案管理理论无疑最具指导意义，而各档案部门以此理论为基础制定和实施的各种形式的"个人档案管理规范"就是最具参考价值的蓝本。因此，笔者逐一访问我国省级档案局（馆）的网站，检索有关个人档案管理的规范文件，并借助搜索引擎等工具，收集了部分市、县级档案局（馆）的个人档案管理规范，共获得37份文本；逐一访问我国211高校的档案馆（校长办公室等）的网站，检索有关个人档案的管理规范，共获得 25 份文本；利用搜索引擎，获得了 2 份科研档案馆的个人管理办法。以上述 64 份规范文本为样本[附录三：64 份个人档案管理规范一览表（依名称排序）]，设计了文本分析编码表（见表 1—2），以此为数据源进行分析（详见第六章）。

表 1—2　　　　个人档案管理规范文件文本分析编码表

| 名称 | | |
|---|---|---|
| 颁布形式 | 上级机关发文、本局（馆）发文、业务规范、不详 | |
| 实施日期 | | |
| 称谓 | | |
| 建档对象 | 描述 1 …… | 规范 1 …… |
| 归档范围（分类方法） | 描述 1 …… | 规范 1 …… |
| 保管方式 | 描述 1 …… | 规范 1 …… |
| 收集方式 | 描述 1 …… | 规范 1 …… |

上述 64 份文本主要是管理办法（44 份）和征集、归档（管理）办法（6 份）两类，其余还有管理规定（3 份）、管理细则（2 份）、工作规定（1 份）、工作规范（1 份）等。43 份文本（有 21 份未获得明确的颁布形式）主要通过如下三种方式公布：其一，由上级主管机构正式颁布，共 23 份，如《吉林省著名人物档案管理办法》以吉林省人民政府 2008 年第 199 号令的形式颁布；其二，由本机构正式颁布，共 14 份，如《武汉大学著名人物档案管理办法》由武汉大学档案馆以正式文件公布；其三，机构内部的管理规范、征集通知等，共 6 份，如《上海交通大学校友人物类档案工作

规范》是一份内部的业务规范。

本研究获得了44份文本的实施日期,最早的是1996年10月10日实施的《北京理工大学人物档案管理暂行办法》和1996年11月1日实施的《广东省名人档案管理办法》,其余大部分是2000年以后实施的,具体如表1—3所示。

表1—3　　　　　　　　44份规范的实施年份一览

| 年份 | 1996 | 1998 | 1999 | 2000 | 2002 | 2003 | 2004 | 2005 |
|---|---|---|---|---|---|---|---|---|
| 文件数 | 2 | 1 | 1 | 1 | 4 | 5 | 2 | 5 |
| 年份 | 2006 | 2007 | 2008 | 2010 | 2012 | 2013 | 2014 | 合计 |
| 文件数 | 7 | 2 | 3 | 3 | 2 | 5 | 1 | 44 |

需要说明的是,各规范对"个人档案"这一术语的称谓并不统一,若无特别说明,文中采用"个人档案"代之;由于各机构的规章制度、通知等并不一定通过互联网公开(公布),故本研究获取的各规范文本是一种随机的方便性抽样的结果,并不具备统计学的意义。

### 四　个案研究法

个案研究就是对单一的研究对象进行深入而具体的研究的方法,[①] 它的优势在于可以从微观层面对个别事物进行深入、细致的描述和分析,获得丰富、生动、具体和详细的资料,较好地揭示出社会现象背后的具体过程和形成机制。[②] 非物质文化遗产传承人档案由多个建档主体分别建立和管理,其中,传承人自己建立、形成

---

[①] 陈时见主编:《教育研究方法》,高等教育出版社2007年版,第87页。

[②] 刘敏:《社会资本与多元化贫困治理——来自逢街的研究》,社会科学文献出版社2013年版,第63页。

和保管的档案占重要地位，而且传承人作为唯一的个人档案形成主体，是研究传承人建档保护最为核心的因素，他们的生存状况、档案的保管状况、有关建档保护的知识、意识与意愿等都直接关系到传承建档保护机制的研究以及建档保护策略的分析。尽管传承人是独立的个体，其个体状况各不相同，但总体上，他们在生存状况、档案保管、档案意识与知识等方面也具有众多的相似之处，因此，本书以方便性抽样为原则，选择国家级传承人赵丕鼎、省级传承人李润凤、国家级传承人杨春文（与之访谈时为省级传承人）和省级传承人张杰兴等十余位传承人作为个案，通过逐一拜访，与之访谈的方式，获取其个人档案的留存现状、保管意识与知识等相关资料；同时，系统调研赵丕鼎、李润凤、杨春文和张杰兴四位传承人保存的个人档案，并通过互联网等方式检索与之相关的个人信息资料，梳理其个人档案目录（附录四：非物质文化遗产传承人个人档案目录），以便从中发现问题、总结经验。

# 第二章

# 概念界定与理论基础

## 第一节 概念界定

### 一 非物质文化遗产传承人

"'非物质文化遗产'概念可追溯到20世纪50年代，日本在1950年颁布了《文化财产保护法》，第一次提出了'无形文化财'的概念，与'有形文化财'相对而称。学术界普遍认为'无形文化财'的概念是'非物质文化遗产'概念的主要渊源之一，并且在内涵、外延上与'非物质文化遗产'概念基本相同，两个词语可以相互替换使用。"[①] 2003年，联合国教科文组织第32届成员国商议通过的《非物质文化遗产保护国际公约》将非物质文化遗产界定为：被各社区、群体，有时是个人，视为其文化遗产组成部分的各种社会实践、观念表述、表现形式、知识、技能以及相关的工具、实物、手工艺品和文化场所。这种非物质文化遗产世代相传，在各社区和群体适应周围环境以及与自然和历史的互动中，被不断地再创造，为这些社区和群体提供认同感和持续感，从而增强对文化多样性和人类创造力的尊重。[②]

---

[①] 王文章主编：《非物质文化遗产概论》，教育科学出版社2013年版，第3页。

[②] 联合国教育、科学及文化组织：《保护非物质文化遗产公约》，《中华人民共和国全国人民代表大会常务委员会公报》2006年第2期，第138—145页。

在我国，曾经使用过与非物质文化遗产相近的术语有"民族民间文化遗产""民族民间传统文化"等，20世纪90年代中后期开始有学者使用"非物质文化遗产"一词，进入21世纪，"非物质文化遗产"逐步取代其他词汇，尤其是随着国务院《关于加强我国非物质文化遗产保护工作的意见》《中华人民共和国非物质文化遗产法》等官方文件和法律的颁行，该词已经成为主流甚至是唯一的专用术语。就其概念而言，《中华人民共和国非物质文化遗产法》规定："非物质文化遗产，是指各族人民世代相传并视为其文化遗产组成部分的各种传统文化表现形式，以及与传统文化表现形式相关的实物和场所。包括：（一）传统口头文学以及作为其载体的语言；（二）传统美术、书法、音乐、舞蹈、戏剧、曲艺和杂技；（三）传统技艺、医药和历法；（四）传统礼仪、节庆等民俗；（五）传统体育和游艺；（六）其他非物质文化遗产。"[①]

"非物质文化遗产传承人"是近些年来才在中国学术界逐渐普及开来的新概念之一，其在官方正式文件中的使用始于2005年国务院发布的《关于加强我国非物质文化遗产保护工作的意见》。[②]在此之前，研究者使用的相关词汇有"民间艺人""民间匠人""民间文化传承人"等。2008年国务院审议通过的《国家级非物质文化遗产项目代表性传承人认定与管理暂行办法》使用"代表性传承人"这一称谓，该办法第二条规定，"国家级非物质文化遗产项目代表性传承人"，是指经国务院文化行政管理部门认定的，承担国家级非物质文化遗产名录项目传承保护责任，具有公认的代表

---

[①]《中华人民共和国非物质文化遗产法》，《中华人民共和国全国人民代表大会常务委员会公报》2011年第2期，第145—149页。

[②] 周超：《中日非物质文化遗产传承人认定制度比较研究》，《民族艺术》2009年第2期，第12—20页。

性、权威性与影响力的传承人。①

在学术界，研究者对"传承人"这一称谓的界定存在两种差异较大的观点，一种观点认为传承人即个人，如祁庆富认为，非物质文化遗产传承人是"在有重要价值的非物质文化遗产传承过程中，代表某项遗产深厚的民族民间文化传统，掌握杰出的技术、技艺、技能，为社区、群体、族群所公认的有影响力的人物"。②张邦铺和燕朝西将其界定为"具体非物质文化遗产项目的系统掌握者，并对非物质文化遗产的传承和发展具有一定的影响的自然人或自然人群体"。③另一种观点认为传承人可以是个人、群体或机构，如江沛和陈雄认为，"传承人应是一个内涵广泛的概念，是直接参与非物质文化遗产传承，使非物质文化遗产能够沿袭的个人或群体（团体），是非物质文化遗产最重要的活态载体。所以，它可以是一个孤立的个体，也可以是一个群体、一个机构。如民间的歌手、乐手及众多的乐社、乐班，某艺术流派的传人，某剧种的剧团，某种古乐的乐队等等"。④本书赞同非物质文化遗产传承人即个人的观点，因为虽然一个团体的成员都可以成为非物质文化遗产传承人，但称该团体为非物质文化遗产传承组织、机构、团体等更为恰当。

同时，在当前非物质文化遗产传承人管理活动中，各界普遍将被县级及以上人民政府或文化行政管理机构认定的"非物质文化遗产项目代表性传承人"称为"代表性传承人"，而那些未获得认定

---

① 《国家级非物质文化遗产项目代表性传承人认定与管理暂行办法》，《中华人民共和国国务院公报》2008年第33期，第34—36页。

② 祁庆富：《论非物质文化遗产保护中的传承及传承人》，《西北民族研究》2006年第3期，第114—123、199页。

③ 张邦铺、燕朝西：《论非物质文化遗产传承人的保护和培养机制——基于阿坝州的实证分析》，载徐新建《文化遗产研究（第三辑）》，巴蜀书社2014年版，第171—184页。

④ 江沛、陈雄：《双龙风景区非物质文化遗产分类和保护》，《重庆文理学院学报》（社会科学版）2007年第3期，第28—32页。

的、从事非物质文化遗产传承和保护工作的人士,被称为"普通传承人"①"一般性传承人"②"非代表性传承人"③等。

本书认为,所有从事非物质文化遗产传承和保护活动的自然人都是非物质文化遗产传承人,而且我国曾经使用的"民间艺人""民间匠人"等是非物质文化遗产传承人不可或缺的组成部分。因此,为了便于区分,在本书中"中国工艺美术大师"(1979年)、"民间工艺美术大师"(1996年)、"云南省民族民间艺人"(1999年)和"非物质文化遗产项目代表性传承人"(2007年)等评定工作开始以前就已经逝世或者丧失传承能力的传承人统称为"历史上的民间艺人";将被县级以上人民政府、文化行政管理部门及相关机构认定的传承人称为"代表性传承人";而把那些未被认定的传承人称为"一般性传承人"。

### 二 非物质文化遗产档案

"建档"是保护非物质文化遗产的重要途径之一,《中华人民共和国非物质文化遗产法》第三条明确指出,"国家对非物质文化遗产采取认定、记录、建档等措施予以保存"。④《国家级非物质文化遗产代表作申报评定暂行办法》规定对申报项目的保护措施包括建档、保存、传承、传播和保护,其中建档是"通过搜集、记录、分类、编目等方式,为申报项目建立完整的档案",保存是"用文字、录音、录像、数字化多媒体等手段,对保护对象进行真实、全面、系统的记录,并积极搜集有关实物资料,选定有关机构妥善保

---

① 高成强、李平、王柏利等:《论传统武术传承人的保护》,载张仲谋《非物质文化遗产传承研究》,文化艺术出版社2010年版,第374页。
② 冯骥才:《乡土精神》,作家出版社2010年版,第105页。
③ 陈晓艳、喻晓玲:《环塔里木非遗"非代表性传承人"档案资源建设研究》,《山西档案》2016年第1期,第55—57页。
④ 《中华人民共和国非物质文化遗产法》,《中华人民共和国全国人民代表大会常务委员会公报》2011年第2期,第145—149页。

存并合理利用"。① 鉴于非物质文化遗产档案的广泛性和重要性，国家档案局于2011年将其列为国家基本专业档案之一，其中，专业主管部门为原文化部。② 但是，对于非物质文化遗产档案目前还没有官方的界定，学术界对非物质文化遗产档案的认识有两种观点，一种观点认为非物质文化遗产档案是非物质文化遗产保护机构在非物质文化遗产申报和管理活动中形成的档案材料，如孙展红认为，"非物质文化遗产档案是指在申报非物质文化遗产过程中，申报单位在收集、整理、汇编以及申报成功后管理该项目时形成的具有保存价值的历史记录"。③ 更多的学者持另一种观点，即认为非物质文化遗产档案是与非物质文化遗产有关的各种载体的档案材料，如赵林林和王云庆认为，非物质文化遗产档案是"所有与非物质文化遗产有关的具有保存价值的各种载体的档案材料，它应当包括非物质文化遗产活动的道具、实物等，以及对非物质文化遗产进行记录和保护过程中形成的文字记载、声像资料等"。④ 周耀林等则将非物质文化遗产档案界定为"见证非物质文化遗产的传承演变过程及其各个阶段文化的特征，反映非物质文化遗产的现存状态和存续情况，记录非物质文化遗产保护与管理工作的各项活动，体现非物质文化遗产代表性传承人及典型传承群体自然状况、文化背景、文化活动等的各种类型记录材料的总和"。⑤

事实上，《中华人民共和国非物质文化遗产法》提出对非物质

---

① 《国务院办公厅关于加强我国非物质文化遗产保护工作的意见》，《中华人民共和国国务院公报》2005年第14期，第12—17页。
② 国家档案局：《国家档案局关于印发〈国家基本专业档案目录（第一批）〉的通知》，《中国档案》2011年第12期，第15—17页。
③ 孙展红：《浅谈非物质文化遗产档案管理》，《黑龙江档案》2009年第3期，第67页。
④ 赵林林、王云庆：《非物质文化遗产档案的特征和意义》，《档案与建设》2007年第12期，第4—7页。
⑤ 周耀林、戴旸、程齐凯等：《非物质文化遗产档案管理理论与实践》，武汉大学出版社2013年版，第66页。

文化遗产进行"建档"保存，其目的是"予以保护"，也就是说，"建档"只是手段，"保护"才是目的。从这个角度看，非物质文化遗产档案不应当仅是管理非物质文化遗产工作的业务档案，还应当是对保存、保护和传承非物质文化遗产活动有关的一切载体形式的档案材料，即非物质文化遗产档案是与非物质文化遗产有关的各种载体的档案材料。

### 三 非物质文化遗产传承人档案

尽管2005年就有学者提出"建立民间文化传承人档案"①的论点，但相关研究仅讨论传承人档案所应当包含的内容，如传承人的手稿、手迹材料、乐曲谱、艺术心得、表演技巧等②，并未明确何为传承人档案。直到2013年，周耀林等学者才严谨地给它下定义，认为传承人档案是"非物质文化遗产传承人在非物质文化遗产活动中直接形成的，或者非物质文化遗产保护机构在非物质文化遗产保护工作中形成或者收集的记录非物质文化遗产活动的，具有清晰、确定的原始记录作用的固化信息"。③将其内容总结为五个方面：姓名、性别、出生年月、民族、学历、工作单位、职务、身份证号码、非物质文化遗产活动经历信息等传承人信息；与传承人相关的非物质文化遗产信息；传承人技艺信息、作品信息；传承人作品；相关机构对传承人或者非物质文化遗产进行宣传、评价的资料、证书、奖品、声像材料等。④该界定获得了学界普遍认可和广泛引用。

根据对非物质文化遗产档案以及对白族非物质文化遗产传承人

---

① 白玉爽、于佩兰：《建立民间文化传承人档案传承祖国文化遗产》，《中国档案》2005年第11期，第34—35页。
② 李昂、徐东升：《做好非物质文化遗产传承人档案的征集工作》，《兰台世界》2010年第6期，第2—3页。
③ 周耀林、戴旸、程齐凯等：《非物质文化遗产档案管理理论与实践》，武汉大学出版社2013年版，第200—205页。
④ 同上。

档案的调查，本书不完全赞成上述对传承人档案的界定，理由如下：

第一，传承人档案应以"是否与传承人直接相关"为界定的第一准则，而未必与其所传承的非物质文化遗产项目直接相关。作为一个档案整体的传承人档案应该能够尽可能全面地反映传承人的历史面貌，不可因为其传承人的身份而将其与所传承的非物质文化遗产项目无关的个人信息割裂开。比如反映传承人的文化程度、家庭及经济状况、职业状况乃至身体状况等方面的档案材料，对传承人为何从事传承活动、从事传承活动的水平等直接相关，具有与非物质文化遗产信息同等重要的档案价值。

第二，对传承人档案的界定不宜过宽。一方面，非物质文化遗产档案和传承人档案是相互交叉但又有所区别的两种档案类型，那些与传承人所传承的非物质文化遗产项目直接相关但与传承人并无直接关系的档案材料，比如相关组织、媒体宣传、介绍非物质文化遗产项目的档案材料等，不必纳入传承人档案的范围；另一方面，传承人从事非物质文化遗产活动所使用的物品、工具和设备，收藏和使用的图书、报刊等一般不必纳入归档范围，除非该物品经过传承人的特殊处理，如在图书上作了大量的批注，具有了特殊的档案价值，才可纳入归档范围。

基于上述认识，本书将非物质文化遗产传承人档案界定为：非物质文化遗产传承人在从事非物质文化遗产传承以及其他社会活动中直接形成的，或与传承人直接相关的，能够记载和反映传承人从事非物质文化遗产传承活动的历史状况的各种形式和载体的材料。

### 四　非物质文化遗产传承人建档保护

在档案学话语中，主要使用"归档"一词，这主要是因为传统的档案主要由文件转化而来，而"建档"一词的意蕴要丰富一些，它既包括立卷归档，也包括直接建档，即文书形成的目的便是存档，形成之初便是档案之意。而且建档的目的在于保存和利用，因此，建档还可以包括管理、利用等内容，故本书使用"建档"一词。从现实情况看，非物质文化遗产传承人建档包括传承人个人存档和其他社会组织为传承人建档两种情况。戴旸和叶鹏认为，传承人"个人存档"是指传承人通过对其个人信息，及其非物质文化遗产技艺等进行有意识的积累、有序化建档和科学化管理，实现对传承人档案的传播、利用和传承的过程。[①] 相关组织为传承人建档则是指通过采集、接收、征集等途径，将非物质文化遗产传承人档案按一定的方式进行管理和保护，以方便社会或个人（自己）获取和利用的行为。

因为非物质文化遗产传承人的特殊性，形成了其档案具有特殊的历史、社会和文化价值，国际组织、政府无一例外地通过立法的方式规定非物质文化遗产保护机构、档案机构等组织应当通过多种途径指导传承人科学地建立和保护其档案，以及通过接收、征集、采集等方式实现传承人档案的组织化建档。"建档"是方法、途径而非目的，其最终目的在于通过建档实现对传承人及其所承载的非物质文化遗产的保存和保护。

因此，本书认为，非物质文化遗产传承人建档保护是指通过收档、建档和补档等方式建立传承人档案，进而实现传承人从事传承活动状况有档可查、传承技艺有档可据，其所承载的非物质文化遗产信息能够"固化"保存下来可供后世利用，达到记录、保护和传承非物质文化遗产传承人及其项目的目的。

---

[①] 戴旸、叶鹏：《我国非物质文化遗产传承人建档探索》，《中国档案》2016年第6期，第68—70页。

## 第二节 理论基础

本书认为，以档案多元论来理解、阐述传承人档案的价值具有科学性和合理性，协同治理理论及各国在行政管理、公共服务领域的协同治理经验对多元建档主体如何协作开展建档保护具有指导意义，传承人档案作为个人档案的一种类型，有关个人档案的理论阐述和实践经验对传承人建档保护的业务方法具有重要的参考价值。

### 一 档案多元论

国外有关档案多元论（Archival Multiverse and Pluralism）的文献最早发表于1978年，最初是一些美国档案研究者提出在多元文化社会，档案保管应该多主体来源，利用多种移民服务机构和种族机构的档案，用以支持美国移民和宗教的研究。此后在各国档案研究者的共同努力下，档案多元论逐步发展成为一种内容丰富、结构完备的理论体系和研究范式。[①] 根据安小米等学者的研究，相关研究涉及档案多元世界观、档案记录意图多样、档案记录形式多样和档案描述元数据关联多样四个方面。国内的相关文献最早发表于2006年，相关研究涉及档案属性的多元、档案价值认识的多元以及档案管理模式和方法的多元三个方面。[②] 安小米等学者根据英文 Archival Multiverse 和 Archival Pluralism 不同的侧重点，将档案多元论的核心贡献者安妮·吉兰（Anne Gilliland）教授的观点总结为：就多元视角而言，档案的来源具有地方性和全球性双重地理空间特征；档案在提供凭证记录方面具有证据文本多格式及多文化背景特

---

[①] 王丽：《论档案在边疆多民族地区社会秩序建构中的文化功能：基于档案多元论的阐释》，《档案学通讯》2016年第4期，第100—103页。

[②] 安小米、郝春红：《国外档案多元论研究及其启示》，《北京档案》2014年第11期，第16—20、34页。

点，在记忆保存方面存在机构、官僚组织和个人各种不同意图，存在多种社区视角需求，文化和法律建构多种目的。就多元路径而言，应当建立档案多元论意识并将其渗透到档案理论与实践、档案资源整合与服务、档案教育和研究的各种活动中，这些活动包括支持新出现的国家和冲突后的社会发展，各国多元化少数民族社区的权力维护，建设健康和可持续发展的社区，支持社会正义和维护人权及社会包容事宜，应对全球社会挑战等。① 也就是说，档案的多元性是贯穿于档案的形成至效用发挥的全过程，包括档案的建档主体、意图等方面的多元，档案本身在形式、属性等方面的多元，档案管理的机构、方式等方面的多元，以及档案的需求、价值等档案效用方面的多元。

王丽将当前档案多元论的研究范畴和议题总结为四个方面：一是档案属性多元论观点，强调档案外在形式的多样性以及内在属性的多元性；二是档案价值多元论，主张放弃档案一元论，从档案的内容、来源、形成时间、形式、作用等多种角度来判断档案的价值；三是档案功能多元论，认为档案在国家和社会治理领域能够担当多种社会功能，可以通过档案管理和服务多样化，满足社会发展对档案管理的多样化需求；四是档案管理模式和研究方法多元论，在档案保存和管理领域，主张档案存储和管理手段多元化、档案建构多层次化、档案改革方式多样化、档案管理模式和制度多元化等等，在档案研究方面，主张采用多学科视角，对档案进行跨学科研究，建立一种全新的档案研究范式。②

档案多元论能为非物质文化遗产传承人建档保护中存在的种种问题提供合法性解释。从档案形成的角度看，有非物质文化遗产传

---

① 安小米、郝春红：《国外档案多元论研究及其启示》，《北京档案》2014年第11期，第16—20、34页。

② 王丽：《论档案在边疆多民族地区社会秩序建构中的文化功能：基于档案多元论的阐释》，《档案学通讯》2016年第4期，第100—103页。

承人、非物质文化遗产保护机构、学者、媒体等多类组织（或个人）形成的档案，其建档意图也各不相同；非物质文化遗产传承人档案有手稿、书信、文件、证书、图书、音视频材料等多种类型，具有文物、图书和档案多重属性；从管理角度看，有非物质文化遗产传承人、非物质文化遗产保护机构、地方国家档案馆、学术机构等多类建档主体，建档方式也不尽相同；从非物质文化遗产传承人档案的效用看，具有文化、艺术、史料和凭证等多重价值，不同用户对其需求也是不一样的，旅游观光者更看重其文化价值，学术研究者只注视其史料价值，文化行政管理机构则关注其凭证价值。

然而，正是这种多元性决定了当前非物质文化遗产传承人档案的堪忧现状，档案多元论的价值在于为非物质文化遗产传承人档案管理现状提供了一种合乎情理的解释，也为建档保护提供价值论和方法论的指导。

### 二　协同治理理论

协同治理是指这样一个过程：政府与企业、社会组织或者公民等利益相关者，为解决共同的社会问题，以比较正式的适当方式进行互动和决策，并分别对结果承担相应责任。① 协同治理既存在于政府层级的纵向环境中，也存在于代表社区内多种利益的横向环境中，在实践中纵向和横向协作活动互相重叠。② 它具有如下六方面的特征：第一，公共性，其目的是解决公共问题，而不是私人问题；第二，多元性，参与者应来自不同的部门，比如政府、企业、社会组织以及公民等多个主体；第三，互动性，各参与者之间为了实现共同的目标有积极的互动（信息、资源、优势的共享，议题和

---

① 田培杰：《协同治理概念考辨》，《上海大学学报》（社会科学版）2014年第1期，第124—140页。

② 汪伟全：《地方政府合作》，中央编译出版社2013年版，第46—52页。

解决方案的协商,方案实施时的分工合作等);第四,正式性,为确保运作规范,提高各方的投入程度,各参与者之间的关系、职责应通过比较正式的制度/规则确定下来;第五,主导性,政府不是唯一的责任主体,但仍然在治理中处于中心位置,具体表现在议程的制定、责任的承担等方面;第六,动态性,协同治理并没有统一的运作模式,而是根据具体的情况,呈现出一定的动态性。①

在非物质文化遗产保护领域,我国政府较早地认识到了协同的重要性,早在2005年,《国务院办公厅关于加强我国非物质文化遗产保护工作的意见》就提出"要发挥政府的主导作用,建立协调有效的保护工作领导机制。由文化部牵头,建立中国非物质文化遗产保护工作部际联席会议制度,统一协调非物质文化遗产保护工作"。"部际联席会议由文化部、发展改革委、教育部、国家民委、财政部、建设部、旅游局、宗教局、文物局组成"。② 遗憾的是,当时建立的部际联席会议制度并没有国家档案局的参与,其职能中也没有涉及非物质文化遗产档案及传承人档案的建立、保存和保护等问题。

以非物质文化遗产传承人档案的多元主体为核心的多元管理格局,与我国"统一领导、分级管理"的档案工作体制不适应,再加上我国各级各类档案机构都是以管理组织档案为主,导致当前在非物质文化遗产传承人建档保护方面存在管理主体多元、权责不明、体制不顺等问题。根据"推进社会治理创新,注重运用法治方式,实行多元主体共同治理"③ 的精神,协同治理应当成为非物质文化

---

① 田培杰:《协同治理概念考辨》,《上海大学学报(社会科学版)》2014年第1期,第124—140页。
② 《国务院办公厅关于加强我国非物质文化遗产保护工作的意见》,《中华人民共和国国务院公报》2005年第14期,第12—17页。
③ 李克强:《政府工作报告——2014年3月5日在第十二届全国人民代表大会第二次会议上》,《中华人民共和国全国人民代表大会常务委员会公报》2014年第2期,第191—204页。

遗产传承人建档保护的有效途径。非物质文化遗产传承人建档协同治理框架应该是一个复合体系，包括制度化方面的法律规范、管理体制的改革，也包括协作机制、协作方式、技术平台等方面的整体性制度安排。

### 三　个人档案管理理论

个人档案，英文称为 Personal Archives，国内学者也称其为人物档案、名人档案、著名人物档案等，因档案馆在整理人物档案时通常以个人为立档单位，因此也称为个人全宗、名人全宗、人物全宗等。但无论称谓如何，学者们对其内涵的认识基本一致，即认为个人档案是指社会知名人士在社会活动中形成的、能够记载和反映个人生平历史、工作实绩、学术水平等不同门类和载体形式的各种材料组成的档案整体。① 历史上一些著名的家庭、家族所形成的档案，在我国也属于个人全宗的类型。形成个人全宗的个人、家庭和家族，也是立档单位。② 在归档范围方面，研究者认为"名人档案的内容应以能全面、客观地反映该名人的历史原貌为基本要求。所以名人档案的归档范围要尽可能广泛，内容上要尽可能丰富"。③ 因此，给出的归档范围几乎囊括了该人的各类文字、图表、音像等材料，也包括评价、介绍该人及其成就的图书、报刊等材料，甚至把"名人收藏的各种字画作品，名人使用过的具有保存价值的实物、用品以及赠送的礼品等"④ 等均纳入归档范围。

国外学者对个人档案则有另一种理解，即从建档者的角度来定

---

① 丛培丽、王学军：《名人档案的收集整理及思考》，《山东档案》2000 年第 3 期，第 11—12 页。
② 陈智为、邓绍兴、刘越男编著：《档案管理学》，中国人民大学出版社 2008 年版，第 137 页。
③ 贾雪萍：《高校建立名人档案问题探微》，《兰台世界》2005 年第 8 期，第 64—65 页。
④ 倪恩玲：《浅谈名人档案的建立与整理》，《浙江档案》1995 年第 4 期，第 11—12 页。

义，认为个人档案是"个人或家庭创建的档案（而非组织创建的档案）"①。例如唐纳德·霍金斯（Donald T. Hawkins）将个人数字档案（Personal Digital Archives）界定为"是个人而非组织产生（crated）、收集（collected）、组织（curated）的数字材料的集合"。② 理查德·考克斯（Richard J. Cox）认为"档案工作者需要帮助个人保存其个人和家庭档案，至少保存那些尤其特别和重要、且处于危险之中的档案材料"。③

尽管全世界范围内都有收集、保存个人手稿与文件的传统，但除了苏联在20世纪上半叶就形成了较为系统的个人全宗理论外，国际档案学界对个人档案管理问题还缺乏足够的理论成果。迄今为止，西方经典的档案学文献中几乎不承认个人文档实际上已经取得了档案地位，④ 主流的档案学理论主要适用于法人（组织）档案，而忽视了个人档案领域⑤。诚如凯瑟琳·霍布斯所说，"我认为主流的档案学理论在解释个人档案方面略显乏力，这些理论主要关注作家们在国家、组织中形成的档案，关注的是组织的和共同的档案，而非个体的和特殊的。我认为档案学理论需要解释个人档案的细微之处，个人档案需要回归'个人'"⑥。

根据个人档案管理主体和客体的变迁，可以将其分为组织化个

---

① McKemmish Sue and Piggott Michael：《通往档案的多元世界：对现代档案理论与实践中个人档案和法人档案二分法的挑战》，闫静编译，《外国档案》2014年第5期，第46—54页。

② Donald T. Hawkins, *Personal Archiving: Preserving Our Digital Heritage*, Medford: Information Today Inc, 2013, p. 3.

③ Richard J. Cox, *Personal Archives and A New Archival Calling: Readings, Reflections and Ruminations*, Sacramento: Litwin Books, LLC, 2008, p. viii.

④ McKemmish Sue and Piggott Michael, "Toward the Archival Multiverse: Challenging the Binary Opposition of the Personal and Corporate Archive in Modern Archival Theory and Practice", *Archivaria*, No. 76, Nov 2013, pp. 111 – 144.

⑤ Pollard Riva A., "The Appraisal of Personal Papers: A Critical Literature Review", *Archivaria*, No. 52, Feb 2001, pp. 136 – 150.

⑥ Hobbs Catherine, "The character of personal archives: reflections on the value of records of individuals", *Archivaria*, Vol. 1, No. 52, Feb 2001, pp. 126 – 135.

人档案管理和个人存档两个方面。

根据组织化个人档案管理不同时期的特征，可以分为两个阶段。

组织化个人档案管理的第一阶段以 20 世纪 20 年代初期苏联个人全宗理论的形成为标志，止于 20 世纪 90 年代，其核心便是个人全宗理论的形成和发展。从我国翻译过来的文献看，20 世纪 50 年代至 60 年代，苏联的教材、学术著作中已经形成了相对完备的个人档案全宗理论，例如苏联档案学家姆·斯·谢列兹涅夫 1952—1953 年在中国人民大学的讲义中系统地介绍了个人档案的构成、整理特征、分类方法与开发问题。他指出，个人芬特（即个人全宗）有"作家芬特、国家活动家芬特、家庭芬特""整理个人芬特的文件与整理国家机关、团体的文件是不同的""个人芬特里遇到的往往是没有注明日期的文件，而且文件上一般都没有印章""在整理个人芬特的文件材料，必须研究芬特构成者的历史，并编写一份历史事实考证，内容包括芬特构成者的生死日期、主要活动阶段、亲属关系与公务关系等，必须了解芬特构成者自己的文件，据此编制文件的分类方案和确定芬特内案卷的排列次序"。并指出了在实际工作中，卷内文件的十分法："（一）有关芬特构成者传记方面的文件材料；（二）能够反映芬特构成者的创作和生平的作品与文章的手稿；（三）芬特构成者的书信；（四）说明芬特构成者的公务活动与社会活动的文件；（五）说明芬特构成者的财产状况与经济关系的文件；（六）别人所写的关于芬特构成者的材料；（七）图例材料（照片、图片等）；（八）印刷材料；（九）芬特构成者亲属的材料；（十）与该芬特没有直接关系、但有联系的材料。"[①] 在个人档案开发利用方面，该著作也介绍了"编制个人档案芬特一览"

---

① ［苏］姆·斯·谢列兹涅夫：《苏联档案工作的理论与实践》，韩玉梅、吕洪宇、苏秀云译，中国人民大学出版社 1955 年版，第 49—50 页。

的问题,作者认为,"在个人芬特的历史事实考证里,除了基本的传略材料以外,还必须对芬特构成者的政治活动、科学活动和社会活动加以评述,并查明芬特构成者的各种亲属关系"。[①] 个人全宗理论在20世纪50年代被介绍到中国以后,经过近30年的学习和挫折期,至20世纪80年代以后逐步获得业界的关注,并成为当前档案机构保管个人档案最主要的理论依据。1984年,李修宽和曹先武发表了《对地方档案馆建立"人物全宗"的探讨》一文,是较早专门讨论个人档案管理的论文。[②] 1985年5月30日至6月1日,在南京大学召开江苏省档案学会高校档案分会"名人全宗"研讨会,江苏、上海、北京、武汉、四川、山东、浙江、福建等省、市70多名代表参加会议,会议对建立"名人全宗"的意义、"名人全宗"的收集范围、整理方法以及收集过程中的政策等问题进行了研究和探讨。[③] 将个人全宗的研究推向了一个热潮,也达到了顶峰。其后虽然相关研究论著时有发表,但再也没有出现过类似的专门研讨会或其他较为集中的研究成果,个人全宗的理论框架仍然停留在个人全宗的内涵、构成条件、归档范围和规则、全宗内档案分类等问题上,并未获得实质上的理论升华与发展。

组织化个人档案管理的第二阶段始于20世纪90年代中期,以澳大利亚档案工作者协会主办的刊物《档案和手稿》(*Archives and Manuscripts*)1996年第24卷第1期以保存个人记录为主题刊发的一批文章为标志,与前一阶段最大的区别在于研究者开始关心个人档案的基本理论问题及其在档案学领域中的理论地位问题,以及随

---

[①] [苏]姆·斯·谢列兹涅夫:《苏联档案工作的理论与实践》,韩玉梅、吕洪宇、苏秀云译,中国人民大学出版社1955年版,第129—130页。

[②] 李修宽、曹先武:《对地方档案馆建立"人物全宗"的探讨》,《河南档案》1984年第1期,第26—30页。

[③] 管辉:《"名人全宗"研讨会在南京大学召开》,《档案学通讯》1985年第4期,第17页。

着信息技术的发展,研究者开始关注数字化个人档案的组织化、系统化保管问题,这一阶段的研究任务迄今仍未完成。对于个人档案的"档案"地位,多位学者对其进行了论证,其中较有影响的理论观点之一是以个人档案和组织档案二分法来确定个人档案独一无二的地位,北美档案学者弗兰克·伯克(Frank G. Burke)认为二者主要的不同在于:组织档案(即法人或政府档案)是有系统的、有组织的、有结构的,可以在不同代际流传,对主题研究颇具实用意义,反映了创建者的意图;个人档案(手稿或个人文件)是主观的、异质的、情绪化的、短暂的而且关注范围有限。凯瑟琳·霍布斯(Catherine Hobbs)则强调自主化的个人是关键,制作和保管档案动机中的个性、特征、自由和心态等要素十分重要,个人创建者的内在需求、精神愿景、期望、感受、偏好和冲动之间的内在联系也十分重要。她反对仅仅就社会角色而进行的个人归档。① 克雷顿·巴雷特(Creighton Barrett)指出,当研究者都在努力通过重新定义和解构档案学的范围以强调个人档案的地位时,忽略了对存在于法人档案中的个人档案的关注,该文以加拿大新苏格兰 19 世纪和 20 世纪的家族企业档案中的个人档案为个案进行讨论,指出某些档案属于个人还是组织难以界定,但档案工作者又需要确保个人档案不被淹没在大量的组织档案之中,建议以工作身份(Work Identity)为标准进行区分,它虽然不能提供实践层面的解决方案,但能为档案工作者提供更为清晰的档案综合体(intermingled aggregations of records),以指导档案处理(排列、描述和编目等)。②

20 世纪 90 年代中期以来,随着信息与网络技术的发展,人们在工作和生活中形成了越来越多的电子文档、数字照片、音视频材

---

① McKemmish Sue and Piggott Michael:《通往档案的多元世界:对现代档案理论与实践中个人档案和法人档案二分法的挑战》,闫静编译,《外国档案》2014 年第 5 期,第 46—54 页。

② Barrett Creighton, "Respect Which Fonds? Personal Archives and Family Businesses in Nova Scotia", *Archivaria*, Vol. 76, No. fall, Nov 2013, pp. 75 - 92.

料，使用电子邮件、社交媒体等形成了大量的个人记录，这些对个人具有重要价值、于社会亦是重要的精神财富的档案材料的管理问题在 21 世纪初期就引起了档案学者、信息管理专家的关注。2006 年，澳大利亚西澳大学图书馆学者托比·巴罗斯（Toby Burrows）撰文指出，图书馆和其他文化机构通常收藏重要人物的纸质手稿和档案，但当前许多人士的记录都是以数字化的形式出现，尽管也有一些机构收集部分个人电子档案（personal electronic archives），但新的个人记录形式日新月异，图书馆必须及时跟上，承担起收藏个人档案的职责。① 2007 年，微软公司的凯瑟琳·马歇尔（Catherine C. Marshall）等撰文探讨个人数字档案的长期保存和利用，认为尽管个人数字档案（照片、电子文档等）变得容易存储和获取，但其更容易丢失，人们大量有价值的档案材料再也无法找回。② 2011 年出版的《我，数字化：数字时代的个人典藏》一书主要讨论个人档案、个人记录、数字记录保存，以及在数字环境中社会媒介如何影响其改变，也提供了实践经验以帮助档案工作者处理个人数字记录。③

在个人存档方面，尽管个人存档是一个普遍的社会现象，但档案学研究者一直有意无意地忽略了个人存档的理论问题，理所当然地认为个人档案只有由档案馆、图书馆等机构建立、保管才有价值、才值得探讨。档案研究者从理论、实践等层面介入、关注个人存档问题大抵以美国国会图书馆自 2010 年开始每年主持召开个人

---

① Toby Burrows, "Personal electronic archives: collecting the digital me", *OCLC Systems & Services: International Digital Library Perspectives*, Vol. 22, No. 2, Apr 2006, pp. 85 – 88.

② Catherine C. Marshall, Sara Bly and Francoise BrunCottan et. al, "The Long Term Fate of Our Digital Belongings: Toward a Service Model for Personal Archives", *Computer Science*, No. 6, Apr 2007, pp. 25 – 30.

③ Christopher A. Lee, *I, Digital: Personal Collections in the Digital Era*, Chicago: Society of American Archivists, 2011.

数字存档会议（Personal Digital Archiving Conference）①为标志。杰夫·乌博伊斯（Jeff Ubois）指出，传统的观点认为个人档案是个人产生或收集的出版的、未出版的材料的集合。他将个人数字档案定义为个人而非组织产生（crate）、收集（collect）、组织（curate）的数字材料的集合。②周耀林和赵跃认为"个人存档是指个人将其参与社会生活中产生的不同类型的、有价值的个人文件、日记、读书笔记、照片、视频、个人网站上的记录等各种资料，以及以学习、研究、娱乐等为目的通过各种渠道获取的外部资源，通过一定的方式进行有效的保管和保护，以供个人或者社会再次获取和利用的行为"③。2013年出版的《个人存档：保存我们的数字遗产》一书由十余位作者合作撰写，内容涉及个人数字档案的界定、研究回顾、与之相关的法律问题、个人与家庭的数字存档、学术类个人存档、个人存档软件、美国国会图书馆个人数字存档计划等话题。④陈忠海等认为，个人存档是指个人通过对个人信息和其他信息的有意识积累、多样化保存和有序化管理，以求主要满足当前信息需求和附带实现信息的长久保存，并借此对自身组织和社会角色进行注释，对现实进行个性表达的一种社会信息行为。⑤在个人存档问题上，研究者主要提供了两种思路，一是档案工作者为个人提供档案管理的专业指导，理查德·考克斯（Richard J. Cox）认为，档案工作者需要与公众建立新的伙伴关系，公众也需要从档案工作者那里

---

① 周耀林、赵跃：《个人存档研究热点与前沿的知识图谱分析》，《档案学研究》2014年第3期，第23—29页。
② Donald T. Hawkins, *Personal archiving: preserving Our digital heritage*, Medford: Information Today Inc, 2013, p. 3.
③ 周耀林、赵跃：《国外个人存档研究与实践进展》，《档案学通讯》2014年第3期，第79—84页。
④ Donald T. Hawkins, *Personal archiving: preserving Our digital heritage*, Medford: Information Today Inc, 2013.
⑤ 陈忠海、常大伟：《档案学视角下的个人存档若干理论问题探讨》，《档案与建设》2016年第3期，第8—11页。

学习管理文件材料的基本知识。① 美国国会图书馆在网站 digitalpreservation. gov 上设立了 "personal digital archiving section" 为用户提供了指导视频、可下载的手册、面向主题的网页。撰写了音频、视频、照片、电子邮件、文件、网页等常见数字材料如何存档的材料。② 二是个人档案适时交由档案机构来管理，"鼓励个人保存个人及家庭档案，有条件的可以将其转化为档案馆的馆藏价值与意义依旧"。③

相关研究的另一个重点是对社会化媒体作为个人存档平台的相关问题的探讨，如阿米莉娅·阿克（Amelia Acker）和杰德·布鲁贝克（Jed R. Brubaker）讨论了个人在社会化媒体上创建个人档案的相关问题，他指出，当个人档案的范围包括个人在社会化媒体上创建和存储的内容后，档案工作者及个人档案创造者就有责任关注如何有计划地存取已故人士的个人典藏，他认为，在构建个人档案管理理论或开展实践活动时，档案工作者及个人档案平台的创建者应该采取平台视角，包括保存完整的前后关系网络数据、平台更新或更换时注意保存数据，以及澄清该平台在存储和利用个人在社会化媒体上创建的个人典藏的档案预期等。④ 杰夫·乌博伊斯（Jeff Ubois）则旗帜鲜明地认为 Facebook 是一个非常有效的个人档案馆（personal archive）。⑤

从区分概念的角度出发，将个人存档理解为个人而非组织存取

---

① Richard J. Cox, *Personal Archives and A New Archival Calling: Readings, Reflections and Ruminations*, Sacramento: Litwin Books, LLC, 2008, p. vii.

② Donald T. Hawkins, *Personal Archiving: Preserving Our Digital Heritage*, Medford: Information Today Inc, 2013, pp. 40 – 41.

③ Richard J. Cox, *Personal Archives and A New Archival Calling: Readings, Reflections and Ruminations*, Sacramento: Litwin Books, LLC, 2008, p. vii.

④ Acker Amelia and Brubaker Jed R, "Death, memorialization, and social media: a platform perspective for personal archives", *Archivaria*, Vol. 77, No. spring, May 2014, pp. 1 – 23.

⑤ Donald T. Hawkins, *Personal Archiving: Preserving Our Digital Heritage*, Medford: Information Today Inc, 2013, p. 5.

个人档案的行为是合适的。因为从个人档案管理的现状看，虽然个人自己建立、存储其个人档案的行为普遍存在，但也有众多档案部门、学术机构和社会组织在采集、征集和存储个人档案，即档案机构为个人建档的行为（Archives Archiving for Personal），这应该与个人存档区分开。

从非物质文化遗产传承人档案的保存情况看，组织化个人档案管理和个人存档两种现象普遍存在，但是非物质文化遗产传承人的建档意识和知识匮乏，传承人个人保管的档案材料转化为地方综合档案馆馆藏的情况比较少见，缺乏政策、制度上的支持。因此，将个人档案管理理论成果运用于非物质文化遗产传承人建档保护问题理论研究和实践操作中，显得尤为重要。

# 第三章

# 非物质文化遗产传承人建档保护的现实需求

需求评估是研究和开展非物质文化遗产传承人建档保护的首要问题，本章在掌握白族非物质文化遗产及其传承人的基本情况的基础上，从传承人的境况、传承人档案留存与保管状况、传承人档案的价值三个方面展开分析，阐述开展传承人建档保护的紧迫性和重要性问题。

## 第一节 白族非物质文化遗产传承人的构成

### 一 白族非物质文化遗产

白族是一个有着悠久历史的民族，自称"白""白子""白尼""白伙"等，"是以生长于洱海地区到商代就进入青铜文化时期的'洱滨人'为主体，不断同化或融合了西迁的僰人、蜀（叟）人、楚人、秦人、汉人以及周围的一些民族的人，同时吸取了大量汉族及其他民族的文化，而形成一个开放性的民族共同体"。① 在不同朝代的史籍中，对白族先民有不同的称呼，如秦汉称"滇僰"，魏晋南北朝称"叟""爨"，隋唐称"西爨白蛮"，宋元称"白人""爨

---

① 马曜：《白族异源同流说》，《云南社会科学》2000年第3期，第59—72页。

人""爨僰",明清称"白爨""白人""民家"等。1956年11月,根据广大白族人民的意愿,经国务院批准,正式确定以"白族"为本民族的统一族称呼。① 居于大理、昆明等地及湖南桑植县的白族,汉语称为"民家";居于维西、兰坪一带的,纳西语称为"那马";居于碧江②、泸水一带的,傈僳语称为"勒墨";而居于贵州威宁等县的,共有七姓,被当地称为"七姓民"。③

白族居民在长期的融合、发展过程中,形成了丰富且富有特色的民族文化遗产。例如,在宗教文化方面,"白族自古以来就信奉佛教密宗",今天"白族地区随处可见的梵文碑刻、砖刻、火葬墓群都是佛教密宗的历史遗迹,白族民间还保存着相当数量的阿吒力乐舞和以佛教密宗故事为题材的口头文学"。④ 白族还形成了其特有的原始宗教信仰——"本主崇拜",并形成了白族特有的本土文化,被认为"是一个白族传统思想文化的宝库"。⑤ 在语言及文学艺术方面,白族有自己的语言——"白语",文字则使用自创汉字式"汉字白文"(即"老白文"),即采取训读、音读汉字和仿造新字等办法来书写白语,⑥ 不仅有丰富的民间文学和作家文学,还形成了白族独有的大本曲、吹吹腔和本子曲等曲艺种类。在工艺美术方面,最早开采、使用大理石,并逐步发展起了大理石画制作工艺,具有蜚声云南的白族木雕、石雕、银器工艺和白族刺绣技艺,以传统手工艺制作的白族民居彩绘也极具特色。此外,白族居民在科学技术、服饰、饮食、节日、民俗等方面,均具有大量的民族文化

---

① 杨镇圭:《白族文化史》,云南民族出版社2002年版,第1页。
② 原云南省怒江州下属县城之一,1986年碧江县撤销,原有辖区划归泸水和福贡两县。
③ 《白族简史》编写组编:《白族简史》,云南人民出版社1988年版,第2页。
④ 李映德:《关于大理建设什么样的民族文化大州的思考(代序)》,载杨政业《大理文化论》,云南民族出版社2012年版,第1—16页。
⑤ 同上。
⑥ 张霞:《试论白语文工作的实践、特点和规律》,载王锋、王双成《白语研究论文集》,中西书局2013年版,第398—416页。

特色。

在如此丰富的白族文化遗产中,很大一部分属于"非物质文化遗产"的范畴,例如白族扎染技艺、绕三灵、白剧、民居彩绘、白族三道茶、耳子歌、桑植白族仗鼓舞等。

**二 白族非物质文化遗产传承人**

丰富的白族非物质文化遗产的形成和发展,离不开"传承人"的努力。在白族非物质文化遗产发展过程中,形成了一批批在当地乃至更广范围内都具有重要影响的"非物质文化遗产传承人",他们通过口耳相传、师徒相承的方式不断延续、创新和发展白族非物质文化遗产。

(一) 历史上的民间艺人

根据本书的调查以及相关文献报道的情况,早期的白族民间艺人及其传承状况、技艺水平等信息几乎无法考究,目前有文献记录和相关口传历史的民间艺人主要是清末民初以来较为知名的人士。例如,流传于湖南省桑植县白族聚居区,由"南宋末期桑植白族迁徙始祖和他们的子孙创作而成"[1],元朝中期雏形初现、明朝初步形成并获得良好的发展的仗鼓舞,其传承主要有七大谱系,以钟会龙(第28代传人)为代表的谱系历史最为悠久,迄今已传承至30代。但是有文献报道的多为20世纪出生的民间艺人,如1919年出生的谷兆庆(已故)、1920年出生的黎连城(已故)、1930年出生的王九师(已故)等。[2]

再如,唐代就已经产生、明清时期发展得比较成熟的白族大本曲艺术,本书在调查中并未见到有关明清两代大本曲传承人活动的

---

[1] 陈俊勉、侯碧云主编:《守望精神家园——走近桑植非物质文化遗产》,九州出版社2012年版,第267—268页。

[2] 同上书,第32—38页。

资料记载,零散资料中仅见报道清末民初以来的知名传承人,在杨汉(号弦萱,1894—1984,云南省大理州大理市七里桥乡大庄村人)先生之前,著名艺人有被称为"南腔师祖唱曲泰斗"的杨旺(杨汉的师父),以及云南省大理州大理市上湾桥艺人杨华、喜洲艺人董家华等。其后,在云南大理有重要影响的艺人有杨汉、黑明星(号光远,1921—1996,云南省大理州大理市弯桥乡下弯桥村人)、杨益(字若庸,1914—1996,云南省大理州大理市上鸡邑村人)、李明璋(1936—1985,云南省大理州大理市海东镇名庄村人)、杨绍仁(1905—1973,云南省大理州大理市喜洲镇仁里邑村人)、张李仁(又名张李人,原名李正光,1908—1983,云南省大理州大理市弯桥乡罗久邑村人)、赵玉珍(云南省大理州大理市七里桥镇人)、段才旺(云南省大理州大理市喜洲镇人)、黄德荣(1914—1992,云南省大理州大理市喜洲镇人)等。其中,杨汉、黑明星分别被公认为是南、北腔的代表,而李明璋出生年代稍晚,但由于也取得了很好的成绩,被视为海东腔的代表人。①

此外,主要流传于云南省大理州剑川县的本子曲"究竟产生于什么时候,具体是怎么发展起来的,尚无确凿可证的历史文献记载",②目前有资料记载的艺人有王恩兆(1880—1948)、苏存厚(1883—1957)和杨杰(1908—1983)等。

(二)代表性传承人

20世纪90年代后期以来,我国政府逐步重视非物质文化遗产的传承和保护,白族居民在历史上形成的优秀非物质文化遗产获得了新的发展,而以传承非物质文化遗产为己任的传承人也逐步获得官方的认可。

---

① 根据《白族大本曲研究》《大本曲简志》《大本曲览胜》等图书整理。
② 张文:《白族"本子曲"及其音乐特点》,载张文、羊雪芳《白乡奇葩:剑川民间传统文化探索》,云南民族出版社2006年版,第133—149页。

国家层面，自 1979 年开始，先后由原轻工业部、国家发改委等部门开展了七届"中国工艺美术大师"评选活动（2013 年，国务院发文取消部门评选，转由中国轻工业联合会举办①），共评选出 443 位"中国工艺美术大师"，②白族木雕艺人段国梁（1949 年生，云南省大理州剑川县人）和银雕艺人寸发标（1962 年生，云南省大理州鹤庆县人）名列其中。中国民间文艺家协会与联合国教科文组织自 1996 年开始进行"民间工艺美术大师""一级民间工艺美术家""民间工艺美术家"等称号的评定工作，寸发标被认定为"民间工艺美术大师"；文化和旅游部（含原文化部）分别于 2007 年、2008 年、2009 年、2012 年和 2017 年公布了五批 3099 名国家级非物质文化遗产项目代表性传承人，钟会龙、李云义、张仕绅、赵丕鼎、姜宗德（原名"姜中德"，下同）、杨春文、段银开、母炳林、寸发标和段四兴 10 位白族传承人均名列其中。

在云南省，1999 年 6 月 8 日，原云南省文化厅命名的 166 名云南省民族民间艺人中，有白族艺人李云新、张文祥、李云义、杨世昌、寸发标、刘丽湖、梁小龙、聂元龙、徐国珍、张素娟、张德和、羊瑞臣、阿才妞、李新成和杨添瑞等 15 人。2002 年 5 月，原云南省文化厅、云南省民族事务委员会授予了 295 位传承人"云南省民族民间艺人"荣誉称号，③其中有白族艺人董中豪、段臻然、母炳林、张文献、包根、段文信、洪钰昌、杨惠英、于鳌、赵琦、苏贵、段凤清、杨振华、杨兴廷、赵丕鼎、刘沛、杨士才、张树先、黄四代、李定鸿、赵平中、和文全、李元生和陈永仙等 24 人。

---

① 《关于取消和下放一批行政审批项目等事项的决定》，载国务院法制办公室《中华人民共和国法规汇编（2013 年 1 月—12 月）》，中国法制出版社 2014 年版，第 505—527 页。

② 田艳：《非物质文化遗产代表性传承人认定制度探究》，《政法论坛》2013 年第 4 期，第 81—90 页。

③ 林庆：《民族记忆的背影：云南少数民族非物质文化遗产研究》，云南大学出版社 2007 年版，第 238 页。

2007年4月30日，原云南省文化厅、云南省民族事务委员会命名的207名云南省非物质文化遗产（民族民间传统文化）传承人中，白族传承人有张立泽、尹德全、段德坤、张杰兴、李全文、杨元轩、张亚辉、张宗义和姜宗德等9人。2010年5月，原云南省文化厅、云南省民族事务委员会公布了云南省第四批156名非物质文化遗产项目代表性传承人，其中白族传承人有张月秋、张庆昌、段银开、李宝妹、杨克文、杨春文、赵光宗、赵彭云等8人。2014年原云南省文化厅公布了第五批250名云南省非物质文化遗产项目代表性传承人，其中白族传承人有赵怀珠、尹旺松、杨玉藩、施鸿训、字勤飞、段四兴、李红桃、欧道生、颜炳英、段昆云、赵彩庭、姜伍发、张福妹、张志天、张国藩和李润凤等16人。2019年1月11日，云南省文化和旅游厅公示了第六批336名云南省非物质文化遗产项目代表性传承人，其中白族传承人有洪子盛、罗金科、车玉江、尹正廷、莽秀枝、施绍雨、张绍奎、李映川、赵冬梅、杨焕培、赵树林、段树坤、李月周、段义繁、段佑坤、杨银梅、杨伍松、杨锡雄、杨正策、严学侯和杨文焕等21人。综上，云南省命名的七批1410位传承人（民间艺人）中，有白族传承人（民间艺人）93人，占6.60%。

此外，云南省经济委员会、云南省工艺美术行业协会自2006年开始先后开展了三届云南省工艺美术大师评选活动，评选出110名云南省工艺美术大师，段国梁、寸发标、张金星、母炳林、尹德全、杨宏举、寸彦同、周金桦、赵树林、李元生、曾岳辉、段四兴、段银开、杨宏举和李兴成等15位白族艺人入选。① 同时，云南省工艺美术行业协会目前还开展金属、木雕、陶瓷、石雕、玉雕和布艺等单项大师的评选活动。

---

① 云南省工艺美术行业协会：《云南工美大师》，云南省工艺美术行业协会（http://www.ynaca.org/list/front.article.articleList/15/44/1479.html），2016年11月4日。

在湖南省，王安平、陈金钟、钟阳生、钟会龙、谷彩花和袁绍云6位白族传承人被先后命名为湖南省级非物质文化遗产传承人。

在市（州）级层面，本书获得了昆明市、丽江市、大理州、保山市和张家界市的市（州）级传承人的基本信息，其中，云南省大理州公布的4批非物质文化遗产项目代表性传承人中，有86名白族传承人；云南省保山市先后命名的四批非物质文化遗产项目代表性传承人中，有杨儒、刘锦锡和钱秀英3名白族传承人；云南省丽江市有杨寿喜和赵向龙两位白族传承人分别于2005年和2010年被命名为市级代表性传承人；钟善养、钟阳生、钟会龙、谷春凡、王安平、陈才学、向国建、谷彩花、钟必武、钟新化、钟高仁、黄联生、钟彩香、钟为银和钟以放等15人被命名为湖南省张家界市非物质文化遗产项目代表性传承人。

综上，根据本书的调查，截至2019年3月，我国市（州）级以上文化行政管理及相关机构共命名了232人次172名白族非物质文化遗产传承人（附录二：市级及以上白族非物质文化遗产项目代表性传承人名录）。

此外，在各县级文化行政管理部门命名的县级代表性传承人中，还有数百位白族传承人，如剑川县2012年命名的第一批95名代表性传承人中，大部分属于白族传承人；云龙县先后命名的5批230名代表性传承人中，亦有100多位为白族传承人；丽江市玉龙县2005年和2009年命名的2批县级传承人中，有姚金龙等11名白族传承人，丽江市古城区2006年和2013年命名的2批县级传承人中，也有洪文举和杨曾烈两位为白族传承人。①

（三）一般性传承人

在白族居民中，有很多人从事非物质文化遗产传承活动，但因

---

① 《丽江市非物质文化遗产保护中心》，http://www.ichlj.org/，2016年8月3日。

为传承工作未达到申报代表性传承人的标准或其他原因未能入选的传承人,他们同样具有较高的技艺水平及发展潜力,值得引起相关机构的关注和重视。

例如,从事大本曲传承工作,但并未被各级政府及相关机构命名的著名传承人有杜德平(1938—,云南省大理州大理市大理镇人)、黑必良(1941—,云南省大理州大理市弯桥乡人)、黄永亮(1944—,云南省大理州大理市下关镇人)、杨学智(1944—,云南省大理州洱源县江尾乡东沙坪西闸尾村人)、赵全乐(1948—,云南省大理州大理市弯桥乡石岭村人)等在当地著名的传承人。

为了开展"大理白族绕三灵申报人类口头及非物质文化遗产工作",中国艺术研究院和大理白族自治州遗产办于2004年曾经收集了云南省大理州一些主要村庄绕三灵传承人名单共计62人(其中1人为彝族)。① 截至2019年3月,当年统计的传承人中仅有1人次被命名为国家级传承人、5人次被命名为省级传承人(合计5人),其余57名传承人都没有被州级以上人民政府命名为代表性传承人。

段甲成2005年发表的《大理市大本曲艺术调查报告》② 一文,将新中国成立以来的大本曲艺人分为三代,其中列举的第三代代表人物中,南腔代表人物戴仕达并不是代表性传承人,杨汝芬、赵雄、赵建华、苏云、赵金乐、杨丽、杨艳琴、那红星、长姝、杨兵、苏小芬等11位"其他艺人"也都没有被市(州)级以上文化行政管理部门命名为代表性传承人。

再如,前述《守望精神家园——走近桑植非物质文化遗产》一书,列举了42位代表性白族仗鼓舞传承人(其中3人已故)中,只有钟会龙、钟阳生、王安平、谷春凡4人被命名为县级以上传承

---

① 杨宴君、杨政业主编:《大理白族绕三灵》,云南民族出版社2005年版,第29—32页。
② 段甲成:《大理市大本曲艺术调查报告》,载大理市文化局、大理市大理文化馆、大理市图书馆《大本曲览胜》,云南民族出版社2005年版,第1—19页。

人（桑植县第一批县级非物质文化遗产项目代表性传承人名单中，桑植白族仗鼓舞的传承人为：谷春凡、钟会龙、王安平、黄联生、钟为银、钟新化、钟必武7人，均为市级以上传承人），其余35人均未获得相关政府部门的命名。未被命名就意味着他们从事传承活动未被纳入文化行政管理部门的范畴，也就几乎无法获得政府提供的扶持和保护非物质文化遗产项目代表性传承人的相关政策和措施。

## 第二节 白族非物质文化遗产传承人的境况欠佳

当前，非物质文化遗产受到现代化、信息化和城镇化等潮流的猛烈冲击，被发达国家尊为"人间国宝"的非物质文化遗产传承人在我国普遍境遇不佳，赖以生存的文化生态空间不断受挤压而碎片化、边缘化，加上他们大都进入银发时代，许多绝活儿、绝艺因后继乏人将成"广陵绝唱"。根据国内相关研究及本书对白族传承人的调查，其普遍存在如下堪忧状况。

### 一 传承人群年龄偏大

当前"我国传承人整体进入高龄时代、银发时代，老艺人们死亡的速度加快"，"人走了，把一身绝技和宝贝也带走了"。[①] 原福建省文化厅曾于2008年七八月间组织过摸底调查，该省首批省级传承人232人（含国家级55人）中，平均年龄59岁，61岁以上的占47%，最高年龄为90岁。[②] 中国工艺美术协会的普查发现，"从

---

[①] 周清印：《老艺人走了，把一身绝技和宝贝也带走了》，《新华每日电讯》2009年6月14日第06版。

[②] 同上。

1979 年到 2006 年，我国共评授了 365 位中国工艺美术大师，目前（2009 年）已有 1/5 相继去世，在世的大师平均年龄约 58 岁。截至 2006 年，我国共有 3025 名高级工艺美术师，仍从事工艺美术的只有 1693 人，仅占 55.9%，其中从事传统工艺美术的 600 多人，约 20%"。①截至 2015 年 1 月底，文化部公布的 4 批 1986 名国家级保存代表性传承人中已有 235 人离世，在世的国家级保存代表性传承人中超过 70 周岁的已占到 50% 以上。②白族传承人的年龄状况是全国整体情况的一个缩影，本书收集到了 228 人次各级政府命名白族传承人的出生年份信息，其中，命名当年的年龄在 26 至 90 岁之间，均值 55.21 岁，标准差 13.28，中值 54 岁，众数 41 岁，其中，26 至 45 岁共计 65 人次（占 28.51%），46 至 60 岁共计 80 人次（占 35.09%），61 岁以上共计 83 人次（占 36.40%），如图 3—1 所示。

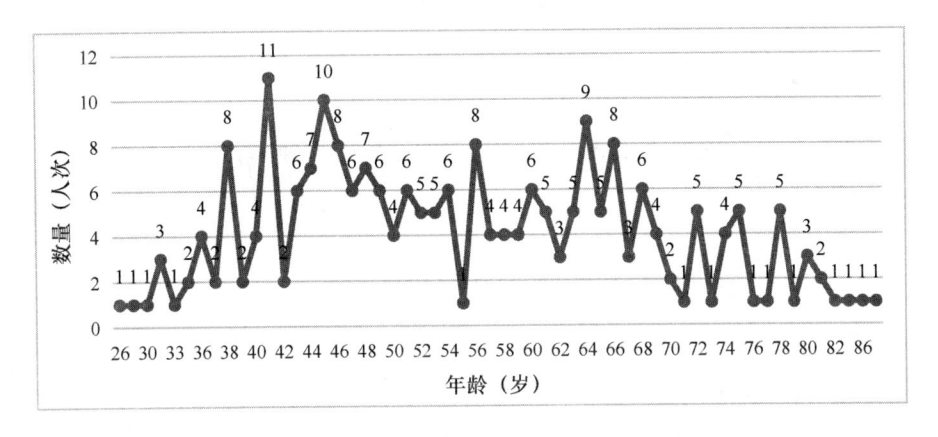

**图 3—1　228 人次传承人命名当年年龄分布折线图**

资料来源：笔者调查。

---

① 周清印：《老艺人走了，把一身绝技和宝贝也带走了》，《新华每日电讯》2009 年 6 月 14 日第 06 版。

② 文化部：《关于开展国家级非物质文化遗产代表性传承人抢救性记录工作的通知》，2015 年 5 月 22 日，中国非物质文化遗产网（http://www.ihchina.cn/14/14829.html）。

至 2019 年（含已去世的传承人），传承人的年龄达到了 29 至 104 岁之间，均值 63.12 岁，标准差 14.84，中值 62.5 岁，众数 57 岁，70 岁以上者已经达到 76 人（占 33.33%），如图 3—2 所示。根据本书了解到的部分情况（附录二：市级及以上白族非物质文化遗产项目代表性传承人名录），1928 年以前出生的 11 位传承人中，仅张宗义 1 人硕果仅存。

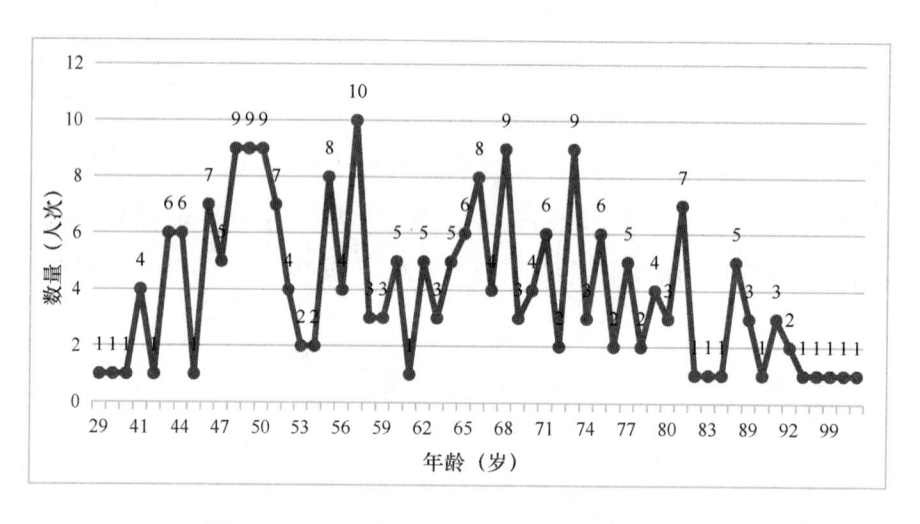

图 3—2　228 人次传承人 2019 年年龄分布折线图
资料来源：笔者调查。

## 二　传承人群后继乏人

非物质文化遗产萎缩是造成当前传承人整体年龄偏大，后继乏人的根本原因。尽管白族非物质文化遗产种类繁多，其境遇也有所不同，但整体上都受到了现代化的冲击，"赖以生存的文化生态空间不断受挤压而碎片化、边缘化，随着传承人大都迈入银发高龄，许多绝活、绝艺因后继乏人濒临失传危险"，[①] 例如，在白族聚居区

---

① 罗旭：《非遗为何难解传承人之困》，《光明日报》2012 年 12 月 26 日第 15 版。

具有广泛群众基础的民间彩绘这种艺术形式仍然具有浓厚的市场份额和生存空间，但是其技艺和载体正在发生变化。首先，白族聚居区的建筑物形式正在发生变化，传统的四合院式的白族民居正在萎缩，逐步被现代化的小洋楼、商业住宅所取代，彩绘的载体也随之改变或萎缩；其次，随着彩绘材料、工具的变化，传统的技法逐步被更具效率的机械化技法所取代，传统的彩绘技艺也就有消亡的危险；最后，由于全社会居住习惯的变化，传统的白族人家三世、四世同堂，住四合院，而当下更多的居民通常是两口、三口之家，不喜欢住四合院，民居彩绘也就丧失了其生存的土壤。从这个角度看，民居彩绘当前的遭遇也不容乐观。

再如，演唱大本曲一直是大理白族人民生活的一项重要内容，民谚说"不放盐巴的菜肴吃不成，不唱大本曲的日子过不成""年年三月开曲头，一唱唱到九月九"，大理白族人逢年过节、生子、祝寿、农闲、工暇，都要弹唱大本曲。[①] 但是大本曲艺术广泛的群众基础在发生变化，在传统社会里，听大本曲是白族居民重要的娱乐活动，还能通过听曲学习知识和礼仪，但随着收音机、电视、个人电脑以及智能手机等现代化设备的诞生和普及，人们有更多的途径去获取知识和休闲娱乐，听曲的群体正在萎缩；听曲群众基础的萎缩直接导致唱曲群体的大幅减少，再加上现代社会青少年巨大的学业压力，年轻人学习大本曲的越来越少，大本曲传承人及政府不得不通过开办免费乃至付费（给接受培训的学员付误工费）培训班的方式去延续、传承大本曲艺术。

此外，刺绣、手工造纸、木雕、大理石画制作等技艺也不同程度地受到现代化的冲击。显然，非物质文化遗产活动的群众基础和市场份额的丧失，直接导致了传承人数量的减少和技艺水平的下

---

[①] 段甲成：《大理市大本曲艺术调查报告》，载大理市文化局、大理市大理文化馆、大理市图书馆《大本曲览胜》，云南民族出版社2005年版，第1—19页。

降，年轻、有能力的传承人不愿继续从事传承活动，随着老一代传承人的自然减员，非物质文化遗产技艺不但不能获得发展，还出现了消亡的危机。

### 三 传承人群的经济状况较差

原福建省文化厅 2008 年的摸底调查还发现，大部分传承人处于中低收入状态，年收入在 1 万元以下的约占 32%，在 1 万到 3 万的约占 47%，3 万到 5 万的仅占 12%。45.5% 的传承人没有社保，27.6% 没有医保。[①] 从笔者走访的 10 位传承人的情况看，其家庭经济状况整体处于当地（农村）的一般水平，但参差不齐，例如大理市海东镇名庄村省级传承人李润凤一家的经济状况较好，主要得益于其一家人的共同努力，其丈夫从事建筑工程工作，儿子是军人，女儿是大理市白剧团职工，她则长期在大理市金梭岛旅游景区唱大本曲；而云龙县检槽乡上哨村的国家级传承人杨春文一家的经济情况则比较差，他几乎每年都需要向县民政局申请生活困难补助。

从职业特征看，笔者走访的 10 位传承人中仅省级传承人杨克文是中学美术教师，属于"体制内"的人士，其余 9 名均为农民，其他资料也显示，大部分白族传承人属于体制外的民间人士，且以农村居民居多，他们是把非物质文化遗产活动作为其多项职业之一来经营，比如，国家级传承人赵丕鼎先生除了从事大本曲和绕三灵等非物质文化遗产传承活动，还种了十多亩农田；赵冬梅和赵福坤姐弟二人均在大理古城从事服装贸易，也是兼职从事传承活动；李润凤、戴仕达、张亚辉、杨克文、程介伟、杨春文和张杰兴等传承人均是如此。

---

① 周清印：《老艺人走了，把一身绝技和宝贝也带走了》，《新华每日电讯》2009 年 6 月 14 日第 06 版。

## 第三节　白族非物质文化遗产传承人"文献不足征"

无论是历史上的民间艺人，还是当前正在从事非物质文化遗产传承活动的传承人，其从事的传承活动较少被记录和留存下来，少量留存的手稿、实物、照片等传承人档案信息也因保管不善屡遭丢失。

其一，从历史经验看，传承人一旦过世，其所承载的非物质文化遗产信息也随之消亡。根据本书的调查以及相关文献报道的情况，早期的白族传承人及其传承状况、技艺水平等信息几乎无法考究，有文献记录和相关口传历史的传承人主要是清末民初以来较为知名的人士，但也仅限于传承人的姓名、流派、师承等简单的信息，对于传承人的技艺成就、作品等信息，几乎都无从查考。从现有情况看，只有个别名声较大或者后人、继承者等注意收集、保存和研究的，能留存下一些与其所传承的非物质文化遗产相关的个人信息和档案材料，例如，著名大本曲传承人杨汉虽然于1984年谢世，但其弟子、儿子等众多承继者都从事大本曲及音乐工作，不仅其留存的档案得以较好地保存下来，还编印、出版了多部作品，如民族音乐家李晴海尊杨汉为师，1986年即整理、撰写了《杨汉与大本曲艺术》一书，2000年由他主编的《白族歌手杨汉与大本曲艺术杨汉先生诞辰105周年纪念文集》一书出版，内容涉及众多人士缅怀及评论杨汉先生的生平与艺术的文章，杨汉创作、改编的部分曲目以及他演唱的大本曲音乐等。再如，大本曲艺人李明璋生前留存的大本曲曲本、从艺总结、个人照片等档案，也是因为其女李润凤继续从事大本曲艺术，才得以留存至今，并继续发挥效用。

但是，大多数传承人留存的档案及相关信息不多，根据其后人、继承者及相关人士的口述，相关文献的报道等途径仅能获得姓名、出生年月、从事的传承技艺等基本信息，承载着其技艺水平、艺术作品等具有重要历史文化价值的档案材料大部分已经损毁和丢失。1986年民族音乐学家李晴海就感慨："我感到不失时机地为民间曲艺优秀艺人建立艺术档案（包括立传、文字资料积累、录音录像等），探讨、总结民间曲艺自身的艺术规律，以及总结民间曲艺艺人的创作、表演等方面的经验，仍是今天继承传统、开拓曲艺新局面的至关重要的工作之一。"① 言下之意，与其等到传承人离世以后再来回溯、抢救其所承载的技艺信息，不如趁传承人还具有传承能力，将其珍贵的技艺信息记录、保存下来，为后世提供利用。

其二，在世的传承人开展传承活动的经历也缺乏相对完备、准确的相关佐证材料和历史记录。从实地调查的情况看，地方文化行政部门及非物质文化遗产保护机构仅为市（州）级及以上政府部门命名的代表性传承人建立申报和管理档案，满足行政管理的需要，其他组织、个人仅根据各自需求有选择性地留存了部分传承人档案，传承人自己缺乏必要的意识、知识和条件，也仅仅留存了部分材料。尽管个别传承人具有较好的意识和条件，保存了部分档案材料，但从整体情况看，大量有价值的传承人档案并未建立并留存下来，留存下来的传承人档案也普遍存在"保管不善""人亡档毁"等情况。

## 第四节 传承人档案是保护非物质文化遗产不可或缺的原始记录

传承人是"历史的创造者"，"各个时代无数的文化传承人不

---

① 李晴海：《杨汉与大本曲艺术》，云南艺术学院研究室1986年印，第36页。

停地把文化创造、文化赓续的接力棒代代相传"。① 然而，在现代化冲击之下，非物质文化遗产面临着前所未有的危机，众多的非物质文化遗产项目也正在丧失其数百上千年奠定的群众基础和市场份额，直接导致了传承人收益和社会地位的下降，随着老一代传承人相继谢世，传承人面临着断代乃至后继无人的尴尬境地。这是人类社会发展的必然趋势，仅仅通过维续传统技艺的"动态保护"并不能较好地实现对非物质文化遗产的传承和保护，"传承人掌握并承载着比常人更多、更丰富、更全面、更系统的非物质文化遗产的知识和技艺，他们既是非物质文化遗产'活'的宝库，又是非物质文化遗产代代相传的代表性人物"。② 他们所承载的非物质文化遗产信息部分地通过其从事相关活动中形成的手稿、曲谱、乐谱、艺术心得体会、表演技巧、多媒体材料、非物质文化遗产作品等档案材料"物化"下来，还有一部分通过录制音频、视频等现代技术手段记录并保存下来，这些档案材料对于传承民间技艺、传播文化及开展学术研究都具有重要价值，能够为后世提供无穷的智慧。从这个意义上看，建立、收集、管理和保护传承人档案的建档保护方式，与延续传承人传承生命、培养新的传承人的动态保护方式具有同等重要的价值。而且"许多非物质文化遗产保护的成功经验和非物质文化遗产消失的教训都表明，加强传承人档案管理是保护非物质文化遗产的重要手段，是整个非物质文化遗产档案管理的核心和关键"。③ 总体而言，传承人档案具有如下几个方面的价值。

---

① 刘魁立：《非物质文化遗产传承人的历史价值》，《贵州民族报》2016年11月28日，第A03版。

② 黄永林：《非物质文化遗产传承人保护模式研究——以湖北宜昌民间故事讲述家孙家香、刘德培和刘德方为例》，《中国地质大学学报》（社会科学版）2013年第2期，第95—102页。

③ 李树青：《传承人档案：非物质文化遗产档案管理的核心》，《山东档案》2014年第3期，第38—41页。

## 一 文化价值：是非物质文化遗产不可或缺的组成部分

传承人档案与非物质文化遗产本身一样，"是鲜活的文化，是文化活化石，是原生态的文化基因",① 是非物质文化遗产不可或缺的组成部分。非物质文化遗产是活态的，它需要由传承人代代相传，同时，传承人也是发展、变化和不断更新的，非物质文化遗产在代代传承过程中，传承人档案起着重要作用。

其一，传承人档案是非物质文化遗产代代相传的重要载体。传承人档案是非物质文化遗产传承过程中为数不多的"物化载体"，上一代传承人通过技艺展示与讲述，赠送或传抄手稿、工具和设备等材料的方式，向下一代传承人"讲述"非物质文化遗产的技艺精华与文化内涵，例如，剑川的木雕工匠在拜师时，需在鲁班神位前跪誓，它通过这种仪式向拜师者阐述"尊师"，同时也是传承木雕文化的一种重要方式。再如，云南省省级大本曲传承人李润凤的父亲李明璋是大本曲海东腔的集大成者，但由于英年早逝，他所掌握的大本曲艺术由此"失传"，幸好他生平使用过的大量大本曲剧本、撰写的艺术总结以及大量从艺照片等个人档案得以保存下来，李润凤通过这些档案去领悟李明璋的艺术精髓与精神，如今她也成长为一名优秀的大本曲艺人，传承了其父亲海东腔的衣钵。

其二，传承人档案是非物质文化遗产的重要载体。非物质文化遗产是在传统社会中诞生并发展起来的文化形态，受到现代化的冲击，非物质文化遗产赖以生存的社会环境发生了变化，部分非物质文化遗产面临着消亡的危险，这是目前国际社会和我国政府高度重视非物质文化遗产保护工作的重要原因。虽然可以通过建立博物馆、展览馆，利用数字化、网络化等媒介方式保护，也可以通过开

---

① 王文章主编：《非物质文化遗产概论》，教育科学出版社2013年版，第77页。

展民俗活动、开发非物质文化遗产产品等方式传承非物质文化遗产。但无论何种方式，非物质文化遗产的特殊性都决定了这些传承和传播方式都离不开传承人及其档案。例如，传播耳子歌、大本曲等民间音乐、舞蹈等非物质文化遗产，最好的方式就是拍摄传承人从事非物质文化遗产活动的音视频材料；建立非物质文化遗产博物馆或展览馆，也需要传承人的肖像、简历，所使用的剧本、工具和设备等个人档案材料作为支撑。

其三，传承人档案是满足人类文化需求的文化资源。同样的非物质文化遗产，会因为其传承者的不同而具有不同的文化价值，满足不同人群的文化需求。同样一首大本曲，观众更在乎是谁在演唱，也愿意购买他所喜欢的演唱者演唱的光盘，观看他演唱的视频等；同样是白族民居彩绘，民居的主人需要的是某位传承人的作品，而非其他传承人；同样是剑川木雕，也会因为雕刻者的不同而有不同的受众，同样的产品甚至会因为刻有雕刻者姓名而价值倍增等。这些承载着传承人的辛勤劳动的产品，都是传承人档案的组成部分，它是构成非物质文化遗产文化资源的重要内容，也是满足人类多元、多样的文化需求的文化资源。

**二 艺术价值：是非物质文化遗产艺术形式的重要载体**

传承人档案是非物质文化遗产文化、艺术形式的重要载体，具有重要的艺术价值。白族非物质文化遗产内容丰富、种类繁多，白族扎染技艺、白族民居彩绘、剑川木雕、大理石画制作技艺、白族布扎、白族刺绣技艺、银器制作工艺等非物质文化遗产是白族人民经过数千年发展、积淀的劳动与智慧的结晶，是白族居民按照其审美风尚、艺术欣赏标准创作的艺术品，它们是白族艺术发展史的活化石，是白族艺术存在的活的见证，因此具有极高的艺术价值，既值得现代白族居民继续传承和发扬，也值得其他民族去认识、欣赏和研究。传承人是这些艺术的承载者,也是这些艺术作品的集大成者,口承类非物质文化遗产作品的展现离不开传承人的歌唱、表演,技艺类非物质文化遗产作品也是传承人精雕细琢的结晶,他们的作品是个人档案的重要组成部分,也就是说,这些传承人档案是重要的白族艺术品,具有重要的艺术价值。

### 三 史料价值:是珍贵的历史资料

非物质文化遗产是重要的文化资源,对于研究民族文化、民俗、科学、技艺等方面具有重要的研究价值,是非常宝贵的第一手资料。例如,起源于云龙县山地白族农民聚居区的"耳子歌""是目前国内所发现最早的傩仪之一,有着极深的民族文化底蕴,它被有关专家学者称为'舞蹈艺术的活化石'或被专家形容为'刚出土的民俗活化石'"。[①] 现仅遗留于云龙检槽乡检槽、清朗、哨上,诺邓镇诺邓、永安、龙飞,关坪乡胜利村等为数不多的几个白族村寨,[②] 由于流传不广泛,再加上没有文字记载,目前只有省级传承人杨春文等几位少数艺人会跳,他们有关"耳子歌"的言论,留存不多的音频、视频等档案,便成为保存、了解和研究耳子歌最珍贵的档案材料。

再如,目前广泛流传于白族聚居区的大本曲曲目,主要是老艺人改编自汉族民间故事及戏曲曲目以及少数由老艺人创作的曲目,本书调查中发现,国家级传承人赵丕鼎不仅会唱传统曲目,还创作了一百余首具有白族特色和时代特征的曲目,但是这些曲目中只有少部分公开发表出来,大部分曲目仅他自己留存了手稿,这部分珍贵的手稿对于研究和发扬大本曲艺术,自然是不可多得的珍贵

---

[①] 尹利丰:《云龙婚俗傩仪"耳子歌"文化研究》,《安徽文学(下半月)》2013年第10期,第113—114页。

[②] 《云龙白族"耳子歌"》,《大理日报》2013年7月24日,第A3版。

档案。

非物质文化遗产"是对历史上不同时代生产力发展状况、科学技术发展程度、人类创造能力和认识水平的原生态的保留和反映",① 而且,诸如白族木雕、黑茶制作、手工造纸、大理石画制作等技术、科学类项目"本身就具有相当高的科学含量和内容,有较多的科学成分和因素"②,这类项目的技艺、技术信息,在历史上缺乏相关的文献记载或记载不够全面,传承人师徒口耳相承流传下来的相关口述记忆便成为其科技信息的重要组成部分,这些科技信息通过传承人的作品、研究论著、口述档案等途径物化于传承人档案之中,例如大理市市级大理石画制作技艺传承人程介伟先生2010年出版的《苍山大理石天然画——大理石天然画艺术浅谈》③ 一书,对大理地区大理石的开采、大理石画的制作历史、技艺等都有系统的阐述,对研究大理石画技艺具有重要的史料价值。

**四 凭证价值:是非物质文化遗产及其传承人申报和管理的重要资料**

传承人档案由两大部分组成,一是在文化行政管理部门或非物质文化遗产保护机构在传承人的申报和管理中形成的传承人档案;二是其他组织和个人保管的证书、手稿、音视频、照片等传承人档案。由于大多数传承人为民间艺人,传承人申报和管理中形成的档案也便成为他们唯一的"准人事档案",它是确定传承人身份最为关键的凭证,也是传承人从事传承活动,以获得政府和相关组织资助、帮扶的重要依据。而其他组织和个人保管的其他传承人档案,如曾经获得的荣誉证书、从事非物质文化遗产传承活动的照片、音

---

① 王文章主编:《非物质文化遗产概论》,教育科学出版社2013年版,第85页。
② 同上书,第87页。
③ 程介伟:《苍山大理石天然画——大理石天然画艺术浅谈》,云南美术出版社2010年版。

频、视频，使用过的文字材料、工具和设备等，都是他们从事非物质文化遗产活动的重要依据，是申报代表性传承人不可多得的证明材料。

此外，传承人档案还具有标本价值、经济价值等，传承人档案是传承人传承活动的见证，系统、全面的传承人档案，能够再现传承人的成长经历、从艺历程，以及与之相关的社会、经济、文化、家庭等环境，是非物质文化遗产传承的重要标本；传承人的艺术作品是重要的旅游、文化商品，传承人档案作为重要的非物质文化遗产文化载体，被相关展览馆、博物馆选用，成为"文物"，其经济、社会价值倍增。

应该说，社会环境的变迁所带来的非物质文化遗产萎缩是"因"，传承人逐年减少、年龄偏大，以及兼职从事传承活动、家庭经济状况较差等是"果"。非物质文化遗产作为一种历史遗留物，在现代社会遭遇危机也是人类社会发展的正常规律，通过回归传统的方式去保存、传承非物质文化遗产绝非明智之举。从传承、保护的角度出发，通过多种方式去发掘群众基础和市场份额，旅游化、产业化、艺术品化等均不失为重要途径，但是从保存历史记忆的角度出发，建立丰富、全面和完整的传承人档案亦是必不可少的，通过传承人撰写文字、口述记录、录制视频、保存作品等方式保存非物质文化遗产的文化信息、技艺信息和作品信息，既是留存历史记忆，也是后续传承、发扬非物质文化遗产不可多得的宝贵资源。

第四章

# 非物质文化遗产传承人建档保护的现状与出路

为传承人建档作为保护非物质文化遗产的一种手段，受到了文化部门的重视，从《国家级非物质文化遗产项目代表性传承人认定与管理暂行办法》的制定到"国家级非物质文化遗产代表性传承人抢救性记录工作"的推进，开展了大量卓有成效的工作。虽然传承人档案不属于《中华人民共和国档案法》规定的档案馆"归档范围"，但开展知名人士建档保护工作在各类档案馆中已有数十年的历史，部分地方政府已经制定出相关的地方性法规，有章可循，再加上近年国家层面持续重视档案资源建设的多元化、特色化，包括传承人档案在内的非物质文化遗产档案、口述档案、个人档案、家庭档案等建档工作，早已成为档案部门重要的工作内容之一。在学术界，研究者自21世纪初开始关注传承人建档保护问题，对传承人建档保护的价值与必要性、现状及路径、传承人档案征集与管理、传承人个人存档等问题开展了一些研究，但对于传承人建档保护的体制及运行机制等问题鲜有涉及，导致当前一些研究成果在现实中遭遇无米之炊、不得要领的尴尬。为此，本章拟基于法律、法规和政策文本分析以及田野调查的数据，梳理、分析传承人建档保护的体制及其运行机制，研究其存在的问题并试图提供解决思路。

## 第一节  传承人建档保护的体制机制
## ——法律、法规与政策分析

本书收集的 12 份法律、法规和政策文本（见表 1—1）中，主要涉及传承人建档保护的行政主体、建档主体、建档范围等方面的问题，分述如下。

### 一  传承人建档保护的行政主体

《中华人民共和国档案法》（P01）规定，国家及地方档案行政部门主管全国（本行政区域内）的档案事业，监督和指导本行政区域内的档案工作。《中华人民共和国非物质文化遗产法》（P07）规定，文化部及地方文化行政部门负责全国（本行政区域内）非物质文化遗产保护、保存工作。这两部法律为传承人建档工作奠定了基本的行政格局（见表 4—1），其他相关的法规和政策都是在这两部法律框架之内进行必要的补充和完善。

表 4—1    法律与政策文本中传承人建档保护的行政主体

| 行政主体 | 具体描述 |
| --- | --- |
| 各级档案行政部门 | 国家档案行政部门主管全国档案事业，对全国的档案事业实行统筹规划，组织协调，统一制度，监督和指导。县级以上地方各级人民政府的档案行政部门主管本行政区域内的档案事业，并对本行政区域内机关、团体、企业事业单位和其他组织的档案工作实行监督和指导。（P01）<br>家庭或个人档案中对国家和社会具有保存价值或应当保密的档案，档案行政部门要依法加强监督和管理。（P10）<br>鼓励开展口述历史档案、国家记忆和城市（乡村）记忆工程、非物质文化遗产建档等工作。（P12） |

续表

| 行政主体 | 具体描述 |
| --- | --- |
| 各级文化行政部门 | 在国家档案行政部门的统筹规划、组织协调、统一制度和监督指导下，文化部负责对全国文化系统艺术档案工作的指导和管理。各级文化行政部门应把艺术档案工作列入本部门整体发展规划，在业务上接受同级档案行政部门的监督与指导。（P04）<br>国务院文化主管部门负责全国非物质文化遗产的保护、保存工作；县级以上地方人民政府文化主管部门负责本行政区域内非物质文化遗产的保护、保存工作。文化主管部门和其他有关部门进行非物质文化遗产调查，应当对非物质文化遗产予以认定、记录、建档，建立健全调查信息共享机制。（P07）<br>县级以上人民政府的文化行政部门主管本行政区域内民族民间传统文化的保护工作。（P03）<br>各省（区、市）文化厅（局）指导、监督具体实施【传承人抢救性记录工作】工作，并负责验收。（P10） |
| 其他部门 | 国家鼓励和支持公民、法人和其他组织参与非物质文化遗产保护工作。（P07）<br>民族事务、教育、旅游、规划、建设、新闻及其他有关部门应当在各自的职责范围内，协助文化行政部门共同做好民族民间传统文化保护工作。（P03） |

备注：表中"【】"内的内容为本书根据上下文添加。

资料来源：选自表1—1所列相关文本。

根据相关法律和政策文本的描述，各级文化行政部门应当是传承人建档直接的行政主体，负责传承人建档的统筹规划、监督、指导等工作；各级档案行政管理机构一方面在业务上监督、指导和管理文化行政等部门的档案工作；另一方面，主管地方国家档案馆接收、建立传承人档案入馆典藏的相关行政工作。除此之外，尚有一些其他行政部门、社会力量需要适时协助、支持传承人建档工作。

## 二 传承人建档保护的业务主体

通过分析相关文本，不难发现传承人建档保护的业务主体主要是文化行政部门、非物质文化遗产保护单位、地方国家档案馆和传承人本人四类（表4—2），并在建档保护工作中各有侧重：

表4—2　　　　　法律与政策文本中传承人建档的业务主体

| 建档主体 | 职责描述 |
| --- | --- |
| 文化行政部门 | 对于被命名的民族民间传统文化的传承人，命名部门【省文化行政部门会同民族事务部门】应当为他们建立档案……（P03）<br>国务院文化行政部门应当建立国家级非物质文化遗产项目代表性传承人档案。（P06）<br>文化主管部门应当全面了解非物质文化遗产有关情况，建立非物质文化遗产档案及相关数据库。（P07）<br>对年老体弱的代表性传承人，抓紧开展抢救性记录工作，详实记录代表性传承人掌握的精湛技艺和工艺流程。（P09） |
| 非物质文化遗产保护单位 | 文化艺术单位应加强对名老艺人……档案材料的搜集、征集和管理工作。（P04）<br>国家级非物质文化遗产项目保护单位应采取文字、图片、录音、录像等方式，全面记录该项目代表性传承人掌握的非物质文化遗产表现形式、技艺和知识等，有计划地征集并保管代表性传承人的代表作品，建立有关档案。（P06）<br>抢救性记录工作由各省（区、市）非物质文化遗产保护中心具体负责实施。（P11） |
| 地方国家档案馆 | 经协商同意，综合档案馆可以收集或代存本行政区内……家庭和个人形成的对国家和社会有利用价值的档案，也可以通过接受捐赠、购买等形式获取。（P08）<br>我省【广东省】著名人物（简称名人，下同）档案的收集、管理工作由省档案馆负责。省档案馆内设名人库，专门管理全省名人档案。【入库名人的范围含著名民间艺（匠）人】（P02） |
| 代表性传承人 | 非物质文化遗产代表性项目的代表性传承人应当履行下列义务：……（二）妥善保存相关的实物、资料。（P07） |
| 其他部门 | 图书馆、文化馆、博物馆、科技馆等公共文化机构和非物质文化遗产学术研究机构、保护机构以及利用财政性资金举办的文艺表演团体、演出场所经营单位等，应当根据各自业务范围，开展非物质文化遗产的整理、研究、学术交流和非物质文化遗产代表性项目的宣传、展示。（P07） |

备注：表中"【】"内的内容为本书根据上下文添加。

资料来源：选自表1—1所列相关文本。

第一，文化行政部门主要为传承人建立"准人事档案"，相关文本中的"建立档案""建立传承人档案"等主要是指建立申报各级代表性传承人的申报档案，是传承人的"准人事档案"。第二，非物质文化遗产保护单位主要为传承人建立非物质文化遗产"传承技艺档案"，在内容上要凸显传承人所掌握的非物质文化遗产"表现形式、技艺和知识等"，形式上包括文字、图片、音频、视频和实物等多种载体，本质上是为传承人建立全面、丰富的个人艺术档案。第三，地方国家档案馆可以为传承人建立个人档案（个人全宗），它对地方国家档案馆而言是可为可不为，并没有硬性规定，而且其建档对象的设定也不明晰，如"家庭和个人形成的对国家和社会有利用价值的档案"，著名"民间艺（匠）人"等，是一种模糊、定性的规定。第四，代表性传承人具有保存个人档案的义务，这是法律的规定，而且各级政府部门在政策、资金等方面给予代表性传承人扶持，他们也应当履行相应的义务。

### 三 传承人建档保护的归档范围

法律、法规和政策主要是宏观性、政策性的规定，有关建档内容的描述不多也不具体，但从部分文本及其附件中仍然可以找到对建档内容的相关规定（见表4—3）。首先，强调传承人档案载体的丰富和多样，多份文本使用了"文字、录音、录像、数字化多媒体等各种方式""文字、图片、录音、录像等方式"等术语；其次，强调建档的全面和真实，文本中也多次使用"真实、全面""全面记录"等术语，《广东省名人档案管理办法》（P02）对名人档案收集内容的规定十分具体而全面，这也是各组织实施的各种形式的建档工作，都可以归结为"建档"的重要理由。

表 4—3　　　　　法律与政策文本中传承人建档的内容

| 建档内容 |
| --- |
| 名人档案收集的内容：（一）反映名人一生经历及其主要活动的生平材料，如自传、传记、回忆录等；（二）反映名人职务活动的材料，如文章、报告、演讲稿、日记等；（三）反映名人成就的材料，如著作、研究成果、书画等；（四）社会对名人研究、评价的材料，如纪念性、回忆性材料，研究介绍材料等；（五）与名人有直接关系的材料，如各类证书、谱牒、信函等；（六）反映名人活动的音像（录音带、录像带、照片）、实物等载体形式的材料；（七）名人的口述历史材料等。（P02）|
| 要运用文字、录音、录像、数字化多媒体等各种方式，对非物质文化遗产进行真实、系统和全面的记录，建立档案和数据库。（P05）|
| 国家级非物质文化遗产项目保护单位应采取文字、图片、录音、录像等方式，全面记录该项目代表性传承人掌握的非物质文化遗产表现形式、技艺和知识等，有计划地征集并保管代表性传承人的代表作品，建立有关档案。（P06）|
| 【抢救性记录包括已有资料的调查搜集和抢救性采集两大方面，其中】资料搜集内容包括纸质文献、数字及音像文献和实物文献。传承人抢救性采集工作以视频采集为主，并辅助以录音、拍照、文字记录等多种方式，采集内容主要包括传承人口述、传承人项目实践活动和传承人传承教学等。（P11）|

资料来源：选自表 1—1 所列相关文本。

## 第二节　传承人建档保护的基层实践
## ——白族聚居区的田野调查

从实地调研的情况看，白族聚居区的文化、档案等行政部门都是依法律、法规和相关政策开展传承人建档保护的管理工作，如依据上级"办法"制定了《大理州非物质文化遗产项目代表性传承人认定与管理办法》，市（州）级、县级文化行政部门管理、监督传承人建档保护工作。档案行政部门则主要从国家档案馆资源建设的角度鼓励开展口述档案、少数民族档案抢救等工作。但是，传承人建档保护业务工作的开展情况与文本分析结果的拟合度并不高，分述如下。

## 一 各主体开展建档保护工作的深度和广度有待加强

第一,文化行政部门建立了规范的传承人申报档案。因为申报国家级代表性传承人需要从县级文化行政部门开始逐级申报和审批,所以县级、市(州)、省级文化行政部门或非物质文化遗产保护单位都依据国家级代表性传承人的申报要求制作并保存申报档案,原文化部办公厅 2015 年 10 月 21 日下发的《关于开展第五批国家级非物质文化遗产代表性项目代表性传承人申报工作的通知》对申报国家级传承人的申报材料要求如表 4—4 所示。

**表 4—4　申报国家级非物质文化遗产项目代表性传承人的材料要求**

| |
|---|
| (一)申请报告:省级文化行政部门或中央直属单位向文化部推荐本省(区、市)或本单位申报国家级非物质文化遗产代表性传承人的正式报告,附推荐清单(格式见附件1)。 |
| (二)申报表:包括申报人的基本情况,个人简历,传承谱系及授徒技艺情况,申请及授权书,当地文化行政部门意见,省级专家评审委员会意见及专家名单等(见附件2)。 |
| (三)申报片(具体要求见附件3)。 |
| (四)已正式公布的省非物质文化遗产代表性传承人文件(含名单)。 |

资料来源:文化部办公厅:《关于开展第五批国家级非物质文化遗产代表性项目代表性传承人申报工作的通知》,2015 年 10 月 26 日,http://www.mcprc.gov.cn/whzx/bnsjdt/fwzwhycs/201510/t20151026_458642.html,2016 年 9 月 10 日。

而较低级别的代表性传承人的申报要求都是根据国家级的要求修改而来,所以几乎所有级别的代表性传承人申报材料的项目、要求都类似,例如云南省省级代表性传承人杨春文的申报档案(存云龙县文化馆),包括《云南省省级非物质文化遗产项目代表性传承人推荐表》《云龙县传统礼仪与节庆传承人杨春文的调查报告》和《云龙县传统礼仪与节庆传承人杨春文的照片》三份纸质档案以及一张光盘《云龙县白族传统舞蹈"耳了歌"传承人——杨春文》。

大理白族自治州州级代表性传承人赵怀珠的申报档案（存剑川县文化馆）包括《县级文化主管部门申报报告》等九项内容（见表4—5）。

表4—5　　　赵怀珠申报大理州州级传承人的申报档案目录

| 序号 | 名称 | 页码 | 备注 |
| --- | --- | --- | --- |
| 1 | 县级文化主管部门申报报告 | 01—1 | |
| 2 | 县级传承人公布文件 | 01—2 | |
| 3 | 授权书 | 01—3 | |
| 4 | 证明书 | 01—4 | |
| 5 | 推荐表 | 02—1 | |
| 6 | 申报照片 | 02—2 | |
| 7 | 电子文档卷 | 02—3 | |
| 8 | 申报片卷 | 02—4 | |
| 9 | 调查报告 | 03—1 | |

资料来源：剑川县文化馆。

第二，地方国家档案馆有选择地收集了部分传承人档案。地方国家档案馆具有收集、建立知名人士个人档案的优良传统，近年收集传承人档案的现象也比较普遍，例如2014年至今，扬州市档案局先后接收和征集了木偶省级传承人颜育、扬州剪纸国家级传承人张秀芳、淮扬菜传承人薛泉生、扬州理发刀省级传承人潘继凌等传承人的档案；[①] 2014年，保定市国家档案馆将国家级非物质文化遗产项目（保定老调）传承人王贯英个人档案收藏入馆[②]等。白族聚居区的部分国家档案馆也开展了相关工作，如云南省档案局于2014年下发了《关于开展白族档案抢救与保护工作的通知》；由省档案

---

[①] 扬州市档案局：《档案征集》，扬州档案方志网（http://daj.yangzhou.gov.cn/daj/dazj/daj_list.shtml）。

[②] 李潇：《王贯英档案资料入馆收藏》，《保定晚报》2014年10月18日，第05版。

局牵头，市（州）、县级档案部门参与开展白族档案抢救和保护工作，征集到的档案包括文书档案36份，照片档案1901张，图书235本，音像制品档案88份，实物档案27件，名人档案24人（共438件）。① 在该全宗的档案中，包括国家级传承人寸发标的个人档案，耳子歌省级传承人杨春文、白族刺绣省级传承人字勤飞、吹吹腔省级传承人张杰兴以及白族绕三灵国家级传承人赵丕鼎的口述档案。再如，大理市档案局（馆）收集了一些非物质文化遗产项目及传承人档案，并分别于2014年和2015年内部刊印了《大理市国家级非物质文化遗产——大理市档案馆馆藏影像专题记录画册系列之三》《大理市省级非物质文化遗产——大理市档案馆馆藏影像专题记录画册系列之四》两种图书，其中介绍了代表性传承人，后者还为每位传承人撰写了小传、刊登了几张照片。当然，在白族聚居区并没有发现专门为传承人建立个人全宗的情况。

第三，非物质文化遗产保护单位建立了传承人档案，但内容不全、保管现状堪忧。根据相关政策，非物质文化遗产保护单位是传承人建档保护最主要的建档主体，《大理州非物质文化遗产项目代表性传承人认定与管理办法》也规定"各项目保护单位要采取文字、图片、录音、录像等多种方式，全面记录代表性传承人掌握的非物质文化遗产表现形式、技艺和知识，有计划地征集并保管代表性传承人的代表作品，建立传承人档案"。但实际上，由于多数非物质文化遗产保护工作都是依托相关文化馆开展工作，没有专门的办公经费、场地和人员编制，具体到传承人档案管理则更是缺乏保障，大部分基层非物质文化遗产保护单位仅建立了市（州）级及以上传承人管理档案，即项目保护单位与传承人签订的年度传承工作的协议书、承诺书等，除此之外并未开展更多的建档工作，例如云

---

① 《白族档案》，2016年1月6日，云南档案网（http://www.ynda.yn.gov.cn/ztsj/ssmzzt/201610/t20161013_443490.html）。

龙县文化馆负责传承人管理的工作人员称，虽然根据上级政策县文化馆可以向传承人购买档案、文献及实物，但考虑到县文化馆空间、人员有限，不具备管理好相关材料的条件，不敢购买。再如，剑川县文化馆配备了两间非物质文化遗产展厅，其馆藏内容包括与剑川县非物质文化遗产有关的图书、光盘、证书和奖牌，以及一些木雕、刺绣的工具和成品，其中部分材料属于传承人档案，但文化馆是从文物的角度进行收集和保护的，没有依据非物质文化遗产档案或传承人档案进行建档保护。

不仅如此，非物质文化遗产保护单位等组织收集到的传承人档案也没有较好地整理，比如剑川县文化馆展厅中存放的相关材料和物品，它产生于何时，是向何人征集，是何人使用过的以及何人制作的等信息，均依赖于文化馆负责人口头告知，并没有相关的说明，长此以往，随着文化馆负责人变更、退休抑或记不清等因素，必然导致这些实物档案难以甚至无法鉴定其日期及归属。

**二 传承人个人存档的整体状况堪忧**

第一，传承人个人留存的档案内容不全。传承人自己留存了大量荣誉证书、自传、文章、手稿、音视频、图书、实物等较具历史与文化价值的档案，他们是目前最主要的建档主体。但由于多数传承人缺乏建档的意识和条件，导致大量与其非物质文化遗产传承活动密切相关的珍贵档案没有保存下来，很多传承人的传承历史已经无法考证，例如在填写代表性传承人申报书中，"个人简历""从艺起始年""传承谱系及授徒传艺情况""为该项目所做的其他贡献"等项目因缺乏相关档案"证明"，只能依靠个人记忆，不仅传承人本人无法准确填写，文化行政部门及非物质文化遗产保护单位更无法鉴别其内容真伪。

非物质文化遗产具有较强的"活态性"特征，它必须在特定的时空下才能呈现出来，传承人历史上开展传承活动的景象如今已经无法再现，例如，国家级传承人赵丕鼎描述了他早年在民间演唱大本曲时万人空巷的场景，但由于缺乏照片、录像等档案，随着时代变迁，如今已经无法重现了；再如白族民居彩绘是一项流传于白族聚居区上千年的传统技艺，目前的彩绘技艺与传统的彩绘技艺在用料、工具等方面都有较大不同，但缺乏档案及文献记载，目前只能见到少量数百年前的彩绘实物，它的技艺已经伴随着老艺人的去世而消亡了。

第二，传承人个人留存的档案丢失和损毁现象比较严重。从走访的情况看，传承人一般留存部分自认有价值、有意义的档案，例如，省级传承人李润凤较好地保存了其父（李明璋，当地知名艺人）20世纪60年代在昆明、北京等地演出的照片，她自己20世纪80年代以来参加演出的照片、奖状、荣誉证书、撰写的《从事大本曲艺术总结》手稿，以及部分近年演出的视频；省级白族民居彩绘传承人杨克文保存了其个人绘制的草图，设计的彩绘手稿及其照片，拍摄老建筑物及文物修复的照片（部分为胶片相机底片，部分为数码照片），以及相关媒体采访他的口述资料等。但从整体上看，传承人自己保管的档案丢失和损毁现象比较严重，例如自1960年开始学习大本曲的赵丕鼎与其女赵冬梅、其子赵福坤都从事大本曲艺术，但他们2000年以前获得的奖状、证书、照片等材料几乎全部丢失了，仅保留下来了一些需要使用的大本曲曲本；再如，耳子歌省级传承人杨春文保留了最近几年形成的档案，如为申报代表性传承人拍摄的视频、申报书、荣誉证书、调查报告等，这些材料从形成至今不过三四年的时间，但一些文本已经严重损毁、难以辨认了。

第三，传承人个人留存的档案难以准确识读。传承人保管的档案中，获奖证书等具有明确指向的档案，一般不会出现难以辨认或有歧义的情况，但是照片、手稿等档案，如果缺乏必要的说明，若干年后传承人自己都难以辨认，年代再久远一些就需要专门去考证甚至无法考证了，例如李润凤保存的李明璋20世纪80年代以前的照片，她已经无法准确描述照片的拍摄时间、地点、情境等情况，照片中的人物也无法全部辨认出来。手稿的情况更为严重，传承人撰写好手稿时并没有注意留下作者姓名、撰写时间等信息，时间稍长就难以准确辨认了。

**三 传承人建档保护工作由多元主体广泛参与**

除上述主体外，还有众多的社会力量参与到传承人建档保护工作中，包括：其一，一些非物质文化遗产保护工作人员出于职业需求或个人爱好，会收集一些非物质文化遗产及传承人相关的手稿、口述资料、音视频材料，如剑川县文化馆杨万涛、云龙县文化馆马建强、剑川县文化馆张伟等工作人员都曾经采集过数量不少的传承人从事相关传承活动的音视频材料；其二，一些媒体人和研究者对传承人采访、访谈后，也会形成原生的录音、笔记、视频等档案材料，电视、广播、网络的专题报道，期刊和报纸的专题文章以及学术著作中的相关阐述等材料；其三，非物质文化遗产是白族聚居区旅游业的重要"卖点"之一，传承人的手稿、作品、多媒体材料便成为旅游/文化企业的关注点，在大理古城蒋公祠内，设有一个大理白族自治州非物质文化遗产展览馆，其中便有数册赵丕鼎使用、抄写的大本曲手稿；其四，图书馆、博物馆、学术机构等部门也保存了一部分传承人档案，地方公共图书馆收藏了部分传承人有关的出版物（含部分非公开出版物），传承人发表相关著述的期刊、报纸等，一些名声较大的传承人技艺作品也会被地方博物馆收藏，学术机构基于学术研究的需要，也采集、购买了部分传承人档案。

## 第三节　传承人建档保护的协同之路
## ——从现实困境到科学保护

### 一　传承人建档保护的现实困境

据上文，从工作流程看，与非物质文化遗产传承人建档保护相关的因素包括相关法律法规、政府主管部门、建档主体、建档客体、设备及平台、管理制度、建档方法等，这些相关因素可以总结四类：（一）参与人：负责传承人建档宏观规划和管理的文化和档案行政管理部门，以及负责传承人建档具体事务的非物质文化遗产保护机构、地方国家档案馆和非物质文化遗产传承人等业务部门；（二）非物质文化遗产传承人档案：即各参与者建立的非物质文化遗产传承人档案；（三）规章制度：为非物质文化遗产传承人建档保护业务工作提供依据的法律法规、规章制度以及具体的建档业务方法；（四）设备和平台：确保非物质文化遗产传承人建档保护和提供利用等能够实现途径的馆舍、设施设备、平台等。

从建档流程的角度出发，非物质文化遗产传承人建档保护可以描述为：在国家相关法律法规及行政部门制定的政策框架下，非物质文化遗产传承人档案的建档主体以相关管理制度为依据，依托相关的建档设备及平台，参照相关建档方法建立传承人档案（建档客体），并进行有效管理、保护和提供利用的过程。其基本流程如图4—1 所示。

然而，在非物质文化遗产传承人建档保护流程中，受多元主体的制约，目前传承人档案管理仍然处于"各行其政"的格局之下，文化行政管理部门主要管理非物质文化遗产保护机构及非物质文化遗产传承人的传承人建档工作，博物馆、公共图书馆等参与传承人建档工作也在其管辖范围内；档案行政管理部门管理地方国家档案馆的传承人建档工作；还有学术机构、其他社会组织开展的非物质文化遗产传承人建档工作受教育行政部门等的管理。而在非物质文化遗产传承人建档业务工作中，非物质文化遗产保护机构、地方国家档案馆、图书馆、博物馆、学术机构等是在各自职责范围内建立传承人档案，组织建立和管理的档案有组织档案、组织化的个人档案以及具备档案属性的文物、图书，理论上受档案行政管理部门指导和监督；非物质文化遗产传承人个人、其他社会组织建立和保管的传承人档案属于私人档案的范畴，既不受档案行政管理部门的约束，文化行政管理部门和非物质文化遗产保护机构等对它也没有足够的管理和监督权利。

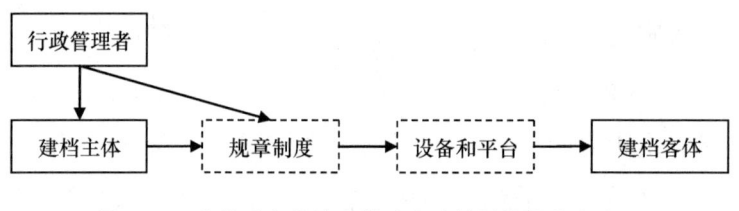

```
行政管理者
   │
   ▼
建档主体 ──→ 规章制度 ──→ 设备和平台 ──→ 建档客体
```

**图4—1　非物质文化遗产传承人建档保护的基本流程**

传承人档案还形成了特殊的组织化个人档案和个人存档二元并存的保管格局。在现存或理想的传承人档案构成上，既有由非物质文化遗产保护机构建立的传承人申报和管理档案、采集的"传承人抢救性记录"，各级各类综合档案馆采集的"口述档案"、建立的"个人全宗"等组织化了的传承人档案，也有由传承人个人保管的手稿、实物、照片、录音、录像资料等个人档案。二元并存的保管格局直接形成了传承人档案财产属性的二元性，传承人档案是与传承人相关的档案材料的集合，其中证书、手稿、工具、作品等大量有价值的传承人档案由传承人及其家庭保管，属于私有财产，其档案所有权受法律保护，不受侵犯，但传承人档案又不是单纯的"私有财产"，它是传承和保护非物质文化遗产活动重要的载体之一,是非物质文化遗产的重要组成部分,具有公共物品的特征,"妥善保存相关的实物、资料"① 是《中华人民共和国非物质文化遗产法》规定代表性传承人应当履行的义务。从这个意义上讲,即使是传承人个人保管的,属于"私有财产"的传承人档案的形成、建立、管理和保护问题,也不再是传承人自己的"私事",文化行政管理部门及非物质文化遗产保护机构、档案行政部门及地方国家档案馆等政府部门、事业单位应当履行相应的职责,为传承人个人形成和保管的传承人档案的长期保存提供业务指导、技术支持、代为保管,乃至纳入归档范围,成为馆藏的必要组成部分。

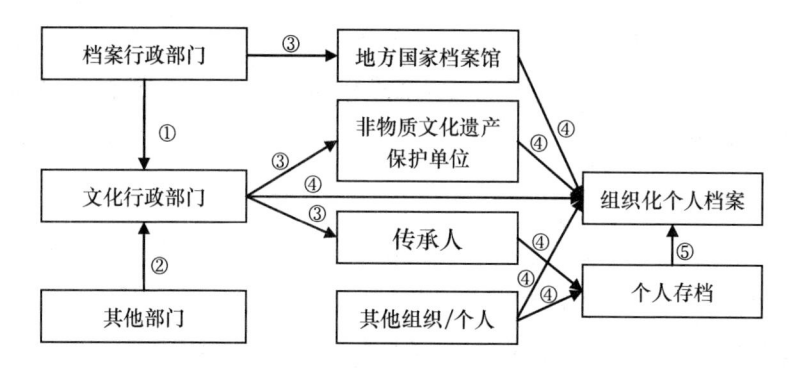

**图 4—2 传承人建档保护机制示意图**

注:①业务指导、监督;②协助;③主管;④建档;⑤部分转化为。

由此形成了当前的非物质文化遗产传承人建档各自为政的分散格局(见图4—2),其最重要的特征是:其一,文化和档案行政部门两条线并行管理,体制外的传承人立于其中,进而形成了多元化的建档主体;其二,所有建档主体都必须围绕唯一的建档对象——传承人开展工作,只有与之互动、取得认可才能够实施建档保护工

---

① 《中华人民共和国非物质文化遗产法》,《中华人民共和国全国人民代表大会常务委员会公报》2011年第2期,第145—149页。

作；其三，在档案保管方面，形成了组织化个人档案和个人存档二元并存的档案保管及产权格局。这种略显混乱的格局与我国"档案工作实行统一领导、分级管理的原则"不符，也是造成田野调查中发现的相关部门建档广度和深度不够，传承人个人存档整体状况堪忧的重要原因。

## 二 传承人建档保护的目标识别

通过对上述传承人建档保护现实困境的分析，我们发现目前传承人建档保护还不够科学和有效。因此，要破解当前传承人建档保护存在的难题，就必须提高其管理的有效性。根据有效管理理论，有效管理即有效益和效率的管理，有效益的管理是指在特定时期内有恰当的目标定位和恰当的目标达成度，其核心是"做对的事情"（to get the right things done），有效率的管理是指以有限的投入获得尽可能多的产出，即"把事情做好"（to do things right），简言之，有效的管理即"做好对的事"（to do right things right）。[①] 根据该理论，传承人建档保护有效管理必须解决以下三个问题：一是确定传承人建档保护有效管理的目标；二是探索传承人建档保护有效管理的实现途径；三是探索如何实现传承人建档保护的高效率管理。

因此，要解决当前传承人建档保护工作存在的问题，首先要确定传承人建档的目标。档案管理既包括对档案的收集、整理、鉴定、保管、编研与检索、编辑与研究、统计和利用等业务管理工作，也包括对全国及地方档案工作进行统筹规划、组织协调、统一制度、监督指导的行政管理工作，[②] 管理档案的目的是"加强对档案的管理和收集、整理工作，有效地保护和利用档案"。[③] 因此，传

---

[①] 周亚庆编著：《现代管理基础》，浙江大学出版社2014年版，第47—51页。
[②] 冯惠玲、张辑哲主编：《档案学概论》，中国人民大学出版社2006年版，第70—71页。
[③] 《中华人民共和国档案法》，《中华人民共和国全国人民代表大会常务委员会公报》1996年第6期，第25—29页。

承人档案有效管理的目标即要实现传承人档案在形成、管理、保护和利用等环节的科学、有效，简言之，就是有保存价值的传承人档案都能够由相关的建档主体依照科学的建档方法形成、建立和管理档案，有良好的保管和保护条件，充分发挥其效用。分述如下：

（一）传承人建档管理制度化

我国有完善的档案管理体制，《中华人民共和国档案法》规定我国"档案工作实行统一领导、分级管理的原则"，由"国家档案行政管理部门主管全国档案事业"，"机关、团体、企业事业单位和其他组织的档案机构或者档案工作人员，负责保管本单位的档案"，"中央和县级以上地方各级各类档案馆，是集中管理档案的文化事业机构，负责接收、收集、整理、保管和提供利用各分管范围内的档案"。[①] 但是，只有文化行政管理部门及非物质文化遗产保护机构等组织形成和保管的传承人申报和管理档案等少数传承人档案受现行档案事业体制的制约和影响，从白族非物质文化遗产传承人建档保护的现实情况看，尚未形成适用于传承人档案管理的体制及管理制度。

无论由单一的建档主体还是多元主体为传承人建立档案，只有与之相适应的制度体系作为保障，才有可能实现传承人建档保护工作的可持续发展。传承人建档保护管理制度化的目的是规定各主体的权责边界，即以法律、规章和政策等方式规定传承人建档保护的主体及其职责，并相应地给予经费、人员、设备等方面的保障。从现实格局看，传承人建档保护管理的制度化目标包括两个方面：一是规定国家机关、企事业单位等组织开展传承人档案的建立、收集、管理、保护和利用等问题；二是引导、鼓励和激励其他社会组织和传承人建立、管理、保护和利用传承人档案的相关问题。具体

---

① 《中华人民共和国档案法》，《中华人民共和国全国人民代表大会常务委员会公报》1996年第6期，第25—29页。

而言，就是确保文化行政管理部门、非物质文化遗产保护机构、各级国家档案馆、博物馆、图书馆以及学术机构等相关组织能够在各自职责范围内科学地收集、建立、保管传承人档案，如建立规范、完整的传承人申报和管理档案，为具有代表性的传承人建立口述档案，采集传承人音频、视频档案，通过购买、复制等方式保存传承人档案等；规定、鼓励传承人及其家庭科学、规范地建立和保存其在非物质文化遗产传承及其他相关活动中形成的各类相关档案材料。

（二）传承人建档业务规范化

档案管理工作的核心和重点是档案的收集、整理、鉴定、保管、编研、统计和利用等业务管理工作，也是当前档案学研究领域最为成熟和完善的学科内容。但是，由于相关业务管理的规范、标准都是以"组织档案"为中心和以档案部门的视角规定和设置的，对以个人及家庭为中心的个人档案并不具备良好的适用性，对以多元建档主体格局为基础的非物质文化遗产传承人档案，则更加不适用，而当前有关个人档案、非物质文化遗产传承人档案的业务规范付之阙如。

因此，要实现传承人建档保护的有效性，传承人建档保护业务规范化是其基础和前提。也就是说，在多元主体格局下，必须形成多元建档主体均认可、使用的相对统一、规范的业务规则，包括彼此认可传承人档案的建档对象的范围；对传承人档案的内容和范围形成一致的认可；认可和参与回溯建档、口述档案等传承人档案的建档方法；具有相对统一的传承人档案分类方案；不同建档主体形成的传承人档案可以融合等。

历史和现实状况造成了当前传承人档案内容不全、保管不善的格局，其重要原因之一是建档主体缺乏规范的业务方法，对应当建档的内容没有建档，缺乏科学的保管、保护知识，从这个角度看，科学、规范的业务规范是确保有价值的传承人档案能够被科学、规范地建立、管理和保护下来的必要条件。

（三）传承人建档保护科学化

传承人档案能受到科学的管理和保护，这既是一个业务规范问题，也涉及管理制度问题。由于传承人建档主体的多元性，不可避免地存在重复建档问题，如地方国家档案馆为社会各界知名人士、民间艺（匠）人建立个人档案，与非物质文化遗产传承人档案存在一定重复；同时，多元主体的格局也容易造成职责不清的问题，一些该受到保护的档案没有受到应有的保护。因此传承人建档保护科学化的目标就是对于已经形成的传承人档案，能够受到科学、合理、规范和全面的保管和保护，具体而言，包括以下几个层面。

一是非物质文化遗产保护机构、档案馆、博物馆和图书馆等组织保管的传承人档案能够被科学地管理和受到科学的保护；二是传承人及其家庭保管的档案也能够得到科学的管理和保护；三是在传承人档案（包括保存于相关机构、个人手中的档案材料）面临危机（如传承人逝世、相关机构解体等）时，具有相关业务能力的机构能够及时补位，通过接收、征集、购买等方式获得相关档案材料，确保传承人档案不至于被损毁；四是不同业务组织/个人在为非物质文化遗产传承人建档过程中极少存在重复建档的现象，能实现有价值的传承人档案得到较好、高效的保管和保护。

（四）传承人档案利用合理化

即传承人档案能满足社会多元化的需求，能较好地发挥其效用和价值。传承人档案具有作为申报和管理传承人重要依据的凭证价值、作为开展非物质文化遗产研究的史料价值、作为非物质文化遗产传承和沿袭的文化价值等，它的价值和作用的发挥主要通过被"利用"来实现。

其合理化利用包括三方面：一是传承人档案能够充分发挥其传

承与保护非物质文化遗产的作用，比如传承人的作品、历史照片、音视频材料等以展览、光盘、网络平台等方式将传承人档案展示出来，为白族居民和其他非物质文化遗产爱好者、关心者知晓，进而了解其所传承的非物质文化遗产项目；二是传承人档案能在传承人及其所有者的许可范围内最大限度地公开，在最广的范围内被知晓，即传承人档案公开的途径尽可能广泛；三是传承人档案能够广泛用于科学研究，促进科学发展和地方文化的进步，如传承人有关非物质文化遗产的历史、技艺的手稿、口述档案等材料，能够用于科学研究，进而为厘清该项非物质文化遗产的历史、现实和技能服务。

### 三　传承人建档保护的协同出路

在我国现行宏观体制下，几乎无法从根本上解决上述多元主体各自建档的格局，故需要研究解决这一问题的其他方法。该格局与协同治理的公共性、多元性和互动性[①]等基础性特征具有极高的契合度，换句话说，以协同治理理论来破解传承人建档保护的现有格局具有可行性，再通过构建具有主导者的协同组织、建立相关协同规范，并持续完善，可以达到较好的协同效果，实现破解当前建档保护困境的目标。

以"协同治理"的思路探索传承人建档保护的科学化，首先应构建以文化部门主导、传承人为中心的传承人建档保护协同组织，因为无论哪一建档主体从事传承人建档保护工作，都必须取得传承人的认可和支持，因此，传承人必须是协同组织的中心。同时，依据现行法律和政策的规定性，文化行政部门或非物质文化遗产保护单位承担传承人建档保护的主要责任，应由其充当协同组织的主

---

① 田培杰：《协同治理概念考辨》，《上海大学学报》（社会科学版）2014年第1期，第124—140页。

导者。

其次，建立多元主体共同遵守的传承人建档保护业务规则，传承人档案具有多元价值属性，不同的学科视角下，其呈现出不同的价值属性，如档案界认为是档案，史学界认为是史料，人类学界趋向于将其归为田野资料，图书馆界将其纳入地方文献。这就意味着不同组织对传承人档案的称谓、分类、组织等话语体系方面都存在差异，对其的认定、建立、保管和组织也不同。建立多元主体共同参与的协同机制，业务规则的统一和规范是协同建档的前提和基本要求，只有不同组织建立的传承人档案能被其他组织所理解，彼此拥有的传承人档案在管理上具有良好的兼容性，才能实现在协同组织内部较好地沟通与协同，促进传承人档案的共知和共享。

最后，搭建多元主体广泛参与的协同建档信息平台，由于多元主体的建档能力、人员、设备等条件参差不齐，尤其是传承人缺乏科学建档必备的条件，而且分布极其分散，因此，依托先进的信息技术，构建非物质文化遗产传承人建档协同平台，是实现科学建档、科学保护、共建共享的有效途径。

当然，实现传承人建档保护的协同之路，其基本前提是现有法律、法规和政策的规定在基层"落地"，即根据相关法律、法规和政策的规定，为传承人建档保护工作提供必备的人员、经费、设备等条件，如为非物质文化遗产保护单位提供"全面记录该项目代表性传承人掌握的非物质文化遗产表现形式、技艺和知识等"必备的办公设备、经费和人员，地方国家档案馆提供征集"家庭和个人形成的对国家和社会有利用价值的档案"的必备设施等。

第 五 章

# 非物质文化遗产传承人建档保护协同机制的构建

　　非物质文化遗产传承人建档保护协同机制的建立包括宏观（制度）和微观（业务）两个层次，宏观层次的协同是指协同参与各方就非物质文化遗产传承人建档保护的组织、制度、平台等达成一致，实现项目式或常规化的交流、协作，更多的是从制度层面建立协同机制，其目的是解决协同建档保护中的制度性问题，如各参与主体在非物质文化遗产传承人建档保护工作中的职责、权利是什么，各参与主体在什么样的制度框架下如何开展协同工作，如何保障协同制度的运行等问题。二是微观层面的协同，是在业务层面建立协同机制，其目的是共同建立规范、完善、科学的传承人档案，即在协同制度框架下，规定由谁建立、如何建立，以及建立哪些档案，档案如何分类、保管和提供利用等问题。本章主要分析宏观层面的协同机制构建问题。

## 第一节　传承人建档保护协同机制分析模型的提出

　　当前，有关非物质文化遗产传承人建档保护的讨论主要集中在建立传承人档案的重要性、[1] 传承人档案的征集、[2] 口述档案的建立[3]以及传承人个人存档[4]与数字存档[5]等业务问题，趋向于从技术方法的角度去探索建档保护的路径。然而，根据笔者的调研，当前非物质文化遗产传承人建档保护所面临的不仅仅是缺乏成熟的业务规范、技术方法的问题，更为棘手的是管理体制问题，这主要是因为非物质文化遗产传承人档案及其管理现状具有特殊性。

其一，与档案部门管理的档案属于"国家所有"不同，非物质文化遗产传承人档案既有传承人自己保管的"私人档案"，也有诸如非物质文化遗产保护中心等机构保管的组织化了的"个人档案"，并形成了二元并存的格局，这种格局导致了传承人建档保护无法完全适用于我国"统一领导、分级管理"的档案管理体制。

其二，当前非物质文化遗产传承人建档保护活动由多元主体共同参与，而且从实际情况看，包括档案部门在内的行政机构、事业单位在其中并不是唯一的建档和保护主体，多组织共同建档保护是无法改变的基本格局。

其三，现有的法律、规章和政策并未明晰各职能部门在传承人建档活动中的职责，导致承担传承人管理和建档保护主要责任主体

---

[1] 王云庆、魏会玲：《论建立非物质文化遗产项目传承人档案的重要性》，《北京档案》2012年第2期，第11—13页。

[2] 李昂、徐东升：《做好非物质文化遗产传承人档案的征集工作》，《兰台世界》2010年第6期，第2—3页。

[3] 李祎、龙则灵：《鄂西土家织锦文化遗产传承人口述档案建立探析》，《兰台世界》2016年第9期，第53—55页。

[4] 戴旸、叶鹏：《我国非物质文化遗产传承人建档探索》，《中国档案》2016年第6期，第68—70页。

[5] 何芮：《非物质文化遗产传承人个人数字存档研究》，《云南档案》2015年第10期，第46—50页。

的文化部门"无心无力",只单纯地为非物质文化遗产项目申报服务;[①] 而档案部门则是"有心有力",因为在如今的非物质文化遗产保护工作体系中,档案部门被边缘化了。[②] 作为传承人档案形成主体以及重要建档主体的传承人的地位和作用、权利与义务等不够明晰等问题,是形成当前非物质文化遗产传承人档案建不全、管不好的重要原因。

事实上,体制不顺、权责交叉等问题在行政管理领域非常普遍。近30年来,为了应对社会问题日益复杂和政府资金短缺所带来的挑战,政府、企业、非政府组织、公民之间跨部门互动的相关实践在各国都有非常普遍的应用,西方理论界随之进行了大量的相关研究,取得了丰硕的研究成果。这其中出现了很多相似的概念,但最终逐渐倾向于使用"协同治理"(Collaborative Governance)这一概念来指代这种跨部门协同合作的现象。[③] 近年来我国公共管理、政治学、组织学等领域也开始重视协同治理问题的研究。

目前已经产生了多个典型的用于分析协同行为的模型/框架,例如加州大学伯克利分校的克里斯·安塞尔(Chris Ansell)和加什·艾莉森(Gash Alison)2008年提出了一个协同治理模型(见图5—1),该模型由初始条件(Starting Conditions)、制度设计(Institutional Design)、催化领导(Facilitative Leadership)和协同过程(Collaborative Process)四个宽泛的变量组成,每个变量又被分为多个子变量,其中协同过程是核心变量,其他三个变量作为限定因素或背景假设体现于协同进程中,而协同进程本身也是循环的和

---

① 徐智波:《非遗传承人档案工作机制亟待构建》,《浙江档案》2013年第11期,第61页。
② 同上。
③ 田培杰:《协同治理概念考辨》,《上海大学学报》(社会科学版)2014年第1期,第124—140页。

非线性的互动过程。①

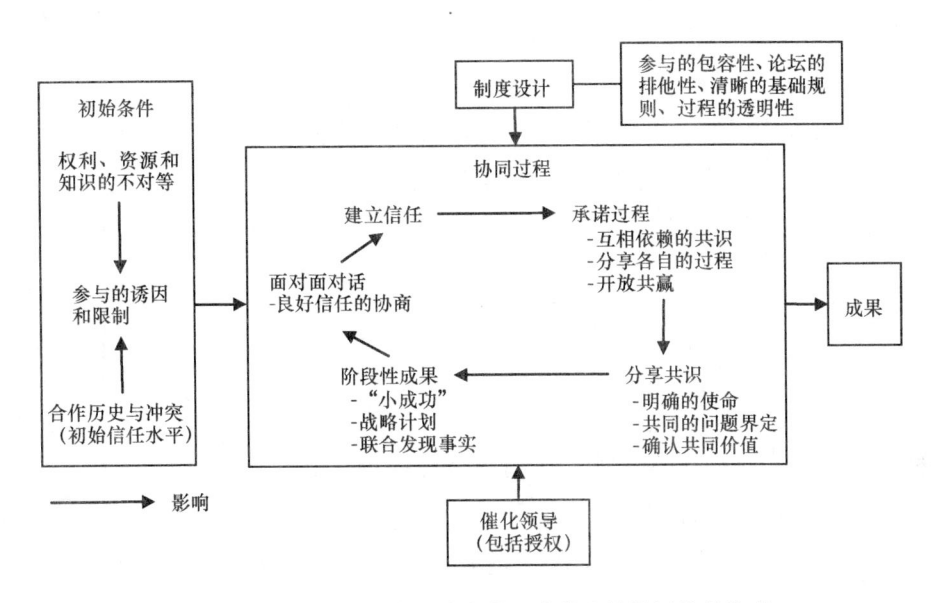

**图 5—1　克里斯·安塞尔和加什·艾莉森的协同治理模型**

资料来源：Ansell Chris and Gash Alison, "Collaborative Governance in Theory and Practice", *Journal of Public Administration Research & Theory*, Vol. 18, No. 4, Oct 2008, pp. 543 – 571。

再如，明尼苏达大学的约翰·布赖森（John M. Bryson）等学者 2008 年提出了一个跨部门合作的分析框架（见图 5—2），该框架将协同过程归纳为初始条件（Initial Conditions）、过程（Process）、结构和治理（Structure and Governance）、偶然事件和限制因素（Contingencies and Constraints）、成果（Outcomes）五个部分。②

---

① Chris Ansell and Gash Alison, "Collaborative Governance in Theory and Practice", *Journal of Public Administration Research & Theory*, Vol. 18, No. 4, Oct 2008, pp. 543 – 571.

② Bryson John M., Crosby Barbara C. and Stone Melissa Middleton, "The Design and Implementation of Cross-Sector Collaborations: Propositions from the Literature", *Public Administration Review*, Vol. 66, No. Supplement S1, Dec 2006, pp. 44 – 55.

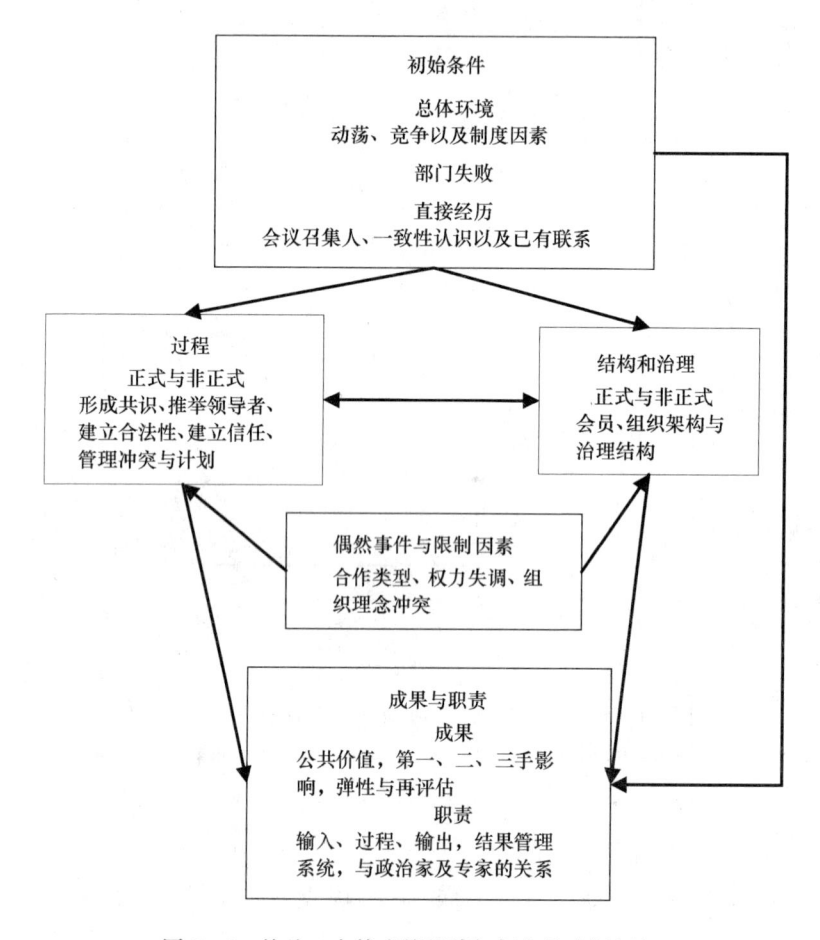

```
┌─────────────────────────────┐
│         初始条件              │
│         总体环境              │
│   动荡、竞争以及制度因素        │
│         部门失败              │
│         直接经历              │
│ 会议召集人、一致性认识以及已有联系 │
└─────────────────────────────┘
```

┌──────────────────┐        ┌──────────────────┐
│       过程        │        │    结构和治理      │
│    正式与非正式    │◄──────►│   正式与非正式     │
│ 形成共识、推举领导者、│        │ 会员、组织架构与    │
│ 建立合法性、建立信任、│        │    治理结构       │
│ 管理冲突与计划     │        │                 │
└──────────────────┘        └──────────────────┘

┌──────────────────┐
│  偶然事件与限制因素  │
│ 合作类型、权力失调、组│
│    织理念冲突      │
└──────────────────┘

┌──────────────────────────┐
│        成果与职责          │
│          成果             │
│ 公共价值，第一、二、三手影   │
│    响，弹性与再评估        │
│          职责             │
│ 输入、过程、输出，结果管理   │
│   系统，与政治家及专家的关系 │
└──────────────────────────┘

**图 5—2　约翰·布赖森等的跨部门合作分析框架**

资料来源：Bryson John M., Crosby Barbara C. and Stone Melissa Middleton, "The Design and Implementation of Cross-Sector Collaborations: Propositions from the Literature", *Public Administration Review*, Vol. 66, No. Supplement S1, Dec 2006, pp. 44–55。

我国学者朱春奎和申剑敏也在批判借鉴相关理论的基础上，提出了分析跨域合作与治理的 ISGPO 模型（见图5—3），该模型包含初始条件、结构、治理、过程、结果五个维度。①

---

① 朱春奎、申剑敏：《地方政府跨域治理的 ISGPO 模型》，《南开学报》2015 年第 6 期，第 49—56 页。

第五章 非物质文化遗产传承人建档保护协同机制的构建　❖　91

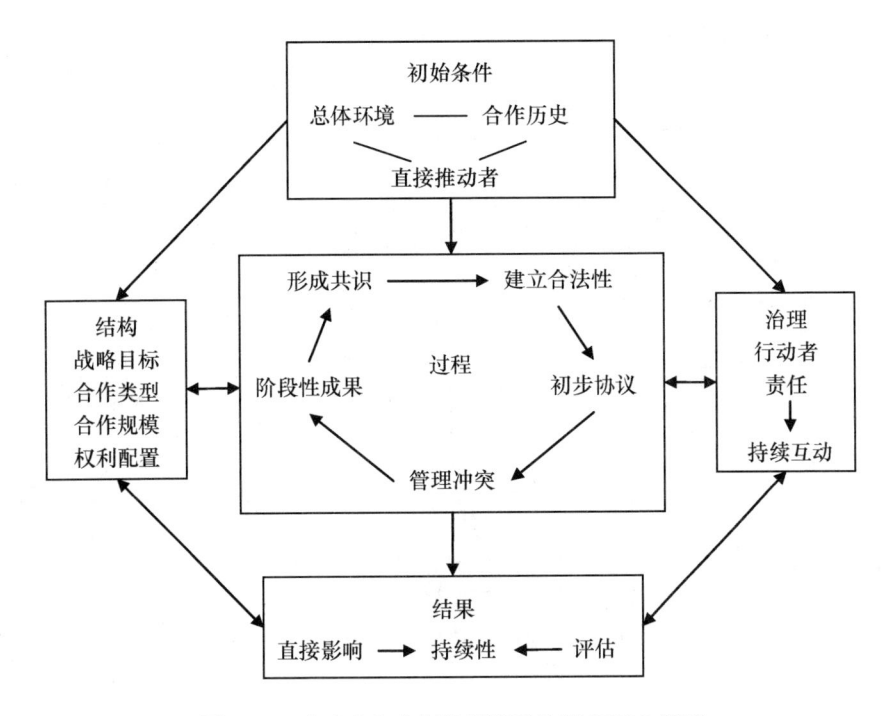

**图 5—3　朱春奎和申剑敏的跨域治理 ISGPO 模型**

资料来源：朱春奎、申剑敏：《地方政府跨域治理的 ISGPO 模型》，《南开学报》2015 年第 6 期，第 49—56 页。

上述模型/框架从不同角度、侧重点反映了协同治理的影响因素、结构、过程等重要变量，本书在充分吸收上述协作治理分析模型的基础上，从白族非物质文化遗产传承人建档保护的现实状况和实际需求出发，从初始条件、结构、过程、行动者和结果等五个维度建立分析模型（见图 5—4），分析协同开展白族非物质文化遗产传承人建档保护的形成条件、影响因素等重要变量，以期通过系统的分析发现其协同治理的优势及存在的问题，进而探讨协同开展传承人建档保护的实现路径问题。

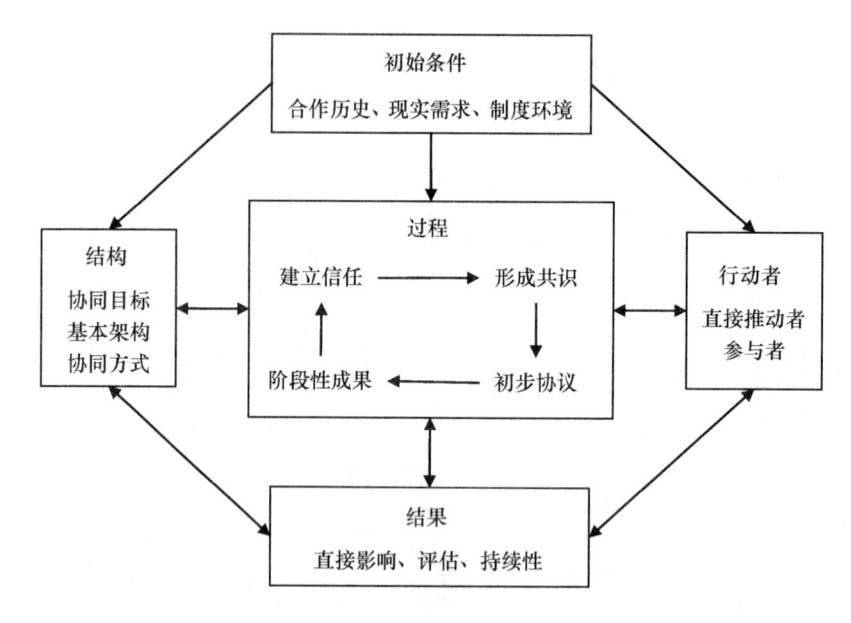

图 5—4 协同开展传承人建档保护的分析模型

## 第二节 传承人建档协同机制构建的因素分析

### 一 初始条件

初始条件是指促使各建档主体参与协同开展非物质文化遗产传承人建档保护工作的内外部因素，包括合作历史、现实需求和制度环境三个变量。

（一）合作历史

合作历史是指在协同机制形成以前，各建档参与者已经有合作经历或既有的合作工作网络，这种历史既包括成功的经验，也包括失败的案例。合作历史是合作开始和确保合作成功的重要条件，如果各方在合作前已经开展了双向的积极互动，合作的可能性就很大。① 在传承人建档保护工作中，因为建档主体开展工作离不开形成主体的配合、参与，因此除了传承人自己保管的个人档案外，其余建档主体所建立的传承人档案理论上都是传承人在认可、配合的基础上形成的，从这个角度看，传承人建档保护应该有丰富的建档合作历史。同时，传承人之外的其他建档主体之间同样有丰富的合作历史（需求），比如云南省大理白族自治州大理市档案局在收集、整理馆藏大理市国家级和省级非物质文化遗产馆藏影像资料的过程中，先后得到了大理市文化局、大理市非物质文化遗产研究所、大理歌舞剧院、下官沱茶厂、② 大理白族自治州非物质文化遗产保护中心以及部分专家、传承人③的支持和帮助，这种互动既是一种现实的需求，也可以认为是一种合作经历；大理市文化局、大理市大理文化馆和大理市图书馆合编的《大本曲览胜》（云南民族出版社2005年版）一书，则是更为深入的合作成果。

（二）现实需求

现实需求是各建档主体协同开展传承人建档保护的需要性，主要有来自各建档主体的利益驱使、上级政策的规定以及市场导向等三个变量。

第一，利益驱使。利益驱使是传承人建档主体内生的驱动力，是内生于建档主体内部的动力因素，是协同活动的内在行为激励动力，也是协同组织竞争优势获取的基本动力。无论是哪一类参与主

---

① 朱春奎、申剑敏：《地方政府跨域治理的ISGPO模型》，《南开学报》2015年第6期，第49—56页。
② 大理市档案局编：《大理市国家级非物质文化遗产——大理市档案馆馆藏影像专题记录画册系列之三》，2014年，第112页。
③ 大理市档案局编：《大理市省级非物质文化遗产——大理市档案馆馆藏影像专题记录画册系列之四》，2015年，第118页。

体开展传承人建档保护工作，都可以归结为利益驱动，这种利益既有完成任务、获得政绩等功利性的需要，也有促进文化发展、保护非物质文化遗产等非功利性的。这种利益体现在两个方面：一方面，在外部压力之下，参与主体因为缺乏技术、人员、设备等实力，为了实现法律规定的职责和上级下达的任务，所产生的内在利益驱动力，例如，文化部《关于开展国家级非物质文化遗产代表性传承人抢救性记录工作的通知》列举了搜集资料的非物质文化遗产保护工作系统、社会文献保存机构或个人、媒体机构、传承人和其他途径五大来源，这种规定性的要求就转化为内在的驱动力，主动去寻找相关部门、开展协同建档保护工作。另一方面，是参与主体主动产生的利益驱动力，比如，传承人为了实现存储个人记忆、申报高一级代表性传承人乃至经济利益的需要等，科学研究者获取田野资料、开展学术研究的需要等，但是缺乏必要的知识、设备等条件，也具有强烈的与其他参与主体共建、共享传承人档案的强烈动力。

第二，上级政策的规定。即上级部门对相关责任主体建档保护所提出的政策要求。国务院及各级文化行政管理部门、档案行政管理部门基于各自建立、管理和利用传承人档案的需要，通常会以项目、通知等方式组织开展传承人建档保护工作，例如，文化部2015年下发了《关于开展国家级非物质文化遗产代表性传承人抢救性记录工作的通知》要求为国家级非物质文化遗产代表性传承人开展抢救性记录工作。① 再如云南省档案馆作为"抢救保护少数民族口述历史档案试点省份"，进行了采集"云南少数民族文化研究者、文化传承者、民间能工巧匠"② 等人士的口述

---

① 文化部：《关于开展国家级非物质文化遗产代表性传承人抢救性记录工作的通知》，2015年5月22日，中国非物质文化遗产网（http://www.ihchina.cn/14/14829.html）。
② 陈建东：《口述档案让少数民族历史不再靠口耳相传》，《中国档案报》2010年3月18日，第1版。

档案工作，其中便涉及部分白族非物质文化遗产传承人。现实情况下，各建档主体开展传承人建档保护工作中，必须通过协同的方式才能顺利完成。

其一，传承人档案是传承人在各项工作和社会活动中直接形成或与传承人直接相关、能够记载和反映传承人个人生平历史的各种形式和载体的材料。也就是说，传承人档案的形成必须与传承人直接相关，传承人是其档案形成的唯一主体，无论哪个参与主体想要开展传承人建档工作，都绕不开传承人，这就要求建档主体必须与传承人合作、协同，只有这样，建档保护工作才得以开展。

其二，由于现存的传承人档案内容不全、建档主体多元，包括传承人本人在内的所有建档主体，都只是拥有传承人档案整体的一部分，无论是起主导作用的文化行政管理部门，还是以获取原生资料为目标的学术机构，要想回溯建立、采集尽可能全面的传承人档案，都必须通过其他建档主体获得部分相关的档案材料，较好地完成建档工作。例如，文化部《关于开展国家级非物质文化遗产代表性传承人抢救性记录工作的通知》就规定："抢救性记录工作要避免重复记录，要把抢救性记录工作与已经开展的数字化工作全面对接。"规定的资料搜集来源就包括非物质文化遗产保护工作系统（包括各级非物质文化遗产处、非物质文化遗产保护中心、项目保护单位等），社会文献保存机构或个人［包括图书馆、档案馆、博物馆、群众艺术馆（文化馆）、展览馆、地方文史办、科研机构、民间收藏组织或个人等］，媒体机构（包括电视台、广播电台、报社、杂志社、出版社、网站等），传承人和其他途径。[①]

其三，即使是非物质文化遗产传承人自己，要按照法律和文化

---

① 文化部：《关于开展国家级非物质文化遗产代表性传承人抢救性记录工作的通知》，2015年5月22日，中国非物质文化遗产网（http://www.ihchina.cn/14/14829.html）。

行政管理部门的规定"妥善保存相关的实物、资料",[①] 申报更高一级的代表性传承人,乃至留存个人档案供个人、家庭和社会后续利用,也需要与其他建档主体协同、合作。从实地调查的情况看,大部分白族非物质文化遗产传承人年龄偏大、学历和文化水平不高、家庭经济状况一般;他们个人保管的个人档案材料普遍存在内容不全、保管不善、丢失严重等问题;而且如果需要建立一些符合一定标准的照片、文本乃至多媒体档案,传承人没有相关的专业设备,也不具备专业知识。这种情况下,要有效地建立和保管个人档案,就需要非物质文化遗产保护机构、地方国家档案馆、媒体机构或学术机构等专业的组织和人员给予指导、帮助,乃至为其建立和保管个人档案。

第三,市场导向,即建立传承人档案的市场需求、预期利益等。一方面,白族非物质文化遗产是内生于白族聚居区的地方文化传统,无论是民间音乐、民间文学还是传统技艺、工艺美术,在当地都具有良好的群众基础,利用现代信息技术、多媒体技术等采集传承人档案,并提供社会大众利用,便有了强烈的社会需求,例如白族聚居区街边可以方便地购买到大理三月街的视频光盘、知名传承人演唱的白剧和大本曲光盘等。这种通过制作传承人开展传承活动的音视频档案进行传播,除了一些不合法的方式外,合理合法的途径就是相关组织与传承人共同开发。另一方面,作为传统文化的表现形式,非物质文化遗产还是一项具有强烈社会需求的旅游资源,许多旅游目的地都将其作为重要"卖点"来宣传,例如白族三道茶便是洱海游轮上的必备项目,旅游公司也邀请赵丕鼎、李润凤等传承人固定在大理古城蒋公祠、金梭岛等景点演唱大本曲。这种旅游企业与传承人合作开展的活动本身就是两方的协同、合作。

---

[①] 《中华人民共和国非物质文化遗产法》,《中华人民共和国全国人民代表大会常务委员会公报》2011年第2期,第145—149页。

然而，目前在市场需求下的协同只是在小范围内开展，而且很不规范，各参与主体仍然具有强烈的协同动力。从传承人的角度看，一些未经他许可的个人档案流传于世，显然不是其初衷，如果能够与专业的组织开展合作，保证传承人档案的质量和水平，必然能取得更好的经济效益和社会声誉；从企业、非物质文化遗产保护机构等组织的角度看，长期稳定的合作、高质量的传承人档案都是获得经济和社会效益，传承非物质文化遗产的基础；从社会大众的角度看，也需要看到高质量、原生态的非物质文化遗产信息。

(三) 制度环境

制度是一系列影响人类行为的规则或规范，包括非正式约束（道德的约束、禁忌、习惯、传统和行为准则）和正式的法规（宪法、法令、产权）。[①] 环境是指在特定范围内的所有个体、群体、组织及其交互关联所组成的特定行动场域。[②] 传承人建档保护的制度环境可以描述为国家用以规范和制约传承人建档保护参与者及其建档行为的一系列规则和规范。它包括如下几个方面的内容。

其一，宪法及国家法律法规。宪法是我国的根本大法，是传承人建档保护的基本来源。国家法律没有专门针对传承人建档保护的，但是《中华人民共和国非物质文化遗产法》《中华人民共和国档案法》等对传承人建档保护有相关规定，如"非物质文化遗产法"规定代表性传承人具有"妥善保存相关的实物、资料"[③] 的义务；"档案法"规定档案行政管理部门具有"监督和指导"组织化个人档案管理工作的职责，地方国家档案馆可以收集个人档案等。

---

① 俞可平：《中国公民社会：概念、分类与制度环境》，《中国社会科学》2006 年第 1 期，第 109—122 页。

② 刘洪深：《国际化企业的合理化营销战略研究：理论模型与实证检验》，西南财经大学出版社 2014 年版，第 18 页。

③ 《中华人民共和国非物质文化遗产法》，《中华人民共和国全国人民代表大会常务委员会公报》2011 年第 2 期，第 145—149 页。

与白族传承人建档保护相关的地方性法规、条例也较多,如《云南省民族民间传统文化保护条例（2000）》《贵州省民族民间文化保护条例（2003）》《贵州省非物质文化遗产保护条例（2012）》《云南省非物质文化遗产保护条例（2013）》等,这些法规主要规定了文化行政管理部门负责传承人的管理工作,并具有为传承人建立档案的职责等。

其二,党和政府的相关政策。当前指导传承人的申报与管理、传承人档案的建立、管理、保护和利用等行为规范的主要是相关政策。这些政策中较为成熟和普遍的是各级"非物质文化遗产项目代表性传承人认定与管理暂行办法",这类办法规定了各行政、业务部门在建立、管理传承人档案中的权利、义务等内容,如国务院颁布的"办法"规定,"国务院文化行政部门应当建立国家级非物质文化遗产项目代表性传承人档案",① "国家级非物质文化遗产项目保护单位应采取文字、图片、录音、录像等方式,全面记录该项目代表性传承人掌握的非物质文化遗产表现形式、技艺和知识等,有计划地征集并保管代表性传承人的代表作品,建立有关档案"。② 此外,还有大量的专项性政策,如文化部《关于开展国家级非物质文化遗产代表性传承人抢救性记录工作的通知》规定了抢救性工作的计划、要求等内容。

其三,非正式制度。即官方对传承人建档保护的态度,包括各级党和政府领导人、档案和文化行政管理部门负责人对传承人建档保护的态度,以及散布于公民、媒体及政府中的影响传承人建档保护工作的各种"潜规则"。这种非正式制度对协同开展传承人建档保护影响深远,比如,一个部门及其负责人是否重视传承人建档保

---

① 《国家级非物质文化遗产项目代表性传承人认定与管理暂行办法》,《中华人民共和国国务院公报》2008 年第 33 期,第 34—36 页。

② 同上。

护工作，将直接影响到其建档保护的进度，尤其影响到是否愿意协同开展保护工作。

## 二　行动者

行动者是指开展协同建档行为的参与者，包括直接推动者和参与者两个变量。其中，参与者又可以细分为传承人档案的管理主体、指导和监督者、形成主体和建档主体四类角色。

### （一）直接推动者

直接推动者是指在合作中起到直接推动作用的关键角色或组织，包括中间组织，具有合法地位的召集人、领导者等，[①] 它是促使协同行为产生的导火线。协同开展传承人建档保护的直接推动者，可以是倡议并牵头实施的某一参与主体，也可以由政府以行政命令的方式指定某一参与者承担。在传承人建档保护工作中，虽然传承人处于中心地位，但个体的传承人并不具备建立、管理和保护好个人档案的基本能力和条件，仍然需坚持"政府主导、社会参与"的非物质文化遗产保护方针，只是必须坚持"以传承人为中心"。在我国，文化行政管理部门主管传承人建档保护工作既是法律的规定，也是现实的基本状况。因此，从管理有效性的角度出发，由文化行政管理部门或非物质文化遗产保护中心等专门机构承担直接推动者的角色最为合适，也最有可能。

### （二）参与者

参与者即参与协同建档保护工作的各类组织与个人，直接推动者同时也是参与者之一。各参与者在传承人建档保护工作中扮演着不同的角色，彼此之间有不同形式的交互和联系。归纳起来可以分为 6 类（见表 5—1），共同承担着形成主体、管理主体、建档主

---

① 朱春奎、申剑敏：《地方政府跨域治理的 ISGPO 模型》，《南开学报》2015 年第 6 期，第 49—56 页。

体、指导和监督者四种角色，分述如下：

表 5—1　　非物质文化遗产传承人建档保护参与主体

| 参与主体 | 角色定位 | 职责范围 |
| --- | --- | --- |
| 非物质文化遗产传承人 | 形成主体<br>建档主体 | ①建立、保管个人档案<br>②配合相关组织采集非物质文化遗产及个人档案<br>③宣传非物质文化遗产传承人档案 |
| 文化行政管理部门 | 管理主体<br>建档主体 | ①主管非物质文化遗产传承人建档保护工作<br>②建立代表性传承人档案（申报和管理档案） |
| 档案行政管理部门 | 指导和监督者 | ①监督和指导相关组织/个人的传承人建档工作 |
| 非物质文化遗产保护机构（文化馆、非物质文化遗产保护中心） | 建档主体 | ①采取文字、图片、录音、录像等方式，全面记录该项目代表性传承人掌握的非物质文化遗产表现形式、技艺和知识等，有计划地征集并保管代表性传承人的代表作品，建立有关档案<br>②开展"国家级非物质文化遗产代表性传承人抢救性记录工作"<br>③展览、宣传非物质文化遗产传承人档案 |
| 各级国家档案馆 | 建档主体 | ①采取征集、收集、拍照、录音录像、口述历史采集等方式，收集分散于社会和民间的传承人档案<br>②接收、征集非物质文化遗产传承人档案，为其建立个人全宗<br>③展览、宣传非物质文化遗产传承人档案 |
| 学术机构、图书馆、博物馆、传媒部门、文化/旅游企业、非物质文化遗产爱好者等组织/个人 | 建档主体 | ①收集、保管非物质文化遗产传承人档案<br>②依据传承人档案开展学术研究<br>③展览、宣传非物质文化遗产传承人档案 |

其一，传承人。传承人是非物质文化遗产传承人档案的形成主体，其他管理主体、建档主体开展非物质文化遗产传承人建档保护工作都离不开这一主体，虽然传承人档案是个人的私有财产，其档案所有权受法律保护，不受侵犯，但传承人档案又不是单纯的"私

有财产",它是传承和保护非物质文化遗产活动重要的载体之一,又具有公共物品的部分特征,配合相关部门建立、采集与非物质文化遗产项目有关的个人档案也是相关法律法规明文规定的。由县级以上政府或文化行政管理部门认定的传承人,即受到《中华人民共和国非物质文化遗产法》的约束,该法第三十一条规定:"非物质文化遗产代表性项目的代表性传承人应当履行下列义务:(一)开展传承活动,培养后继人才;(二)妥善保存相关的实物、资料;(三)配合文化主管部门和其他有关部门进行非物质文化遗产调查;(四)参与非物质文化遗产公益性宣传。"[①] 根据该规定,本书将非物质文化遗产传承人在参与传承人建档保护工作中的职责归纳为三类:建立和保管个人档案;配合相关部门建立、采集与非物质文化遗产项目有关的个人档案;配合、参与和非物质文化遗产项目有关的个人档案宣传活动。更重要的是,传承人自己也有强烈的建立、保管乃至传播个人档案的强烈需求和愿望,如大理市市级大理石画制作技艺传承人程介伟先生保留了大量从事大理石画工作的相关照片和手稿,还以自己制作的大理石画为基础,自费出版《苍山大理石天然画——大理石天然画艺术浅谈》[②] 一书。

　　传承人处于非物质文化遗产传承人建档保护工作的核心地位。一方面,传承人是非物质文化遗产传承人档案的形成主体,其他管理主体、建档主体开展非物质文化遗产传承人建档保护工作都离不开这一主体;另一方面,无论就传承人档案的数量还是价值而言,当前最具价值的传承人档案的主要保管者都是传承人,再加上非物质文化遗产最重要的"无形性"特征,传承人无疑是传承人档案形成和保管的核心。

---

[①] 《中华人民共和国非物质文化遗产法》,《中华人民共和国全国人民代表大会常务委员会公报》2011年第2期,第145—149页。

[②] 程介伟:《苍山大理石天然画——大理石天然画艺术浅谈》,云南美术出版社2010年版。

其二，文化行政管理部门。各级文化行政管理部门主管非物质文化遗产传承人及其建档保护工作，是相关法律法规规定的职责。一方面，非物质文化遗产传承人的认定和管理工作由各级文化行政管理部门负责执行，《中华人民共和国非物质文化遗产法》第二十九条规定："国务院文化主管部门和省、自治区、直辖市人民政府文化主管部门对本级人民政府批准公布的非物质文化遗产代表性项目，可以认定代表性传承人。"第三十一条也规定，文化主管部门可以取消和重新认定代表性传承人资格；另一方面，文化主管部门还负有建立传承人申报和管理档案的职责，"非物质文化遗产调查由文化主管部门负责进行""其他有关部门取得的实物图片、资料复制件，应当汇交给同级文化主管部门"。①《国家级非物质文化遗产项目代表性传承人认定与管理暂行办法》第十五条还规定："国务院文化行政部门应当建立国家级非物质文化遗产项目代表性传承人档案。"从实际执行的情况看，文化行政管理部门建立传承人申报和管理档案，而"传承人掌握的非物质文化遗产表现形式、技艺和知识、代表作品"等个人档案由非物质文化遗产项目保护单位建立。

其三，档案行政管理部门。《中华人民共和国档案法》规定："国家档案行政管理部门主管全国档案事业，对全国的档案事业实行统筹规划，组织协调，统一制度，监督和指导。县级以上地方各级人民政府的档案行政管理部门主管本行政区域内的档案事业，并对本行政区域内机关、团体、企业事业单位和其他组织的档案工作实行监督和指导。"② 也就是说，指导文化行政管理部门、非物质文化遗产保护机构、地方国家档案馆、学术机构等组织建立、管理、保护和利用传承人档案，是各级档案行政管理部门的职责。

---

① 《中华人民共和国非物质文化遗产法》，《中华人民共和国全国人民代表大会常务委员会公报》2011年第2期，第145—149页。

② 《中华人民共和国档案法》，《中华人民共和国全国人民代表大会常务委员会公报》1996年第6期，第25—29页。

《中华人民共和国档案法》还指出，由"集体所有的和个人所有的对国家和社会具有保存价值的或者应当保密的档案""对于保管条件恶劣或者其他原因被认为可能导致档案严重损毁和不安全的，国家档案行政管理部门有权采取代为保管等确保档案完整和安全的措施；必要时，可以收购或者征购"[①]。也就是说，那些不属于各级国家档案局"统筹规划、组织协调和监督指导"范围的档案，可以被档案馆纳入馆藏范围，这为传承人档案交由各级国家档案馆提供了法律依据。在白族聚居区也有多家档案机构在开展传承人建档工作，如云南省档案局（馆）建立了"白族档案"全宗，其中包括国家级传承人寸发标的个人档案以及国家级传承人赵丕鼎，云南省级传承人杨春文、字勤飞、张杰兴等人的口述档案；大理市档案局（馆）收集了该市的国家级、省级传承人的部分个人档案。

但是，由于《中华人民共和国档案法》及国家档案局下发的有关规章制度极少涉及个人档案管理问题，也没有规定档案行政管理部门对个人建档工作所需承担的义务，普及档案知识、指导大众建档等活动仍然缺乏法律依据。

其四，非物质文化遗产保护机构。当前地方非物质文化遗产保护机构一般由各级文化馆承担，也有部分地方成立了独立编制的非物质文化遗产保护中心，它是传承人建档保护最重要的建档主体。一方面，国务院颁布的《国家级非物质文化遗产项目代表性传承人认定与管理暂行办法》第十一条规定："国家级非物质文化遗产项目保护单位应采取文字、图片、录音、录像等方式，全面记录该项目代表性传承人掌握的非物质文化遗产表现形式、技艺和知识等，有计划地征集并保管代表性传承人的代表作品，建立有关档案。"[②] 另

---

① 《中华人民共和国档案法》，《中华人民共和国全国人民代表大会常务委员会公报》1996年第6期，第25—29页。

② 《国家级非物质文化遗产项目代表性传承人认定与管理暂行办法》，《中华人民共和国国务院公报》2008年第33期，第34—36页。

一方面，文化部《关于开展国家级非物质文化遗产代表性传承人抢救性记录工作的通知》规定："抢救性记录工作由各省（区、市）非物质文化遗产保护中心具体负责实施。"① 也就是说，除了传承人申报和管理档案，其余丰富的传承人个人档案材料的建立、收集、保管、保护等工作，相关法律法规规定的"建档责任者"均为非物质文化遗产保护机构。在白族聚居区，部分基层非物质文化遗产保护机构在传承人档案采集等方面也已经开展或即将开展相关工作，比如剑川县文化馆已经收集了一些传承人从事传承活动的工具、作品以及音视频资料，而且非物质文化遗产保护机构作为传承人的"管理者"，掌握详细的传承人情况，具有得天独厚的优势。

其五，各级国家档案馆。国家层面的法律法规并未规定各级国家档案馆具有建立传承人档案的职责，但在地方法规却有相关规定，各级国家档案馆在建档保护实践活动中也有丰富的经验。在地方法律法规方面，《广东省名人档案管理办法》《长沙市著名人物档案管理办法》等多部地方法规均规定"著名民间艺（匠）人"属于广东省档案馆建立著名人物档案的入库名人范围。在具体实践活动中有两类情况，一是地方国家档案馆接收、征集传承人档案，并为其建立全宗、专题档案的，如2014年至今，扬州市档案局先后接收和征集了木偶省级非物质文化遗产传承人颜育女士、扬州剪纸国家级非物质文化遗产传承人张秀芳女士、淮扬菜非物质文化遗产传承人薛泉生、省级非物质文化遗产扬州理发刀传承人潘继凌等传承人的档案；② 保定市国家档案馆"将国家级非物质文化遗产代表性传承人、保定老调传人、著名表演艺术家王贯英先生个人档案

---

① 文化部：《关于开展国家级非物质文化遗产代表性传承人抢救性记录工作的通知》，2015年5月22日，中国非物质文化遗产网（http://www.ihchina.cn/14/14829.html）。

② 扬州市档案局：《档案征集》，扬州档案方志网（http://daj.yangzhou.gov.cn/daj/dazj/daj_list.shtml）。

资料收藏入馆"。① 苏州市档案馆"为列入国家级非物质文化遗产保护目录的光福核雕代表性传承人建档"。② "江苏省工艺美术大师、江苏省非物质文化遗产澄泥石刻项目代表性传承人蔡金兴近日将个人档案赠予苏州市档案馆。"③ 二是地方国家档案馆采集、征集传承人的某一类型个人档案,例如云南省档案馆在《新加坡国家档案馆与中国云南省档案局口述历史合作项目》、④ "抢救保护少数民族口述历史档案试点省份"等依托下,采集"云南少数民族文化研究者、文化传承者、民间能工巧匠"⑤ 等的口述档案,其中便涉及部分非物质文化遗产传承人。再如,大理市档案馆收集、采集了大量的大理市国家级、省级非物质文化遗产及传承人档案,虽然没有为传承人设立全宗或专栏,但大量的档案属于传承人档案的范畴。

其六,学术机构、图书馆、博物馆、传媒部门、文化/旅游企业、非物质文化遗产爱好者等组织/个人。高校等学术机构在非物质文化遗产的传承、保护和研究方面起着重要作用,并采集了一些非物质文化遗产及传承人档案,例如云南艺术学院成立了"云南非物质文化遗产研究基地",研究机构及其研究人员基于对非物质文化遗产项目不同的需求,采集了大量的非物质文化遗产档案材料,例如云南艺术学院硕士研究生李政撰写了《白族建筑彩绘传承人杨克文研究》的硕士论文,该作者不仅收集了大量有关杨克文先生的档案材料,其论文本身就是杨克文个人档案的重要内容。从当前的

---

① 李潇:《王贯英档案资料 入馆收藏》,《保定晚报》2014年10月18日,第05版。

② 宗文雯:《留存当代吴门艺术精品》,2012年5月22日,苏州新闻网(http://www.subaonet.com/cul/2012/0522/928239.shtml)。

③ 褚馨:《制砚大师蔡金兴档案入藏市档案馆》,《姑苏晚报》2014年5月29日,第A09版。

④ 曾燕:《借鉴国外经验 推进我省少数民族文化的传承和保护——云南省档案干部赴新加坡学习口述历史档案管理先进经验》,《云南档案》2011年第11期,第4—5页。

⑤ 陈建东:《口述档案让少数民族历史不再靠口耳相传》,《中国档案报》2010年3月18日,第1版。

实践情况看，除了专门的研究机构收集、保管传承人档案，零散的研究资料几乎都是个人自行保管，并没有纳入相关机构的保管范畴之内。

公共图书馆、地方国家档案馆、博物馆、科技馆、文化/旅游企业、非物质文化遗产爱好者等组织/个人所采集、收集、保管的有关材料中，或多或少都有一些相关材料，如公共图书馆保管的地方文献、地方国家档案馆建立的著名人物档案、博物馆保管的实物、手稿、非物质文化遗产爱好者采集的多媒体材料等均属于传承人档案的范畴，在白族聚居区，云龙县吹吹腔艺术博物馆、大理非物质文化遗产博物馆等收集、保存了为数不少的传承人手稿、作品等档案材料；云龙县的马建强先生、剑川县的张伟先生曾收集了大量的白族传承人演唱的音频档案等。

### 三　结构

结构是"各个组成部分的搭配和排列"，[①] 在协同开展传承人建档保护语境中，结构是指各建档主体协同开展建档保护中所处的地位、权责边界、合作方式等基本架构，以及该架构体系之下的运转规则等内容，它是制约或者支持协同行为开展的一系列制度化、文本化的集合，包括协同目标、基本架构和协同方式三个变量。

（一）协同目标

协同目标是指各建档主体在互动、交流和协商的基础上，达成的共识性建档保护目标，它是影响协同机制的科学性与可持续性的重要因素，协同目标的科学性体现了协同各方的共识程度，共识程度越高，协同的成功性越大。

不同组织开展传承人建档保护各有初衷，其建档目标也不同，

---

① 中国社会科学院语言研究所词典编辑室编：《现代汉语词典》，商务印书馆2001年版，第646页。

例如传承人建立、保管其个人档案的目标既有为了完成"妥善保存相关的实物、资料"[①]的义务，也有留存使用，传承和宣传所从事的非物质文化遗产传承以及纪念等目的；文化行政管理部门建立的申报和管理档案，主要是为了便于管理传承人；非物质文化遗产保护机构、地方国家档案馆等组织建立、保管传承人档案更重要的目标是保存、抢救珍贵的非物质文化遗产传承人信息；而学术机构的首要目标应该是获取第一手的研究素材。但是，建档主体各不相同的建档目标也有共通之处，即无论是为了传承非物质文化遗产，还是保存个人档案，抑或开展学术研究，都有共同之处：每一建档主体都希望建立、获取和拥有尽可能全面的传承人档案；都具有长期保存的期望和行动；都希望能在适当的范围内利用传承人档案。这些共同之处是达成协同目标的基础和条件。

（二）基本架构

基本架构是对各建档主体协同开展建档保护工作的规定性体系，它既包括诸如议事协调机构、法定部门协同机制、部际联席会议、牵头机构等结构性协同机制，也包括诸如行政协助、多部门联合发文、人员借调、专项工作协调会议、现场调研办公等程序性协同机制。[②] 目前，全球范围内的政府部门、公共部门、企业、社会组织，乃至社会公众等组织/个人通过协同的方式解决问题越来越受到全社会的普遍认可，并产生了大量的成功经验。

在传承人建档保护问题上，因为传承人档案具有私人档案和组织化个人档案的二元特征，而且根据相关法律法规的规定以及传承人档案保管的现实状况形成了当前多元主体各自建档保护的格局，更棘手的是，传统的由档案部门（或其他组织/个人）统一管理的

---

[①] 《中华人民共和国非物质文化遗产法》，《中华人民共和国全国人民代表大会常务委员会公报》2011年第2期，第145—149页。

[②] 蒋敏娟：《中国政府跨部门协同机制研究》，北京大学出版社2016年版，第46—102页。

单一式格局不再适用于传承人建档保护，这就意味着，要实现传承人建档保护的有效性，必须建立协同机制，由多组织协作开展传承人建档保护工作。

从整体上看，目前的非物质文化遗产传承人建档保护工作无法脱离现有的政府行政体制，还必须以科层制为基础，从当前白族非物质文化遗产传承人的分布状况看，也宜以科层制框架下的各级文化行政管理部门为主导，依据实际情况建立诸如牵头机构之类的协同机制。由于非物质文化遗产传承人建档保护工作的最终落脚点是县级非物质文化遗产保护机构。因此，协同机制的设计也宜以县级文化行政管理部门为基点，吸纳同级档案行政管理部门及辖区内传承人参与，而学术机构、旅游与文化企业等建档主体则依据其现实需要适当加入，其基本架构如图5—5所示。需要以文化行政管理部门为主导的诸如牵头机构、协调委员会之类的结构性协同组织。同时，包括结构性协同组织在内的各建档主体开展建档保护工作，都必须围绕非物质文化遗产传承人为中心开展协同建档工作，并以此组织为基础，建立并形成传承人建档保护协同机制的程序性协同机制以及更为具体的运行规则。

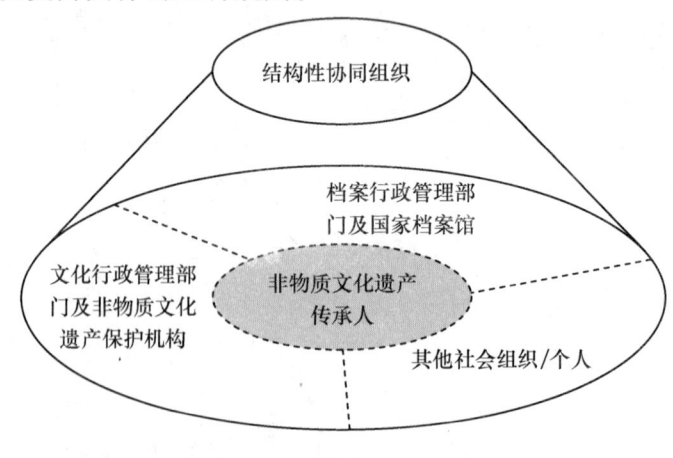

图5—5 协同机制的基本架构

### （三）协同方式

基本架构是传承人建档保护协同机制的制度性、规范性安排，至于各参与主体以何种方式协同，协同的深度和范围如何等问题，则应该是因地制宜的、多样与灵活的。所谓协同方式就是指各建档主体通过何种方式开展协同工作。就协同方式的向度而言，它主要有两类：一种是多方双向协同，即两家以上参与者共同建立传承人档案，如地方国家档案馆与非物质文化遗产传承人共同建立传承人口述档案；另一种是多方单向协同，即一方主动地为另一（多）方提供服务和帮助，如档案行政管理部门或地方国家档案馆为非物质文化遗产传承人开展传承人建档培训等。就协同方式的广度而言，它包括两家参与者小范围的协同，两家以上参与者的协同，以及所有参与者的广泛协同等。就协同方式的深度而言，它包括业务交流、学习和指导（互动）、互通传承人档案资讯（共知）、交换和分享传承人档案（共享）、共同建立传承人档案（共建）等不同层次。

本书以协同方式的深度为中心进行讨论，构建了传承人建档协同方式模型（见图5—6）。图中，用圆锥体代表传承人档案（个人档案全宗）及其管理整体，它目前分别由传承人、文化行政管理部门及下属非物质文化遗产保护机构、档案行政管理部门及下属国家档案馆、学术机构以及其他相关组织或个人建立、管理和保管，圆锥体中底层的各建档主体在共同的协同机制之下开展广泛、多元与灵活的交流，达到建档主体"互动"；圆锥体中底层部分是共享了传承人档案目录的部分，达到了传承人档案"共知"；往上较小部分不仅共享了传承人档案目录，还共享了传承人档案全文的部分，达到了传承人档案的"共享"；中间虚线（阴影部分）显示的圆锥体部分，则是两个或以上组织/个人通过共建的方式实现了目录级或全文级的传承人档案的共享，达到了"共建"。

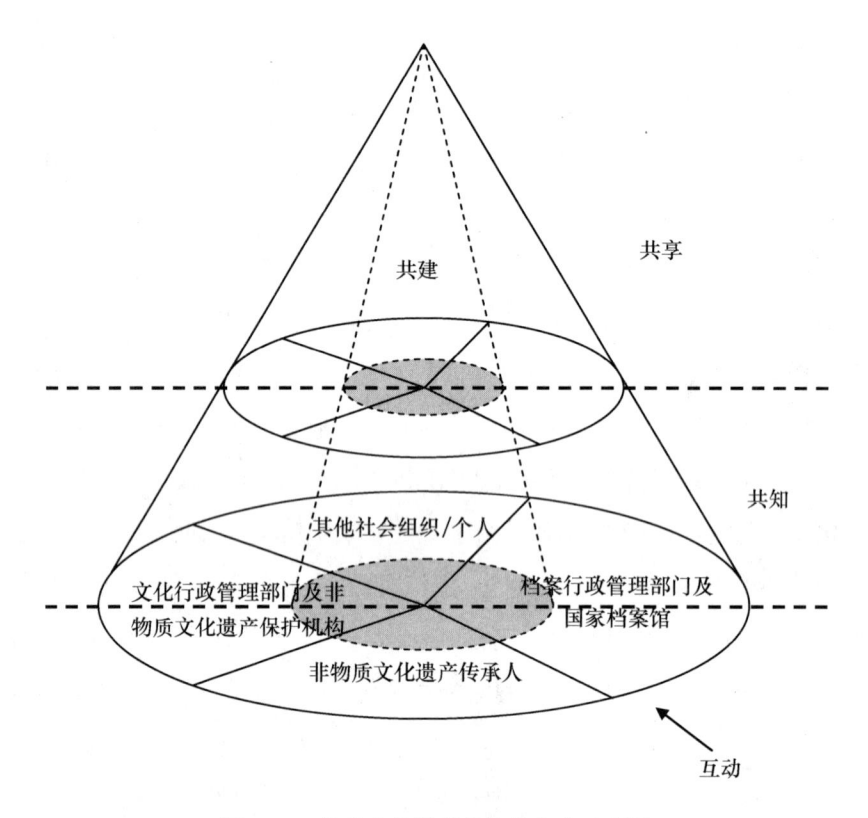

图 5—6　传承人建档保护协作方式示意图

（图中标注：共建、共享、共知、互动；其他社会组织/个人；文化行政管理部门及非物质文化遗产保护机构；档案行政管理部门及国家档案馆；非物质文化遗产传承人）

1. 持续互动

多组织或个人协同开展建档保护工作，彼此的信任和理解是开展更深层次的协同活动的必要前提。因此，参与者在管理和业务等问题上进行持续有效的交流、学习和互动就显得尤其重要。从协同建档的角度看，持续互动有两个主要目的：一是建立信任、增进友谊，为后续深层次的协同打下基础；二是构建共同的建档保护话语体系。因为不同参与者对建档的内涵、范围、方法、途径等的理解不尽相同，甚至对传承人档案的称谓都有所差异，彼此通过业务交流、研讨会、调研会、培训会等方式持续互动，也是构建共同的话语体系的有效手段。

白族传承人建档保护还有特殊性。其一，传承人作为零散的民间个人，其与其他建档主体具有天然的隔阂。在协同建档行为中，参与者之间是一种平等互惠的地位，但是传统上，传承人与文化、档案机构是一种"民与官"的对立关系，这种关系的改变容易造成二者的不适应；传承人与学术机构、文化（旅游）企业的关系也比较微妙，学术机构、媒体组织等作为外来者，传承人对学者和媒体人建立传承人档案的用途不清楚，而文化/旅游企业利用传承人及其档案进行商业活动是他们所知晓的，再加上曾经出现过个别不道德的学者、媒体人和旅游企业不守信用、侵占传承人的知识产权，建立信任也尤其困难。其二，协同行为的参与者中，并非单纯的政府组织，还包括非政府组织，而且这种组织并不是建档的横向组织，而是纵横交错的，这种行政级别不对等、组织性质多元化的状况，导致包括政府组织在内的任何组织都存在不信任的现象。其三，传承人档案具有多元价值属性，不同的学科视角其呈现出不同的价值属性，如档案学界认为它是档案，史学界认为它是史料，人类学界趋向于将其归纳为田野资料，图书馆界将其归纳为地方文献，博物馆界则将其纳入文物来保管，这就意味着不同组织对传承人档案的认定、建立、保管和组织是不同的。因此，在白族非物质文化遗产传承人建档保护行为中，通过持续互动以建立信任、增进友谊、共筑建档话语就更具必要性和价值性。

这些特殊性加大了协同建档保护的难度，同时彰显出持续互动在协同建档保护中的重要作用。

2. 共知、共建和共享

协同开展建档保护的目的在于更好地建设、管理和利用传承人档案资源。持续互动是协同建档保护的前奏及初级层次，实质性的协同建档工作可以分为共知、共建和共享三个层次，即共同建立传承人档案，彼此了解和认知传承人档案，共同提供利用。三个层次是一个整体，其中，共建、共知是基础和手段，共享是目的，三者之间相互促进、相互推动。

所谓共知是指两家以上参与者让彼此知晓其所拥有的传承人档案信息，在协同框架下，则表现为组织内所有参与者都彼此知晓其所拥有的传承人档案信息。传统上，可以通过彼此交换目录信息、建立联合目录的方式实现档案信息共知，当然，借助信息技术实现档案信息的数据库化管理，则可以方便、便捷、实时地进行档案信息共知。从实地调查的情况看，目前在白族非物质文化遗产传承人档案领域，还没有类似的档案信息共知现象。

所谓共建是指两家以上参与者共同建立传承人档案。当前的传承人建档保护行为中，共建的现象还不多见，尽管传承人作为其档案的唯一形成主体，在其中具有不可动摇的中心地位，但是相关组织在建立传承人档案的过程中更多地表现为请传承人协助、帮助，其建立的档案内容也通常不为传承人所知晓。而多组织间的合作也主要表现为一方主导，另一方通过提供资料、技术指导、沟通协调等方式帮助和支持，最终帮助和支持组织/个人也未必获得其所建立的档案复制件。因此，改变传统的支持和帮助的方式，改为协同共建的方式，将能够有效地促进协同主体的积极性、增强协同行为的可持续性、提升建档质量。

在本书中，共知和共享都是彼此互通，二者的区别在于互通程度的不同。共知只是告知其他参与者"我有哪些传承人档案"，而共享则是"把我的传承人档案与你分享"，既包括让其他协同参与者浏览、扫描和复印，也可以是通过档案数字化、网络化等方式实现更大范围的共享。

从共知、共建和共享三种协同方式来说，当前在白族非物质文化遗产传承人建档保护领域，各建档主体之间只是存在支持和帮助方面的协同，以及小范围内的共知和共享，如传承人为非物质文化

第五章　非物质文化遗产传承人建档保护协同机制的构建　❖　113

遗产保护机构提供部分个人档案之类的个别行为。

**四　过程及结果**

（一）过程

过程是分析协同治理的核心维度，是协同行为发展的具体进程。过程维度包括建立信任、达成共识、初步协议和阶段性成果四项变量。

信任是任何组织、社会关系的基础，也是所有合作的基石，建立信任是协同建档的第一步，信任的建立一方面需要参与者之间持续互动，以增进彼此的友谊和理解，进而建立信任；另一方面，需要协同机制的直接推动者、决策组织等领导机构具有正直（诚实与真实）、胜任力、一致性、忠诚和开放[①]等建立信任的优秀品质，让各参与者敢于信任、乐于信任。在协同开展白族非物质文化遗产传承人建档保护活动中，就需要各参与者持续互动以建立信任，文化行政管理部门或非物质文化遗产保护机构等协同机制的直接推动者或领导者能够在各参与者中间建立足够的权威性，做到言行一致，让各参与者消除不信任的顾虑，彼此建立信任。

达成共识是指各参与者在协同的内容、目标、方式、方法以及责任义务等方面达成一致的认识，这些一致的协同认识是建立在彼此信任的基础上的。达成共识是合作开展的重要前提，在合作过程中如果能不断强化共识，合作就越有可能成功。[②] 在协同开展传承人建档保护活动中，达成共识包括对传承人档案的价值、内容、范围，以及开展建档保护的紧迫性等具有一致的认识，对当前各自为

---

[①] Schindler Paul L. and Thomas, Cher C., "The Structure of Interpersonal Trust in the Workplace", *Psychological Reports*, Vol. 73, No. 2, Oct 1993, pp. 563–573.

[②] 朱春奎、申剑敏：《地方政府跨域治理的 ISGPO 模型》，《南开学报》2015 年第 6 期，第 49—56 页。

政的建档保护思路的弊端能够有一致的认识，愿意以合作、分享、互惠互利的姿态开展协同活动。

初步协议是指各方在合作初期签署的各类正式协议和非正式协议，它们规定了合作目标、授权、义务、指定领导人、成员种类、决策机构、弹性机制等具体的合作内容。① 也就是在达成共识的基础上，开展的实质性合作工作。以开展的非物质文化遗产代表性传承人抢救性记录工作为例，文化部《关于开展国家级非物质文化遗产代表性传承人抢救性记录工作的通知》规定的建档对象是国家级传承人，由省级非物质文化遗产保护中心具体实施，如果在基层执行时能够在通知精神的基础上，进一步以协同的方式开展建档保护，则基本可以形成以非物质文化遗产保护中心为领导者的协同组织，引入非物质文化遗产项目保护单位、传承人、媒体机构、社会文献保存机构及个人等各类组织共同参与的协同建档保护体系，各参与者一方面提供其所拥有的传承人档案信息乃至全文，实现档案信息的共知和共享，为传承人的抢救性记录工作提供全面的档案保障；另一方面，如媒体机构、档案机构等还可以发挥各自在技术技能、专业知识等方面的优势，聚各方力量共同开展建档保护工作，进而提升建档保护的质量和水平；更重要的是，通过协同活动建立起来的传承人档案，尤其是其中的多媒体、数字化档案，可以在更大范围、更多组织内实现共享和多份存储，能让传承人发挥更多的社会效益，为更多组织、个人利用。

阶段性成果是协同活动在早期或雏形阶段所形成的阶段性协同成果。还是以"非物质文化遗产代表性传承人抢救性记录工作"为例，如果该工作的开展过程中与各参与者建立了协同建档的初步协议，并通过协同的方式顺利完成，形成了由"原始资料、文献片、

---

① 朱春奎、申剑敏：《地方政府跨域治理的 ISGPO 模型》，《南开学报》2015 年第 6 期，第 49—56 页。

综述片、工作卷宗"以及"纸质文献、实物"①等内容组成的传承人档案,并就协同的组织、管理、权利义务等问题取得了必要的经验,即称为取得了阶段性成果。取得阶段性成果是协同过程的必要环节,阶段性成果的成功完成意味着离协同目标更近一步,它有助于协同参与者进一步建立信任、增进友谊,促进协同活动的持续和深化。

(二) 结果

结果是分析协同机制的最后一个维度,包括直接影响、评估和持续性三个变量。②直接影响是指协同活动达到预期目标的实际程度以及取得的其他实际成效。预期目标即在协同过程中确立的诸如建立、获取和拥有尽可能全面的传承人档案,取得比各自独立开展建档工作更好的效果和更高的效益等,预期目标的达成度即所取得的成果对上述目标的实现程度,目标达成度直接影响协同参与者的后续行为,较好的目标达成度是协同机制持续、有效运行的基本保障。同时,协同结果还可能产生预期之外的实际影响,比如取得意外的收获,获得其他社会组织/个人的认可和赞许,协同活动中促进了个人的成长,协同参与各方文化、行为等方面的转变等。

评估是对协同结果的整体性评判,任何一种协同机制都是不完美的,它所能达成的成果与预期效果总是存在一定差距,包括过程不够有效,目标不够合理,权利与责任不够明晰与合理,协同的广度和深度不够,运行架构还存在不足,协同方式不够科学、合理等等,如此种种都需要一种批判、鉴别的机制去发现它,并不断完善。因此,评估对于协同机制的完善和持续至关重要。同时,评估

---

① 《国家级非物质文化遗产代表性传承人抢救性记录工作规范(试行稿)》,2015 年 4 月 7 日,中国非物质文化遗产网(http://www.ihchina.cn/newResources/fyweb/id/d/20150522001/64ce3bdb69ae4b61b3df95ee1d44397d.doc)。

② 朱春奎、申剑敏:《地方政府跨域治理的 ISGPO 模型》,《南开学报》2015 年第 6 期,第 49—56 页。

过程的公正、透明，评估标准的公平、科学，以及评估结果利用的合理、有效，都直接影响协同机制的发展和完善。① 协同开展白族传承人建档保护的相关组织/个人个体众多、类型多样，所以该协同机制的有效运行更需要科学的评估机制。

持续性是指合作产生的更高层次和更加深远的影响和价值。与直接影响相比，持续性通常发生在正式努力之外，包括发展新的伙伴，实现更长远的共同进步和新的合作产生等等。② 换言之，持续性是对现有协同机制的进一步发展和完善。比如，在当前的白族传承人建档保护工作中，协同机制的建立必须有文化行政管理部门及其下属非物质文化遗产保护机构、档案行政管理部门和传承人三大责任主体，但除此之外的其他参与主体，在协同机制的建立早期并不一定能够或愿意被纳入协同体系内，如果协同机制在协同建档保护方面能够取得好的成果，才能够在实践中逐步发展壮大，形成更为深远和广泛的协同体系。

## 第三节　传承人建档保护协同机制的实现路径

建档是保护非物质文化遗产的重要途径，为传承人建档将使大量珍贵、独特和有价值的非物质文化遗产"物化"下来，为后续的数字信息资源建设提供良好基础和广阔空间。根据上文所构建的分析模型以及对白族聚居区的调查，发现各参与者之间具有良好的协同建档基础和条件，比如各参与主体具有天然的联系、良好的合作历史、强烈的现实需求等，初步判定协同建档是一条可行之路，同

---

① 孙迎春：《发达国家整体政府跨部门协同机制研究》，国家行政学院出版社2014年版，第145页。

② 朱春奎、申剑敏：《地方政府跨域治理的 ISGPO 模型》，《南开学报》2015年第6期，第49—56页。

时也发现协同建档仍然存在一些障碍，如现有的相关法律和制度不完善等。在确定传承人建档保护为协同目标，政府、事业单位、非政府组织、企业、传承人等为协同参与主体的前提下，还需要进一步健全保障协同机制的法律和制度，构建科学的白族非物质文化遗产传承人建档保护协同治理框架等措施，共同推动传承人建档保护活动通过协同的方式高效地完成。

### 一 健全非物质文化遗产传承人建档保护协同机制的法规政策

法律是国家统治的工具，"从制度层面规范社会协同治理各类主体的行为边界，确立协同者的法律地位、权责范围、运作规则、合作途径等，依法保护各类协同主体的权利，促进互惠平等合作，是社会协同治理的重要保证"。[①] 从非物质文化遗产传承人建档保护工作情况看，其重点是通过法律法规、规章制度的方式，规定不同建档主体的权责边界，并在制度、经费、人员和设备等方面给予支持和保障。

在法律法规层面，《中华人民共和国非物质文化遗产法》《中华人民共和国档案法》，《云南省民族民间传统文化保护条例（2000）》《贵州省民族民间文化保护条例（2003）》《贵州省非物质文化遗产保护条例（2012）》《云南省非物质文化遗产保护条例（2013）》等在法律和行政框架中明确文化行政管理部门、档案行政管理部门、非物质文化遗产保护机构、各级国家档案馆、非物质文化遗产传承人等建档主体的法律地位和职责权限，确保各建档主体法律地位的平等和自由。在现有法律法规的规定性基础上，还要明确：文化行政管理部门及非物质文化遗产保护机构具有为代表性传承人建立个人档案的职责；档案行政管理部门、文化行政管理部

---

① 刘卫平：《社会协同治理：现实困境与路径选择——基于社会资本理论视角》，《湘潭大学学报》（哲学社会科学版）2013年第4期，第20—24页。

门以及非物质文化遗产保护机构都具有指导传承人建立和管理个人档案的职责；应当在鼓励多组织合作建立传承人档案的基础上，规定多组织协同建立传承人档案的宏观制度等。

在规章制度和政策层面，需要建立与非物质文化遗产传承人建档保护协同治理体系相适应的运作规则，进一步明晰各建档主体的职责权限，为规范建档主体的行为提供有效的制度保障。例如，各级"非物质文化遗产项目代表性传承人认定与管理暂行办法"规定了各行政、业务部门在建立、管理传承人档案中的权利、义务等内容，但它并没有规定相应的经费、人员、制度等方面的保障措施，更重要的是，当前的相关规章制度是以各组织系统内部为中心制定的，它不适用于多组织协同治理，因此，需要以协同机制为中心，建立适用于文化行政管理部门、档案行政管理部门、非物质文化遗产保护中心、地方国家档案馆、非物质文化遗产传承人，以及相关的文化/旅游企业、学术机构等广泛参与的协同治理制度和规则，进一步细化协同机制的权责边界和运行规则。

## 二　构建科学的非物质文化遗产传承人建档保护协同治理框架

从整体上看，非物质文化遗产传承人建档保护协同治理的目标是一致的，即形成完善的传承人档案，并获得科学、良好的管理和保管条件，能被广泛地利用。在整体目标之下，需要科学的协同治理框架来实现该目标，"组织机构是基础性的控制参量，是社会协同治理的依托和决策中心，是各主体的领导组织走向协同的桥梁"。① 由于非物质文化遗产传承人建档保护工作需要多个政府部门共同参与，在现行科层制的行政体制之下，必须通过建立稳定的协同组织以确保协同的可执行性。应当建立由文化、档案等行政部

---

① 谭九生、任蓉：《网络公共事件的演化机理及社会协同治理》，《吉首大学学报》（社会科学版）2014年第5期，第20—27页。

门，非物质文化遗产保护中心和地方国家档案馆等业务部门，非物质文化遗产传承人及其他社会组织共同参与组成的协同组织。根据相关法律法规和政策制度的规定，建立"以文化行政管理部门为行政主管，档案行政管理部门为监督和指导"的行政管理协同机制，具体可在文化行政管理部门设立非物质文化遗产传承人建档保护的行政性协同机构，在职责和权限范围内为非物质文化遗产传承人建档保护建立相关的制度规范；确定"以非物质文化遗产保护机构为业务主导、以非物质文化遗产传承人为核心、以地方国家档案馆为指导，其他力量广泛参与"的建档保护机制，可在非物质文化遗产保护机构建立非物质文化遗产传承人建档保护业务协同机构，根据各建档主体的性质、职能和优势，协调彼此分工，使各主体既发挥各自优势又能协调互补，并承担基础设施建设等方面的业务工作，为非物质文化遗产传承人建档保护确定相关的业务规范和规则。

建立协同机制的目的在于开展非物质文化遗产传承人建档保护工作，建立、完善多元的协同方式有利于协同建档保护工作落到实处。根据白族非物质文化遗产传承人建档主体的多元性及档案的二元特征，一方面，档案部门有监督和指导非物质文化遗产保护机构、非物质文化遗产传承人及其他社会组织建档保护工作的职责；另一方面，这些组织和个人也亟须从档案部门获得有关建档的指导和帮助，同时，所有的非物质文化遗产传承人建档保护参与者都必须通过传承人进行建档。因此，在非物质文化遗产传承人建档保护工作中不同参与主体的互动就显得尤为重要，这是其一；其二，所有建档主体在非物质文化遗产传承人建档保护工作中必须以传承人为中心，而且现存珍贵的传承人档案数量少、无复本，采集、建立传承人口述档案、多媒体档案的成本昂贵，传承人档案共建、共享便成为开展非物质文化遗产传承人建档保护的必由之路；其三，白族非物质文化遗产传承人建档主体多元、所处地域分散，只有依托先进的信息技术，才能实现共建、共享工作的有效实施，因此，构建非物质文化遗产传承人建档协同平台，是实现互动、共建、共知和共享的有效途径。

### 三 开展持续有效的评估，逐步完善协同治理制度和规则

任何一种机制都不可能是完美的，而且现实情况还是不断发展变化的，因此，对已有协同机制进行持续有效的评估，进而发展和完成协同机制，是一个协同机制能够持续有效生存和发展的必然选择，白族非物质文化遗产传承人建档保护协同机制也一样。一是建立评估机制，即在建立协同开展传承人建档保护治理框架时，应当充分考虑评估问题，将评估纳入协同治理框架之内；二是定期开展评估工作，在建立协同机制取得一定的协同成果后，应当定期开展评估工作，对协同机制的参与主体、保障机制、运行机制、整体架构等进行全方位评估，分析其中成功的经验，找出存在的问题；三是确定协同机制的完善制度，基于评估发现的问题，应当在协同机制中得以体现和改进，即针对评估发现的问题，应当定期地通过调整、改进协同机制的制度、规则等，实现协同机制的螺旋式发展。

# 第 六 章

# 非物质文化遗产传承人建档保护的业务方法

上一章讨论了构建非物质文化遗产传承人建档保护协同机制的相关问题，主要是从行政管理的角度讨论协同开展传承人建档保护的实现条件、运行机制、评估机制等问题，旨在讨论如何实现传承人建档管理制度化问题。在该协同机制框架下要实现传承人建档业务规范化、保护科学化和利用合理化等目标，更重要的是要建立、形成各建档主体都认可、使用的建档保护业务方法，进而建立全面、合理、科学和规范的传承人档案。

业务方法的统一和规范是协同建档的前提和基本要求，只有不同组织建立的传承人档案能被其他组织所理解，彼此拥有的传承人档案在管理上具有良好的兼容性，才能实现传承人档案的共知和共享。在档案管理理论及实践中，档案管理业务工作通常由接收和征集、整理、鉴定、保管、著录和标引、编辑和研究、统计和利用服务等环节构成，[1] 人事档案管理的业务工作则由收集、鉴别和鉴定、整理、统计、转递、保管和利用等环节构成。[2] 这都对传承人建档保护的业务方法具有重要的参考价值。然而，尽管传承人建档保护

---

[1] 冯惠玲、张辑哲主编：《档案学概论》，中国人民大学出版社2006年版，第237页。
[2] 邓绍兴：《人事档案教程》，中国传媒大学出版社2008年版，第231—366页。

的业务方法符合档案管理及人事档案管理的一般规律，但又具有一定的特殊性。传统的档案管理工作是以档案部门为中心构建起来的业务流程和基本内容，对多元建档主体的传承人档案管理不完全适用，比如在传承人档案的建档对象问题上，不同组织/个人基于政策、需求等因素的考量，不同建档主体所确定的建档对象在范围上是有差异的；传统的文书、科技等档案都是档案部门通过接收和征集等方式形成，但传承人档案的形成虽然包含接收和征集等方式，但更主要的途径是相关组织、传承人自己直接形成档案；传统的档案保管问题主要讨论档案部门如何保管档案的问题，而在传承人档案保管则需要多元主体共同参与和完成；传承人档案的建档主体多元，也就意味着传承人档案的所有者也是多元的，因此，传承人档案的利用也涉及多元所有者的问题。这些问题中，一部分问题如建档对象、利用等问题本身就是多元的，各建档主体在宏观的协同建档目标之下，基于各自的需求建立档案，最终实现传承人档案的全面和利用的有效；部分问题则是规则性的，如分类问题、著录和标引问题，应当在统一的规则之下建立档案，进而实现传承人档案的共知和共享。根据本书对相关档案部门制定的个人档案管理规范的文本分析，发现其建档流程大致包括建档（建档对象、归档范围、收集形式、归档方法）、管理（整理、保管）和利用三大环节，因此，本章主要围绕这三个方面展开讨论。

## 第一节　传承人档案的建立

与文书、科技等档案的收集、整理等问题已经有国家相关法律和规则明文规定不同，在传承人档案的建立问题上，为哪些传承人建立档案、传承人档案的内容范围为何，以及建档的途径和方法如何等问题，尚无定论，相关研究也较少涉及，因此有必要对此进行阐述。

## 一 建档对象

由于非物质文化遗产传承人建档主体的多元性，因此建档对象也因建档主体的不同而不同。

其一，文化行政管理部门和非物质文化遗产保护机构从管理的角度出发，趋向于为被各级政府认定的代表性传承人建立档案，以及根据文化行政管理部门的部署，选择性地为传承人建立档案，例如，《国家级非物质文化遗产项目代表性传承人认定与管理暂行办法》规定："国家级非物质文化遗产项目保护单位应采取文字、图片、录音、录像等方式，全面记录该项目代表性传承人掌握的非物质文化遗产表现形式、技艺和知识等，有计划地征集并保管代表性传承人的代表作品，建立有关档案。"[①] 再如，文化部《关于开展国家级非物质文化遗产代表性传承人抢救性记录工作的通知》规定其"记录对象"为"所有国家级非物质文化遗产代表性传承人，优先记录年满70周岁以上的、不满70周岁但体弱多病的国家级代表性传承人"。[②]

其二，科研、国家档案馆则更趋向于从"名人档案""口述档案"的角度为传承人建立档案，通常是根据本机构、本区域的实际情况确立建档对象。例如南京大学档案馆第一批确定"科学院学部委员，历届的校长、副校长以及博士研究生导师"[③] 共约50名作为建档对象。再如，孙涛和袁泽轶在讨论建立"海洋名人全宗"时提出建档对象应该是"在海洋领域内的、在国内乃至在国际上有相当影响力或取得显著成绩的个人"，并概括了"海洋领域的知名人士、联名建议成立国家海洋局的29名专家、国家海洋局历任局长、获

---

[①] 《国家级非物质文化遗产项目代表性传承人认定与管理暂行办法》，《中华人民共和国国务院公报》2008年第33期，第34—36页。

[②] 文化部：《关于开展国家级非物质文化遗产代表性传承人抢救性记录工作的通知》，2015年5月22日，中国非物质文化遗产网（http://www.ihchina.cn/14/14829.html）。

[③] 包世同、綦楠萍、汤道銮：《浅论"名人全宗"的建立》，《档案与建设》1985年第1期，第8—10页。

国家级以上荣誉称号的海洋工作者、活跃在海洋领域的两院院士等六类"。① 从整体情况看，相关论述及各管理规范对建档对象的界定也较为一致，主要是某一地区或机构有一定行政级别的政治家、军事家，较高职称、职务的专业技术人员，获得较高层次的政府、学/协会等组织授予的奖励、人才计划、待遇等。

表6—1 8份省级国家档案局（馆）的规范文本关于建档对象的描述

| | 描述 | 数量 | | 描述 | 数量 |
|---|---|---|---|---|---|
| 政界 | 副省级以上政治家 | 8 | 军界 | 中将（少将）以上军衔的军事家 | 7 |
| 商界 | 有重要影响和名望的企业家、实业家、商人等 | 8 | | 兵团级（军职）以上职务的军事家 | 7 |
| 文化艺术体育界 | 著名文学家、艺术家、教育家等 | 8 | | 中央军委授予英模荣誉称号 | 5 |
| | 全国劳动模范、五一劳动奖章获得者 | 4 | | 辛亥老人、黄埔军校师生、老红军等 | 1 |
| | 著名宗教人士 | 7 | | 具有较大影响的革命烈士等 | 1 |
| | 著名社会活动家、民间艺（匠）人、知名人士等 | 7 | 科学技术界 | 中国科学院、工程院院士 | 7 |
| | 奥运奖牌获得者、亚运会及其他重大国际体育比赛项目冠军、亚军等知名运动员、教练员 | 5 | | 学部委员 | 1 |
| 其他 | 著名本省籍华侨领袖及外籍华人 | 6 | | 国家最高（一等奖）科学技术奖获得者 | 4 |
| | 长期在本省活动有影响的外国人 | 2 | | 有较深造诣、突出成就的专家、学者 | 7 |
| — | — | | | 国家级和省级有突出贡献的专家 | 1 |

---

① 孙涛、袁泽轶：《浅谈海洋名人档案及其征集与整理》，《海洋信息》2010年第2期，第12—13页。

表 6—1 列举了 8 份（1 份无建档对象，1 份为全省范围普适性的规范）省级国家档案局（馆）的规范对建档对象的规定。不难发现，地方国家档案馆设定的建档对象几乎涵盖了与本地域有关的政治、军事、经济、文化、宗教、科学技术、体育等领域的杰出人士，只是不同机构的侧重点、标准有所不同，传承人以"民间艺（匠）人"的身份被纳入地方国家档案馆的建档对象。

此外，也有一些档案部门基于特殊的项目建立传承人档案的情况，如云南省档案局作为国家档案局批准的"开展抢救保护少数民族口述历史档案试点地区"，其建立口述历史档案的对象是"云南少数民族文化研究者、文化传承者、民间能工巧匠"。[①]

其三，建立、保管传承人档案是一种普遍的、自觉的社会现象。个人档案是与个人社会活动相关的档案材料的总和，个人在社会活动中总是形成各种与自己有关的记录、材料，并有意、无意地将其保存下来，如个人的学历证书、日记、工作笔记等，便构成了个人档案。实地调查中，白族传承人所保存下来的大量有价值的个人档案，也正是传承人基于这样的认识和行动所形成的。

此外，其他组织、个人通常基于商业、学术研究乃至个人兴趣的需要，也会有意、无意地建立、保存个别传承人的档案，例如公共图书馆收集的地方文献，旅游企业建立的民族文化博物馆和展览馆，民族文化人士所采集的民间音乐、艺术等。

总体而言，目前主要参与传承人建档保护的非物质文化遗产保护机构、地方国家档案馆和传承人三大主体对建档对象各有规定，非物质文化遗产保护机构的建档对象一般为被县级以上政府认定的代表性传承人；地方国家档案馆则从民间艺（匠）人、文化传承者、民间能工巧匠等角度确定建档对象，而传承人则为自己建立个

---

[①] 陈建东：《口述档案让少数民族历史不再靠口耳相传》，《中国档案报》2010 年 3 月 18 日，第 1 版。

人档案,其他建档主体对建档对象没有较为明确的描述。

上文将非物质文化遗产传承人分为历史上的民间艺人、代表性传承人和一般传承人三类,将其与三大建档主体所规定的建档对象进行对比(见图6—1),不难发现,在相关组织所规定的建档对象范畴下,除了代表性传承人由非物质文化遗产保护机构建档、地方国家档案馆为个别历史上的民间艺(匠)人建档外,绝大多数历史上的民间艺人(已经过世的民间艺人)并未被纳入建档对象,而一般传承人档案也主要由传承人自行建档保管。

图例
■ 国家档案馆的建档对象
◨ 非物质文化遗产保护机构的建档对象
⌒ 无相关组织建档保护的传承人

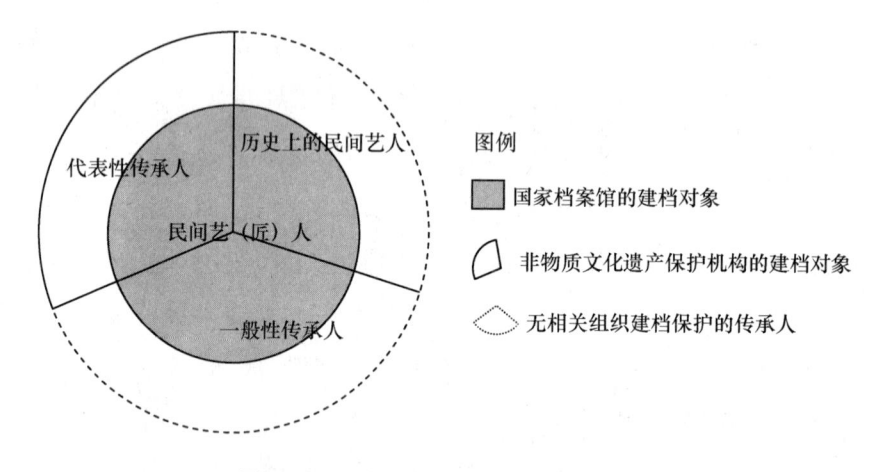

图6—1 三大建档主体的建档对象范围

如此看来,非物质文化遗产保护机构和地方国家档案馆是承担传承人建档保护主要职责的社会服务组织,但仍然有以历史上的民间艺人和一般传承人为主的大部分传承人未纳入建档对象的范畴之内。历史上的民间艺人本人大多已经逝世,其已经丢失及消亡的档案材料多是不可逆的。从现实出发,相关组织更应该关注当下的状况,即应该对一般传承人给予足够的重视,因为每一项非物质文化遗产项目都具有深厚的地方、民族文化基础,代表性传承人只是该项目的杰出代表者、集大成者,在民间还有更多的从事非物质文化遗产活动的一般传承人，他们中的一部分传承人会随着技艺水平的提高而最终成为代表性传承人，但是档案的形成是不可逆的，一名传承人的档案不能等到他成为代表性传承人之后才建立。从这个角度看，每一位传承人档案的建立和保护都值得关注。

协同开展传承人建档保护，并不是各参与主体简单的业务累加或划分权责，而是应当在各建档主体对建档对象的现有规定性的基础上，通过协商一致，对各自建档对象作适当调整，达到合理和全面的目标。

在建档对象的调整上，传承人建立和保管个人档案，这是其基本的权利和自由；文化行政管理部门从管理的角度出发，为被认定的代表性传承人建立档案，这也是职责所在；非物质文化遗产保护机构担负着保护、传承非物质文化遗产的具体工作，应当在能力范围内尽可能广泛地调查、了解从事非物质文化遗产传承活动的个人，为其建立个人档案，不仅要将代表性传承人纳入建档对象，还要将一般传承人也尽可能地纳入进去；各级国家档案馆作为地方档案资源永久保存的档案中心，应当依据当地实际情况，在地方个人档案管理办法/规范等文本中明确将有一定影响力的传承人纳入建档对象，建立并永久保存传承人档案。

## 二 归档范围

传承人档案作为个人档案的一种特殊类型，相关研究关于个人档案归档范围的阐述对此同样具有适用性。研究者普遍认为"名人档案的内容应以能全面、客观地反映该名人的历史原貌为基本要求。所以名人档案的归档范围要尽可能广泛，内容上要尽可能丰富"，[①] 因此，给出的归档范围几乎囊括了该个人的各类文

---

① 贾雪萍：《高校建立名人档案问题探微》，《兰台世界》2005年第8期，第64—65页。

字、图表、音像等材料，也包括评价、介绍该人及其成就的图书、报刊等材料，甚至把"名人收藏的各种字画作品，名人使用过的具有保存价值的实物、用品以及赠送的礼品等"① 等均纳入归档范围。在传承人档案的归档范围方面，周耀林等将其归结为五大类："传承人信息；与传承人相关的非物质文化遗产信息；传承人技艺信息、作品信息；传承人作品；相关机构对传承人或者非物质文化遗产进行宣传、评价的资料、证书、奖品、声像材料等背景资料。"②

在实践层面也是如此。本书统计的64份规范中共有61份规定了归档范围，其规定都较为一致，载体上，包括文字材料、实物材料和声像材料等；形式上，不仅包括日记、证书、信件、手稿、口述等形式的档案，也包括著作、新闻报道等文献资料；范围上，不仅包括与人物一生学习、工作、生活等相关的材料，也包括社会对其研究、评论、报道等方面的材料，还包括与其相关的重要藏品、礼品、家谱等材料。例如，《广东省名人档案管理办法》第六条规定，其名人档案收集的内容包括："（一）反映名人一生经历及其主要活动的生平材料，如自传、传记、回忆录等；（二）反映名人职务活动的材料，如文章、报告、演讲稿、日记等；（三）反映名人成就的材料，如著作、研究成果、书画等；（四）社会对名人研究、评价的材料，如纪念性、回忆性材料，研究介绍材料等；（五）与名人有直接关系的材料，如各类证书、谱牒、信函等；（六）反映名人活动的音像（录音带、录像带、照片）、实物等载体形式的材料；（七）名人的口述历史材料等。"③ 再如《北京理工大学人物

---

① 倪恩玲：《浅谈名人档案的建立与整理》，《浙江档案》1995年第4期，第11—12页。
② 周耀林、戴旸、程齐凯等：《非物质文化遗产档案管理理论与实践》，武汉大学出版社2013年版，第203—204页。
③ 《广东省名人档案管理办法》，载广东省人民政府法制局《广东法规规章全书（1979—1998）》，中国法制出版社2000年版，第1371—1373页。

档案管理暂行办法》规定人物档案的归档范围包括："（一）生平传记类材料：个人自传、履历表、学历证明、身份证明、职务、职称晋级情况等。（二）创作类材料：专著、译著、论文及正式出版的教材、参考书、重要讲义、为书刊撰写的重要文章或前言、出席重要会议的讲稿、重要的研究课题、理论数据等。（三）重要的手迹材料：日记、笔记、重要书信、珍贵手稿、记事等。（四）获奖类材料：教学成果、科研成果、获奖情况及其他各类获奖情况。（五）社会活动类材料：参加国际、国内学术活动、外事活动及在国际、国内学术组织任职的材料、担任人民代表、政协委员以及在各种社会组织中担任职务的有关材料。（六）评价类材料：国际、国内对其评价、介绍、纪念、回忆等文章及报刊上登载过的专题报道等。（七）奖状、证章类：各类奖状、奖章、纪念品（礼品）、聘书、任命书、委任状、证章、荣誉证书、代表证等。（八）音像类材料：包括各个时期的重要活动。如：教学、科研、外事、社会活动及个人生活的照片、底片、录音带、录像及影片等。（九）其他类材料和实物：包括收藏的有重要保存价值的文件资料及对已故全宗构成者的悼词、唁函、唁电等。"[1]

在传承人归档范围方面，以《国家级非物质文化遗产项目代表性传承人认定及管理办法》为代表的各级"办法"中有相关规定，"国家级非物质文化遗产项目保护单位应采取文字、图片、录音、录像等方式，全面记录该项目代表性传承人掌握的非物质文化遗产表现形式、技艺和知识等，有计划地征集并保管代表性传承人的代表作品，建立有关档案"[2]。文化部2015年4月颁布的《国家级非物质文化遗产代表性传承人抢救性记录工作规范（试行稿）》，对

---

[1] 北京理工大学档案馆：《人物档案管理暂行办法》，2008年1月18日，北京理工大学（http://www.bit.edu.cn/oldbit/xxgk/gljg/xzjg/dag/gzzd123/15886.htm）。

[2] 《国家级非物质文化遗产项目代表性传承人认定与管理暂行办法》，《中华人民共和国国务院公报》2008年第33期，第34—36页。

传承人抢救性记录的相关材料的收集分为已有资料的调查收集和抢救性记录两类，其中已有资料调查收集的内容包括：（一）纸质文献：分为正式出版物和非正式出版物，包括有关传承人的史志典籍、研究论文、论述论著、申报文本、申报辅助材料等。（二）数字及音像文献：包括有关传承人的电子书、电子图片，以及申报片、宣传片、电视专题片等音频、视频资料。（三）实物文献：有关传承人的各类实物，原则上不要求搜集，但需进行拍摄或扫描等数字化保存并登记。抢救性记录的范围包括：传承人口述（对传承人的师傅、徒弟、家人、同事、研究者、受众等进行访谈，重点关注传承人的人生经历、个人风格特色、技巧经验，及其背后的民俗背景、文化生态、文化记忆等）、传承人项目实践活动（主要采集传承人的项目实践活动，包括时间、地点、场地、环境、过程、受众等，以及传承人的项目实践能力，包括传承人的技艺绝活、经验思想、风格特征、代表作品等）和传承人传承教学（记录传承人以口传、项目实践演示、现场指导的方式，教授徒弟、学生的完整过程）等。①

从本书对白族聚居区实地调查的情况看，目前该区域在传承人归档范围上并没有相关规范可资参考，在实践层面也不成体系。综合有关个人档案、非物质文化遗产传承人档案及《国家级非物质文化遗产代表性传承人抢救性记录工作规范（试行稿）》等理论与实践的阐述，本书认为在规定传承人归档范围时，应以尽可能全面、客观地反映传承人的历史原貌为目标，应当包括传承人在社会活动中形成的，相关组织/个人在非物质文化遗产保护工作中形成或者收集的，以及其他与传承人相关的，能够反映传承人生平历史、家

---

① 《国家级非物质文化遗产代表性传承人抢救性记录工作规范（试行稿）》，2015年4月7日，中国非物质文化遗产网（http：//www.ihchina.cn/newResources/fyweb/id/d/20150522001/64ce3bdb69ae4b61b3df95ee1d44397d.doc）。

庭状况、非物质文化遗产传承情况等不同类型和载体形式的文献材料。也就是说，只要能够反映传承人生平历史、家庭状况、非物质文化遗产传承情况的文献材料，均应纳入规定范围，具体而言，包括两层含义：

一是传承人在社会活动中形成的、或者与传承人有关的文献材料都应纳入归档范围，而不论其是否与所传承的非物质文化遗产项目有关，只有将这些非相关材料纳入归档范畴，才能全面、客观地反映其历史原貌。传承人形成或使用的与非物质文化遗产项目有关的文件、手稿、音视频，以及代表性工具和设备等，均应纳入归档范围；同时，非传承人开展的非物质文化遗产传承活动与其家庭、社会、经济状况等不可分割，其他与非物质文化遗产项目无关的文献材料也应纳入归档范围，如杨春文先生2014年2月14日向云龙县民政局提交的《关于给予生活困难补助的申请》是反映其生活状况的重要档案材料；又如，赵丕鼎先生3岁时患小儿麻痹症，落下了残疾，他从事大本曲演唱与之有密切关系，他留存的有关参加残疾人会议、获奖等档案，均对研究他个人从事大本曲艺术具有重要价值，再如赵丕鼎先生不同时期的"全家福"，是有关其家庭状况的真实记录，也是研究其个人必不可少的档案材料。

二是相关组织/个人形成或者收集的与传承人相关的文献材料，均应纳入归档范围，而无论是否与其所传承的非物质文化遗产项目有关。一方面，与非物质文化遗产项目有关的档案材料，理应纳入归档范围，如非物质文化遗产保护机构在申报各级非物质文化遗产保护项目、申报各级非物质文化遗产传承人等活动中收集、形成的与非物质文化遗产传承人有关的材料，如申报书、申报辅助材料等；学术机构等组织从事非物质文化遗产保护研究中形成的文献材料，如调查报告、研究论著等；各类媒体对传承人或者非物质文化遗产进行宣传、评价的资料、证书、奖品、声像材料等。另一方面，传承人中很大一部分人士并不是专职从事该项非物质文化遗产传承活动，甚至主业都未必是传承活动，但是其职业特征、社会角色方面的个人档案对全面、系统记录传承人的个人状况，理解传承人从事非物质文化遗产传承活动的动机、基础等具有不可或缺的重要作用，也应纳入归档范围，如云南省级白族民居彩绘传承人杨克文先生，他的另一身份是中学美术教师，有关他从事美术教学的相关材料，也是构成其个人档案不可或缺的组成部分，他的这一身份与他从事民居彩绘传承活动密切相关。

此外，建立传承人档案的目的在于"尽可能全面、客观地反映非物质文化遗产传承人的历史原貌"，因此，文字材料、实物材料和音视频材料等一切与之相关的各种载体形式的文献材料均可纳入归档范围；日记、照片、证书、信件、手稿、口述材料、论著、新闻报道、工具、设备、视频材料等各种形式的文献材料亦均可纳入归档范围。

从归档范围的全面性和广泛性角度出发，包括传承人自己在内的所有建档主体几乎都不可能去建立、形成足够广泛和全面的传承人档案，只有将多个建档主体形成、建立和保管的传承人档案整合起来，才更趋于全面、系统。因此，开展协同建档是传承人归档范围的全面性和广泛性要求对各建档主体的客观要求。

### 三　建档方法

所谓建档方法，是指建档主体建立传承人档案的途径、步骤和手段等。从传承人档案的形成、构成和现存特征看，它应当包括三个方面的途径：一是收集已经形成的现存传承人档案；二是持续建立正在形成的传承人档案；三是通过抢救性采集的方式回溯传承人档案。

**（一）收档：收集现存传承人档案**

个人档案一直不是国家档案部门强制归档的档案类型，再加上其构成较为广泛,证书、日记、手稿、多媒体材料、图书、报章等属于个人档案的范畴,也具有图书、文物等多重属性,目前的基本状况是大量个人档案并未被档案、文化和非物质文化遗产等部门收集和管理,与此同时,传承人及其家庭因建档意识、知识、条件和能力的限制,大量与传承人有关且具有保存价值的档案未能收集、保存下来,因此,各建档主体建立传承人档案的第一步便是接收和征集已经形成的档案材料。本书关于个人档案管理规范的内容分析显示,各级国家档案局(馆)颁布的各规范主要采用如下几种收集方式:(1)依据《档案法》及其他档案法规进行征集;(2)有关机构依据国家规定,向省档案馆移交有关名人档案;(3)档案所有者将档案向省档案馆捐赠、寄存、出售;(4)对其他档案馆及其他部门(如图书馆、博物馆等)保管的名人档案进行复制或交换目录;(5)对流散在省外、境外的名人档案进行购买、复制或交换;(6)其他由省档案馆与档案捐献者协商的形式。而高校档案馆的规范中采用的收集方式则较为多样,通常对与个人相关的国有档案和个人自己的私人档案分别收集,例如,《华东师范大学人物档案管理办法》指出:"人物档案由个人所有档案和国家所有档案两个部分组成。国家所有档案指上述人员在职务活动中形成的有关档案,由上述人员所在单位的兼职档案员负责收集、整理与归档。个人所有的档案指个人在私人活动中形成的有关档案,由校档案馆负责征集,具体按捐赠、寄存和复制三种方式进行。"[①]《东华大学人物档案管理办法》更明确地指出,"各类人物在工作活动中形成的材料,已由档案馆归档的,可将其中代表性成果材料采用复印或注明档案参见号的方式归入人物档案"。"对于人物档案建档后陆续形成的各种材料,应

---

① 华东师范大学档案馆:《人物档案管理办法》,2013年7月11日,华东师范大学档案校史信息网(http://www.dag.ecnu.edu.cn/s/134/t/434/1c/95/info72853.htm)。

及时整理向校档案馆补充归档。"①

在传承人档案方面，收集现存传承人档案的首要问题是摸清传承人档案的构成及其保管现状，根据本书对白族传承人档案现状的调查（参见第四章），传承人档案的来源主要有五个方面：（1）文化行政管理部门保管的传承人申报与管理档案；（2）非物质文化遗产保护机构建立、收集的传承人档案；（3）档案部门建立、保管的传承人档案；（4）传承人自己保管的个人档案；（5）散存于其他地方的传承人档案（包括民间人士采集或收集的、媒体采集和登载的、旅游/文化企业征集的以及图书馆、博物馆、学术机构保管的）。收集现存传承人档案应当围绕这些档案源开展工作，周耀林等将非物质文化遗产传承人档案的收集方法描述为"通过文化部门等相关保护机构收集、通过传承人本人以及非物质文化遗产活动参与者收集、通过人事部门收集、通过社会渠道收集和通过文献辑录的手段收集"②五种途径。《国家级非物质文化遗产代表性传承人抢救性记录工作规范（试行稿）》则将已有资料的调查搜集的来源归纳为五类：（1）非物质文化遗产处、非物质文化遗产保护中心、项目保护单位等非物质文化遗产保护工作系统；（2）社会文献保存机构或个人，包括图书馆、档案馆、博物馆、群众艺术馆（文化馆）、展览馆、地方文史办、科研机构、民间收藏组织或个人等；（3）电视台、广播电台、报社、杂志社、出版社、网站等媒体机构；（4）传承人；（5）其他途径。③ 总体而言，上述关于现存传承人档案的来源的阐述是比

---

① 东华大学档案馆：《东华大学人物档案管理办法》，2018年9月25日，东华大学档案馆（http://da.dhu.edu.cn/s/83/t/572/28/1c/info75804.htm）。

② 周耀林、戴旸、程齐凯等：《非物质文化遗产档案管理理论与实践》，武汉大学出版社2013年版，第208—209页。

③ 《国家级非物质文化遗产代表性传承人抢救性记录工作规范（试行稿）》，2015年4月7日，中国非物质文化遗产网（http://www.ihchina.cn/newResources/fyweb/id/d/20150522001/64ce3bdb69ae4b61b3df95ee1d44397d.doc）。

较全面的，只是不同研究者基于不同的角度，对相关组织保管的传承人档案的重要程度认识有所不同。

档案是社会生活中最真实可靠的原始记录，这是档案之所以重要、之所以被人们重视并保存的根本原因。但档案的真实可靠性尤其是内容的真实可靠性并不是绝对的，它只是与其他信息相比较而言是最真实、可靠的。[①] 这一问题在传承人档案的收集中尤其关键：一方面，由于传承人档案的形成过程是极其主观和个性化的，必然存在与历史、事实不相符的情况；另一方面，由于传承人档案在形成时并未按照科学的立档方法进行保管，导致档案材料的形成日期、形成者以及形成的背景等事实模糊不清，难以准确辨认。在这些事实难以一一鉴定的情况下，对收集、整理传承人档案时给予说明就显得尤其重要，苏联档案学家姆·斯·谢列兹涅夫早在20世纪50年代就有过专门的论述，他指出："整理个人芬特的文件与整理国家机关、团体的文件是不同的""个人芬特里遇到的往往是没有注明日期的文件，而且文件上一般都没有印章""在整理个人芬特的文件材料，必须研究芬特构成者的历史，并编写一份历史事实考证，内容包括芬特构成者的生死日期、主要活动阶段、亲属关系与公务关系等，必须了解芬特构成者自己的文件，据此编制文件的分类方案和确定芬特内案卷的排列次序。"[②] 也就是说，对于各建档主体收集到的现存传承人档案，应当为其补充一份"征集情况表"，作为传承人档案的必备附件与档案一并保存，"征集情况表"的内容应当包括如下几个方面：（1）档案原所有者（组织或个人）的基本情况、联系方式，以及原所有者对档案的描述（如照片、音频、视频档案中对档案内人物、事件的描述和解释）等信息；

---

① 冯惠玲、张辑哲主编：《档案学概论》，中国人民大学出版社2006年版，第10页。
② ［苏］姆·斯·谢列兹涅夫：《苏联档案工作的理论与实践》，韩玉梅、吕洪宇、苏秀云译，中国人民大学出版社1955年版，第49—50页。

(2) 征集到的档案的名称、数量、载体形式、形成时间及其他有助于理解档案的档案信息；(3) 档案征集者、征集时间、征集情况等征集信息。

(二) 建档：持续建立传承人档案

根据制作动机的不同，可以将档案分为在被制作时就是档案和制作时不是档案，而是在后来通过有意地保存形成的档案两类，前者如人事档案、日记、照片和录音等，后者如公务文书、私人信函等。[①] 在传承人档案中，既有文化行政管理部门保管的为申报和管理代表性传承人而形成的"准人事档案"，以及各建档主体为了保存非物质文化遗产及传承人信息而存档的音视频材料、照片、实物等档案，如在重大节庆、比赛等场合拍摄的传承人从事非物质文化遗产活动的视频、照片；也有各建档主体在各项工作和社会活动中有关传承人的相关材料，应当作为传承人档案的组成部分进行存档的，如传承人的学历证书、荣誉证书，不同历史时期的照片，手稿，图书、报刊和网络媒体上刊载的有关传承人的著作和文章，用于从事非物质文化遗产活动的工具和设备等。根据不同档案的制作动机及档案的多元属性，为传承人建档主要有如下三条途径。

其一，建立和保管传承人申报与管理档案。传承人多为民间人士，在获得县级以上人民政府或文化行政管理部门认定为代表性传承人之前，并没有相关的人事、组织等部门为其建立人事档案，因此，其申报代表性传承人所形成的申报档案，以及文化行政管理部门历年管理、监督传承人从事传承活动的管理档案便成为政府部门备案、备查的"准人事档案"，这是传承人身份的最重要、真实和官方认可的原始记录。因此，文化行政管理部门有职责建立并保管好这类档案。

---

① 冯惠玲、张辑哲主编：《档案学概论》，中国人民大学出版社 2006 年版，第 9 页。

其二，为新近形成的传承人档案定期存档。无论是传承人还是其他的建档主体，在从事非物质文化遗产相关的工作和社会活动中时刻都会形成有价值的传承人档案，例如，大理市湾桥镇南庄村每年火把节都要连续三天四夜演唱大本曲，2016年由74岁的国家级传承人赵丕鼎先生领衔演唱，在演唱期间形成的照片、视频等材料便是珍贵的赵丕鼎个人档案；再如，大理电视网2016年7月4日发布了国家级传承人赵丕鼎先生领衔演唱的大本曲《绕三灵》，[①]这种专业制作的视频材料，更具保存价值。无论是传承人自己还是其他建档主体，都应该为这些珍贵的档案材料建档保管。

其三，保护好多元属性的档案材料，必要时进行复制备份乃至存档。传承人从事非物质文化遗产活动所使用的工具、设备、手稿等材料，随着时代的发展，逐步被新的设备、设施所取代，传统的材料具有文物和档案双重价值，应当通过复制、存档等方式将其保护起来。例如，据省级传承人杨克文先生介绍，20世纪50—90年代初期，白族聚居区很少有从事民居彩绘事业，导致该项技艺存在严重的断层现象，直到20世纪90年代以后才逐步恢复，虽然大理州的民居彩绘实物非常丰富，但是由于建筑、彩绘工具的不断变化，原汁原味的民居彩绘技法（包括彩绘对象为传统的白族民居，传统的彩绘材料、绘制方式和方法等）逐步被从业者抛弃，从事彩绘的传统工具也逐步消亡，这类工具已经具有相当的文物和档案价值。再如，传统的大本曲、吹吹腔等民间音乐剧本都是以手抄稿为主，近年逐步被复印稿、打印稿等代替，原有的手稿也将逐步退出历史舞台。而这一部分实物、器具和手稿等均具重要的档案和文物价值，都应该及时、科学建档保管。

（三）补档：回溯采集传承人档案

由于白族非物质文化遗产传承人在长期的工作和非物质文化遗

---

① 《大本曲〈绕三灵〉》，大理电视网（http://www.dalitv.net/2016/0704/23669.shtml）。

产传承活动中其个人及相关组织并没有有意识地保存其形成的各类档案材料，导致目前大量与非物质文化遗产及传承人有密切关系和重要价值的档案材料未能保存下来。从保存历史和传承文化的角度出发，都应当通过回溯采集的方式抢救传承人的历史记录，完善传承人的个人历史记忆，进而保护和记录其所从事的非物质文化遗产信息。所谓回溯采集，是指针对那些已经逝去的历史事件、场景、工具和设备等，仅留存在部分传承人的记忆里，传承人或相关人士基于重塑历史记忆的需要，通过口述以及有针对性地布置场景、制作设备等方式去描述、再现历史记忆，并通过录音、录像等方式将其记录存档的行为。归纳起来，回溯采集有两种途径：一是采集传承人及相关人士的口述档案；二是采集预先布置的非物质文化遗产传承活动场景多媒体档案。

其一，采集传承人及相关人士的口述档案。在史学界和档案学界，"用录音和录影等现代技术手段记录历史事件的当事人或目击者的回忆而保存的口述凭证"[①]的行为被称为口承史料、口碑史料、口述历史、口述档案等，笔者赞同口述档案"是指一位准备充分的访谈者向受访者提出问题，并且以录音或录影的形式记录下彼此之间的交流""不包括无特殊目的的随意录音……也不涵盖演讲录音、秘密窃听录音、个人录音日记，或者其他不是经由访谈者与受访者对话而来的声音记录"[②]的观点，也就是说，传承人档案必然是有计划、有主题的形成的有关传承人历史事件、活动等的口述资料，云南省档案馆为传承人建立的"口述历史"，各非物质文化遗产保护机构建立的代表性传承人抢救性记录等都是典型的传承人口述档案，同时，"访谈的原始录音带或录像带；访谈现场的笔记和受访

---

① 王景高：《口述历史与口述档案》，《档案学研究》2008年第2期，第3—8页。
② [美]唐纳德·里奇：《大家来做口述历史：实务指南》，王芝芝、姚力译，当代中国出版社2006年版，第2页。

人的文字说明及签字；已经整理成文字的手抄稿或打字稿；电子文稿（光盘或软盘）；受访人的传记资料；访谈计划及有关信件；受访人对口述资料的处理意见及授权证书；受访人的有关照片、信件、亲友资料以及受访人的住址、工作单位、电话、专长等"[①] 都是传承人口述档案的有机组成部分。

其二，采集预设的非物质文化遗产传承活动场景档案。非物质文化遗产是动态变化发展的，在白族聚居区，受到现代科技、传媒、文化等的全面冲击，传统的民居彩绘、大本曲演唱、吹吹腔表演、耳子歌表演、泥塑、木雕、鱼鹰驯养捕鱼、手工刺绣、手工造纸等诸多非物质文化遗产项目的技艺都已经发生了变化，一些技艺甚至正在面临着消亡的危险，其传统的技艺技法目前已经几乎无人使用，只有在世的传承人年轻时曾经以传统技艺技法从事过非物质文化遗产活动。为了将这些珍贵的非物质文化遗产技艺信息保存下来，采集者有计划、有目的地重新制作传承工具、预设场景，由传承人依据个人技艺来再现传统技艺，并通过拍摄视频的方式将其记录下来，本书将其描述为采集预设的非物质文化遗产传承活动场景档案，并认为是回溯采集传承人档案的有效途径之一。

## 第二节 传承人档案的管理

所谓传承人档案的管理，是指将收集、形成的传承人档案根据一定的原则和方法，使其有序化、系统化，并采取有效的防护措施，克服和限制损毁档案的各种不利因素，维护其完整、准确、系统和安全，以便于传承人档案获得有效利用。具体而言，它主要包括整理和保管两个环节。

---

[①] 王景高：《口述历史与口述档案》，《档案学研究》2008年第2期，第3—8页。

## 一 传承人档案的分类

档案整理是"按照一定的原则和方法,将处于零散状况的档案进行分类、组合、排列和编目,使之构成有序整体的一项档案实体管理工作"。① 其中,尽管传承人档案的载体和形式多样,但传承人档案的著录和标引等并不具备特殊性,档案行业标准《档案著录规则》(DA/T 18—1999)已经有明确的规定,可以依据相关的标准和规范操作,本书不再讨论。

无论是档案的实体管理还是逻辑管理,都需要依据一定的原则和方法建立档案的组织体系。当前,各级各类档案机构在整理个人档案上都以个人作为立档单位,为每个个体建立一个全宗,这与人事档案"以个人为单位集中保存备查的各种人事材料"②类似。因此,整理个人档案的核心及首要问题都是档案的分类问题,《干部档案整理工作细则》将人事档案的正本分为十类:"(一)履历材料;(二)自传及属于自传性质的材料;(三)鉴定(含自我鉴定)、考察、考核材料;(四)学历、学位、学绩、培训和专业技术情况的材料;(五)政审材料;(六)加入党团的材料;(七)奖励(包括科技和业务奖励)材料;(八)干部违犯党纪、政纪、国法等材料;(九)录用、任免、出国(出境)、工资、待遇及各种代表会议代表材料;以及(十)其他可供组织参考有保存价值的材料。"③ 相较而言,个人档案的范围更为宽泛,无法借用人事档案的分类体系,而个人档案的分类问题,目前国内还没有形成统一的规范,仅各级各类档案馆开展了丰富的个人档案管理实践活动,形成了多种类型的类目体系,本书收集到的64份个人档案管理规范中

---

① 华林:《档案管理学新论》,中国社会科学出版社2010年版,第119页。
② 同上书,第172页。
③ 中共中央组织部:《干部档案整理工作细则》,载方德生《干部人事档案工作理论与实践》,光明日报出版社2013年版,第121—128页。

共有 61 份规定了分类问题，相关规范几乎都明确"以每个人为单位设立全宗"，有的还指出"全宗内采用问题—年代分类法"。对于不同的载体形式，部分规范则规定"音像、证书、实物等特殊载体的档案，按照其所反映的内容统一分类整理编目，保管时可以单独存放"。① 在全宗内档案的分类体系方面，主要有四分和八分两种情况：

四分法。将个人档案分为生平类（传记、回忆录、照片、履历表、日记、证书等）、活动类（参加会议、学术组织、学术研讨等的材料）、成果类（科研成果、学术研究材料）和评介类（各种会议上的经验介绍和考察、晋升等综合性评介材料、纪念性活动中形成的材料、发表的评介文章等）四个方面，《上海市著名人物档案管理暂行办法》等 8 份规范使用此分类方法。

八分法。有两类规范将归档范围及类目体系分为八类，一种主要分为如下八类：（一）反映人物一生经历及其主要活动的生平材料；（二）反映人物职务活动的材料；（三）反映人物成就的材料；（四）社会对人物研究、评价的材料；（五）与人物有直接关系的材料；（六）反映人物活动的音像（录音带、录像带、光盘、照片）、实物等载体形式的材料；（七）人物的口述历史材料等；（八）其他有保存价值的人物档案材料。② 有的规范还增加了"人物收藏的图书、资料及其他具有历史和纪念意义的物品"一类，《广东省名人档案管理办法》等 31 份规范采用了此分类方法。

另一种分如下八类：（一）记载本人生平的传记、日记、履历、书信、他人撰写的回忆文章及宣传报道材料；（二）反映本人对科学教育事业贡献的专著、译著，正式出版的教材、参考书、讲义、

---

① 上海大学档案馆：《上海大学人物档案管理暂行办法》，上海大学档案馆（http://cms.shu.edu.cn/Default.aspx?tabid=17632）。

② 《广东省名人档案管理办法》，载广东省人民政府法制局《广东法规规章全书（1979—1998）》，中国法制出版社 2000 年版，第 1371—1373 页。

学术论文以及笔记、手稿等；（三）证明本人身份、荣誉的证件、证书上、奖状、奖章、聘书、委任状、任命书、代表证等；（四）反映知名人物工作和社会活动的照片、底片、录音带、录像带、影片、光盘等；（五）知名人物使用过的有保存价值的实物（包括直接参考资料）、用品及赠送的礼品等；（六）知名人物的纪念会议、祝贺、展览等活动的重要材料；（七）已故知名人物的讣告、唁函、唁电、悼词等；（八）其他有保存价值的材料。① 有的还增加了"名人口述的历史资料"等类目，《苏州大学人物档案征集、归档办法》等6份规范使用该分类方法。

还有一些规范使用了较为特别的分类方法，如《中国科学院著名人物档案管理办法》等4份规范将其分为"生平传记材料、音像类、证书奖状类、信件类、手稿类、著作类、新闻类、唁电类和具有保存价值的其他材料"等九类，《上海交通大学校友人物类档案工作规范》将其分为"综述、学术成果、荣誉、媒体报道和其他"五类。

总体而言，虽然研究者和有关个人档案管理的规范中对个人档案的归档范围的认识比较一致，但是在个人档案的分类问题上尚未取得一致，有的分类方法将特殊载体档案单独作为一个或多个一级类目，有的在分类体系中并未体现出来，而且一些研究者通常从某个领域（如艺术人物、科技人物）个人档案管理的角度出发，过多关注其特殊性，得出越来越多的分类方案，这虽然迎合了不同个人档案的具体情况及档案管理机构的实际，但从长远看，它不利于个人档案管理的规范化，也不利于档案资源的整合与共享。② 从传承人建档保护的现实情况看，多元主体共同参与是基本格局，在这种

---

① 苏州大学档案馆：《苏州大学人物档案征集、归档办法》，苏州大学（http://www.suda.edu.cn/html/article/181/24561.shtml）。

② 黄体杨：《我国个人档案管理研究述评》，《档案学通讯》2016年第3期，第13—18页。

背景下,要实现多元主体协同开展传承人建档保护工作,设计一套具有广泛适用性的分类体系,显得尤为重要。根据对白族非物质文化遗产传承人档案构成、现存状况的调查,本书还发现传承人档案具有这样几个特征:

一是不同的非物质文化遗产类型,其传承人档案的类型、数量多寡不一,比如白族民居彩绘具有大量难以入藏(彩绘于民居建筑之上)的实物档案,以及照片档案、设计图纸等,而"耳子歌"因为没有文字记载,目前也鲜见文字材料发表,只是一种表演艺术形式,其传承人档案中除了个人生平之外,最主要的传承人档案就是视频材料,再如,白族木雕、刺绣以及大理石画等技艺类非物质文化遗产项目,传承人通常都能够形成大量的实物类档案。

二是不同传承人形成、留存的个人档案多寡不一,一些传承人形成、留存了大量的档案材料,比如知名的大本曲艺术家杨汉、赵丕鼎等传承人,相关组织及其个人及继承者都建立、留存了可观的档案材料,而杨春文、张杰兴等耳子歌、吹吹腔等非物质文化遗产项目的传承人形成、留存,尤其是社会组织为其建立的档案材料数量较少。

在上述保管格局下,传承人档案的分类要适应类型、数量的多寡不一的传承人档案状况,本书认为其分类不宜过于详细,因此,本书趋向于借鉴"四分法"的个人档案分类方案,将传承人档案分为如下四类:

(一)传承人生平类,主要包括生平传记、回忆录、照片、履历表、传承人申报材料、传承人监督与管理材料、谱牒、日记、书信、证明学历和技能的证书、党政职务的任免书、专业技术职务的证书、各种荣誉证书等。例如,在本书了解到的李润凤及其父李明璋的个人档案中,"大埋市海东区文艺代表队全体同志合影(黑白照片、标注时间为1984年3月19日)"，中共大理市委、大理市人民政府2000年5月30日颁发给李润凤的"《牛不吃水压牛头》节目获大理市第二期二届银河杯文艺赛表演二等奖"奖状，李润凤2003年4月5日撰《从事大本曲艺术总结》（手稿），大理州人事局、大理州文化局2006年2月颁发给李润凤的"大理州民间艺术大师"称号证书，《海东腔传人李润凤》（手写稿、责任者、时间不详）和《大本曲艺人李明璋》（手写稿、责任者、时间不详）等都宜归为传承人生平类档案。本书了解到的杨春文的个人档案中，杨春文2014年2月14日致云龙县民政局"关于给予生活困难补助的申请"，2015年9月17日杨春文与云龙县文化馆签署的《云龙县非物质文化遗产项目代表性传承人年度传承工作承诺书》以及2015年9月17日杨春文与云龙县文化馆签署的《云龙县非物质文化遗产项目代表性传承人责任书》等也都是典型的传承人生平类档案。

（二）传承人成果类，包括传承人自己撰写的相关文章、著作、调查报告；开展传承活动形成的照片、音频、视频等各种材料。例如，赵丕鼎的个人档案［附录（一）国家级传承人赵丕鼎的个人档案］中，序号3—80的《靓丽景田园风光》等大本曲曲目都是赵丕鼎先生的非物质文化遗产作品，赵丕鼎、赵福坤作，赵丕鼎、赵冬梅演唱，中共大理市委610办公室，大理市文化体育广播电视局制作的视频作品《白族大本曲　崇尚科学反对邪教　构建幸福家园》也应归为传承人成果类档案。再如，张杰兴的个人档案［附录（四）云南省级传承人张杰兴个人档案］中，大达吹吹腔剧团张杰兴2009年8月20日著《吹吹腔之缘》（打印稿及手写稿）是典型的传承人成果类档案。

（三）传承人评价类，各类出版物、媒体上刊发的研究、评价、宣传传承人的文章、视频等材料，各种会议、纪念性活动中形成的材料。例如，李晴海主编的《白族歌手杨汉与大本曲艺术——杨汉先生诞辰105周年纪念文集》（远方出版社2000年版）刊载了大量纪念、评价和回忆杨汉先生的文章，应当作为杨汉先生的传承人评价类个人档案；再如，李培德撰写的《艺苑奇葩——忆白族大本曲著名艺人李明璋》（《大理日报》2005年3月4日第3版），杨占祥和杨海胜撰写的《洱海之滨的艺苑奇葩——白族大本曲艺术家李明璋》（《大理文化》2005年第5期，第55—56页）都应当作为李明璋先生的传承人评价类个人档案。赵丕鼎的个人档案［附录（一）国家级传承人赵丕鼎的个人档案］中，《喜洲一农民家庭三人同时要求入党》（《大理日报》2007年7月9日第A1版）、《赵丕鼎：用大本曲唱出"绕三灵"》（《云南信息报》2011年9月13日）、《赵丕鼎现场说唱　众游客驻足欣赏——大理非物质文化遗产博物馆开馆侧记》（《云南经济日报》2013年1月23日第15版）等与赵丕鼎先生相关的新闻报道也宜作为传承人评价类归档。

（四）其他类，传承人使用过的图书、资料、工具、设备及其他具有历史和纪念意义的物品，以及对相关物品的描述性文字，比如道具的名称、作用、意义的阐述和介绍等。一般而言，仅仅是传承人个人收藏的物品并不一定适合归位传承人档案，只有那些具有特殊特征、价值的物品才适合纳入传承人档案的范围，例如，大理市文化局、文化馆和图书馆合编的《大本曲览胜》一书收录了南腔（《祝英台吊孝》）、北腔（《辽东记》）和海东腔（《蝴蝶泉》）3种腔调的大本曲曲目各1曲，国家级传承人赵丕鼎先生藏有该书，他对该书作了大量的批注（见图6—2），改正了其中一些错讹之处，并根据北腔对曲目作了标注，与普通图书相比，经过赵丕鼎先生标注、收藏的《大本曲览胜》拥有赵丕鼎及其传承的大量大本曲艺术附加信息，值得作为传承人相关类档案归档。

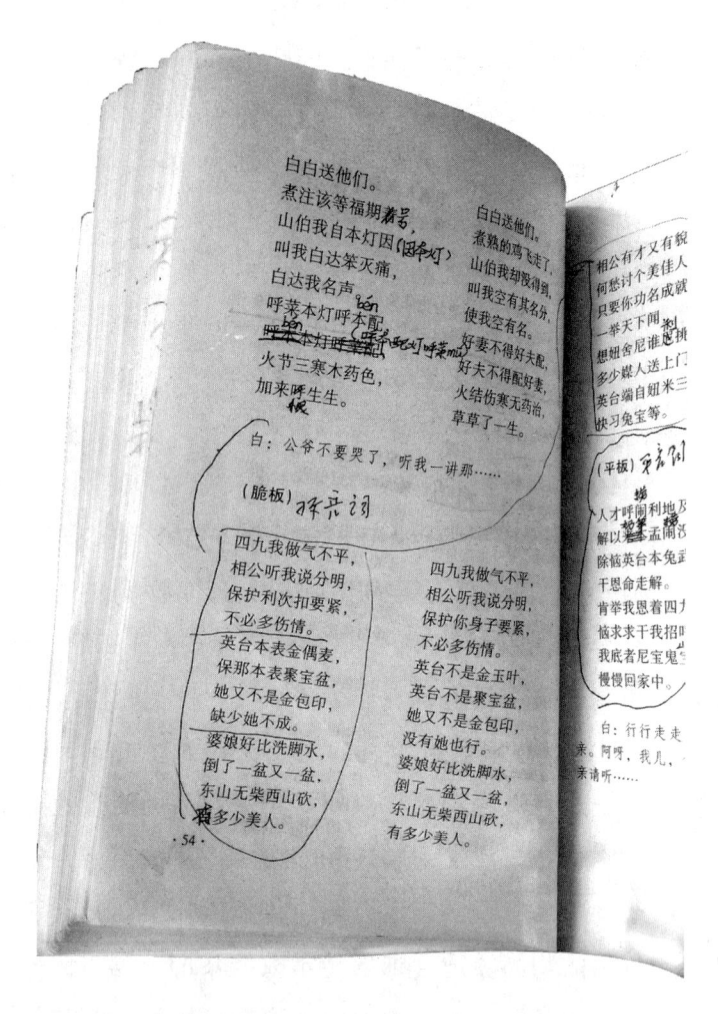

图6—2 赵丕鼎批注的《大本曲览胜》一书第54页

## 二 传承人档案的保管

根据对白族非物质文化遗产传承人档案的构成及保管状况的实地调查，本书发现，从载体上看，大部分现存的传承人档案属于纸质、实物等实体档案，辅以少量的光盘、软盘等磁性载体，但是，新近形成的传承人档案以数码照片、音视频文件、电子文档等存储于计算机硬盘、U 盘等移动存储设备上的档案材料日益增加。

在实体档案的保管方面，除了地方国家档案馆等专门的档案机构外，文化行政管理部门、非物质文化遗产保护中心等相关组织对纸质、实物等传统的、保管方式比较简单的档案载体的保管状况相对较好，而对于磁盘、光盘等档案，也缺乏专业的保管库房和设施；而传承人的保管状况最差，他们保管的传承人档案丢失、损毁等现象时有发生。

在数字化档案方面，由于建档主体的多元性，不同的建档主体对数字化传承人档案的保管方式方法不同，政府部门、非物质文化遗产保护机构、档案部门、媒体机构以及学术机构等组织，人员、技术和设备等条件较好，通常利用建设有专门的数据库系统对其进行逻辑管理，具有良好、安全的存储、管理和发布数字化传承人档案的平台和渠道，如数字档案馆系统、非物质文化遗产调查数据库、媒体机构的网站等。而那些不具有相关能力的传承人、社会其他组织/个人等建档主体，要么将其存储于个人电脑、邮箱、网盘（云存储）等存储设备上，要么零散地刊发于互联网、自媒体等新媒体平台上，缺乏系统性、安全性。

总体而言，除了传承人以外，各级国家档案馆在档案保管方面具有库房、设备和人员等方面的多重优势，其他建档主体也因具有诸如展览馆、数据库、网站等的设施而各具优势。因此，协同保护对于确保传承人档案的全面、完整和安全显得尤为关键和必要。从协同保管的角度看，可以通过如下途径开展保管活动。

其一，由地方国家档案馆等组织的专业人员为其他建档主体进行档案保管的培训和业务指导。在档案学领域，有关档案保管的理论和方法相对成熟，文书、照片、影像、电子等各类档案的保管方法都有成熟的标准和规范性文件，如国家标准《照片档案管理规范》（GB/T 11821—2002）、行业标准《磁性载体档案管理与保护规范》（DA/T 15—95）、国家标准《电子文件归档与管理规范》（GB/T 18894—2002）等，但除了专业的档案人员外，大部分建档主体并不了解这些保管知识，由专业人员依据相关规范，并结合各建档主体的实际保管条件，为其提供专业的保管指导尤其关键，比如，向相关组织工作人员及传承人培训纸质档案的恒温、防湿、防火、防虫、防晒、防有害气体、防灰尘以及密封保存的技术和方法，让其通过改善保管环境、更新保管方法等方式确保传承人档案的安全和完整。

其二，由地方国家档案馆等具有保管设备和条件的建档主体代为保管传承人档案。当前，传承人档案由多类建档主体分别保管，但是一些建档主体其实并不具有较好的保管设施和条件，比如云龙县文化馆（非物质文化遗产保护中心）就因为缺乏库房、人员等条件，不具备保管的条件，不敢购买、收集传承人档案；再如省级传承人杨春文个人保管的部分纸质档案，仅形成三四年的时间便已经严重损毁，国家级传承人赵丕鼎早期的个人档案材料早已丢失等等，对于这类建档主体保管的传承人档案而言，珍贵的、难以保管的档案材料可以通过寄存等方式保存于地方国家档案馆，而对于那些需要经常使用的手稿、文档等内容，则可以通过复制、扫描等方式使用复制版，将原件寄存于专门的档案机构内。

其三，通过数字化、复制等方式保管复制品。与人事档案、会计档案等以凭证价值为主的档案不同，传承人档案的价值主要是历史文化价值，其内容的真实性、原始性是主要的，也因此，几乎所有建档主体都会通过复制、扫描等方式去获取和保管个人档案。也就是说，对于一些具有重要价值，而建档主体又不愿意寄存他处的档案材料，也可以通过扫描、复印等方式保存复制件，至少确保了传承人档案内容的完整性和安全性。

尤其在当前信息技术飞速发展、原生数字化传承人档案日益增多的背景下，通过建立合作共用的档案管理平台或者通过开放接口等方式实现不同档案管理平台的互通，以此为基础，由多元主体分别或共同建立、保管传承人数字化档案，可以真正地实现传承人档案共建、共知和共享。

## 第三节 传承人档案的发掘

从已有研究文献看，目前研究者和政府部门主要关注传承人档案的收集、管理和保护问题，鲜有关于传承人档案的发掘利用的研究成果发表，仅周耀林等认为"非物质文化遗产传承人档案也需要一定的编纂工作，通过编纂整理出相关文献，辅助档案利用，宣传非物质文化遗产文化以及非物质文化遗产传承人"。[①] 相较而言，进入21世纪以来就逐步有研究者关注个人档案的发掘利用问题，形成了相对丰富的研究成果，如张振元和李辉将个人档案信息资源的开发概括为编纂式开发、报道式开发、展览式开发和光盘式开发四种途径。[②] 胡丽清和陈燕珍则从撰写名人档案宣传报道、举办名人名家讲堂、举办名人档案展览、建立名人档案网站、做好社会利用服务、编纂名人档案、组织开展名人研究和建立名人人文景观等角度讨论了个人档案的发掘利用。[③] 根据本书对各档案行政管理部门或地方国家档案馆制定的相关管理规范的内容发现，其规定的发掘利用途径主要有如下几种：（一）向利用者提供个人档案查阅服务；（二）开展个人档案咨询服务； （三）开展个人档案学术研究；

---

[①] 周耀林、戴旸、程齐凯等：《非物质文化遗产档案管理理论与实践》，武汉大学出版社2013年版，第227页。

[②] 张振元、李辉：《谈开发人物档案信息资源的途径》，《兰台世界》2002年第4期，第23—24页。

[③] 胡丽清、陈燕珍：《武汉大学名人档案的建立与发展前景》，《湖北档案》2010年第5期，第18 20页。

（四）举办个人档案展览展示；（五）公布或组织编辑出版个人档案材料。

最近几年，也有研究者引入知识管理、"活化"等理论与方法探讨个人档案信息资源的发掘利用，试图为其寻求理论的支撑，如吕瑞花等引入知识管理理论和方法，从知识采集、知识组织、知识揭示和知识库建设四个方面探讨如何对老科学家学术成长资料进行管理和发掘利用。[①]吕瑞花和覃兆刿引入"活化"理论，提出了两种促进科技名人档案发掘利用的方式："一是采取普适法，通过深化档案内容揭示、丰富档案文本特征描述，为档案增加能量，以增强档案活性；二是选择合适的催化剂和环境因素以降低档案的活化能最小值。"[②]也有学者提出通过数字化、知识组织等方式，发掘利用个人档案信息资源，如种金成等提出"将收集归档的纸质名人档案进行数字化，建立健全名人档案目录级、全文级及声像数据库，建成名人档案专题数据库"，[③]以挖掘个人档案信息资源。黄永勤和黄丽萍提出构建名人档案知识地图，实现对名人档案的规范组织和有序管理，建立名人档案的发布平台，挖掘名人档案的研究、文化价值，促进名人档案资源的整合开发与利用。[④]

从已有成果看，研究者趋向于从档案部门的角度去分析个人档案的发掘利用方式，这对传承人档案的发掘利用具有重要的参考价值，但是多元建档主体格局下的传承人档案发掘利用问题更为复杂，一方面，作为传承人自己，建立个人档案的主要目的在于留存

---

[①] 吕瑞花、俞以勤、韩露等：《科技名人档案知识管理实践研究——以老科学家学术成长资料管理为例》，《情报理论与实践》2011年第6期，第94—96、68页。

[②] 吕瑞花、覃兆刿：《基于"活化"理论的科技名人档案开发研究》，《档案学研究》2015年第4期，第4—7页。

[③] 种金成、路颖：《数字档案馆背景下中医院校名人档案信息资源挖掘》，《中国管理信息化》2015年第20期，第172—173页。

[④] 黄永勤、黄丽萍：《名人档案知识地图设计研究》，《浙江档案》2015年第7期，第6—9页。

备查以及作为纪念，具有很强的私人性和隐私性；另一方面，学术机构、旅游/文化企业等收集、建立和保管传承人档案也具有非常明确的目的性，如用于展览、开展学术研究等，协同格局下传承人档案的有效发掘利用，更需要多元主体群策群力，方能实现较好的效果。

其一，发掘利用传承人档案的前提是要在传承人档案所有者的许可范围内开展。由于传承人及部分组织所保管的传承人档案属于私人物品，具有很强的隐私性质。同时，各建档主体对其所拥有的传承人档案具有所有权，对档案所承载的信息拥有知识产权，传承人档案的隐私和知识产权保护与发掘利用是一对矛盾体，发掘利用传承人档案时一定要处理好保护和开放的关系，确保既不因为保护而限制开放，也不因为开放而伤害档案所有者的权利。因此，传承人档案是否可以向社会开放、在什么范围内开放等问题都需要获得所有者的认可，这是发掘利用传承人档案的基本前提。

其二，发掘利用传承人档案的基础是能够提供尽可能广泛的途径向社会开放。从本质上讲，建立和保存传承人档案的价值在于利用，传承人档案也只有通过利用才能发挥其价值。由于传承人档案的保管主体分散、多元，现存的传承人档案中有很大一部分并不为人所知，例如，传承人自己保管的档案材料，只有利用者登门拜访才有机会了解其有什么档案，档案部门、非物质文化遗产保护机构以及文化/旅游企业等组织保管的传承人档案也主要保存于各自组织之内，利用者也只有一一拜访才有机会获知其所保管的档案的目录、内容等基本情况。

这种信息的不连通严重限制了传承人档案利用的效率和效益，从有效利用的角度出发，一方面保管主体应当尽可能广泛地通过公告、互联网、移动媒体等多种途径公开传承人档案的概况、目录，乃至全文，向利用者提供档案的查阅、复制、咨询等服务；另一方面，可以通过博物馆、展览馆、新闻媒体、自媒体等多种平台展览、展示和宣传传承人档案，传播非物质文化遗产信息。

共知、共建和共享既是多元主体协同开展建档保护的主要协同方式，也是实现传承人建档保护的重要目标，从为社会（包括建档主体在内）提供广泛的途径了解、获取传承人档案的角度看，多元主体合作开发档案检索产品是一种必不可少的途径，比如建立并出版传承人档案建立全面的文件级的联合目录，或者就传承人档案的某一专题（如大本曲曲目）建立目录，甚至建立白族传承人档案联合数据库，全面地报道传承人档案内容，甚至实现全文级的检索。

其三，发掘利用传承人档案的重点是对传承人档案进行深度开发。开放是利用传承人档案的基础，而传承人档案价值要得以有效发挥，真正起到传承非物质文化遗产项目的作用，还需要更深层次的开发。所谓开发传承人档案，是指基于传承人档案内容进行生产新的产品，主要有以下几种形式。

一是以传承人档案为基础的档案汇编，汇编者通过收集、采集相关传承人档案，以个人或者群体的形式汇编出版。在大本曲、吹吹腔、白剧等方面都有相对较长的开发历史和较多汇编成果问世，例如，早在1958年，大理白族自治州文教卫生局便收集、汇编了当年在大理召开的"西南区民族文化工作会议"上表演的大本曲剧《喜讯》《搬家》《夫妻竞赛》《朝珠树》和吹吹腔剧《花甸坝》《杜朝选》，作为内部出版物发行。[①] 20世纪80年代中期，大理市文联、文化局和文化馆的马泽斌、黄永亮和杨玉春等就通过录音等方式采集、整理了杨汉、赵玉珍、黑明星和阿七义等知名传承人弹

---

① 大理白族自治州文化局编：《白剧志》，文化艺术出版社1989年版，第168页。

唱的大本曲，"比较完整、全面地收集了传统大本曲南、北腔两大派的音乐，同时对几乎失传的海东腔也作了尽可能的收集"。① 大理白族自治州文化局 2000 年内部出版了"苍洱文苑"丛书第一辑《刘沛先生大本曲曲本集》一书，收录了刘沛先生创作、改编的大本曲《金秋曲苑更芬芳》等 7 部曲本。② 再如，剑川县文化馆广泛收集白族非物质文化遗产档案，编著出版了《石宝山传说与剑川木匠故事》《白乡奇葩》《白乡天籁》《天乐飘落的地方》等专著，完成《白族本子曲》《剑川传统白曲》《山花浪漫》《黄氏女对金刚经》《多彩剑川》等 VCD 的拍摄和制作。此外，《中国戏曲音乐集成·云南卷（下）》也采集、记录了由传承人演唱的 48 首吹吹腔音乐和 14 首大本曲音乐。

当然，在信息化背景下，如果能够以数据库的形式汇集传承人档案，便能够将不同载体（文字、图像、音频和视频等）以及海量的传承人档案整合于统一系统之内，形成庞大的汇编成果，既是新型档案编研成果，也将更有利于传承人档案信息资源的进一步开发和利用。

二是围绕传承人档案开展展览和宣传活动，因其特殊的价值性、文化性，传承人档案通常已经不再是简单的个人档案，而是具有文化、社会和商业价值的产品、文物，例如，大理石画、剑川木雕、白族民居彩绘等传承人的作品，本身就是具有重要文化和商业价值的艺术品，而且，传承人的荣誉证书、从艺照片、相关手稿等都是传承人从事非物质文化遗产传承活动的重要信息和文化载体，也是有关博物馆、展览馆、文化/旅游企业宣传地方文化和产品的重要佐证材料，例如，大理古城的蒋公祠内设有非物质文化遗产博

---

① 大理市文联、文化局、文化馆编：《白族大本曲音乐》，云南民族出版社 1986 年版，第 2 页。
② 刘沛：《刘沛先生大本曲曲本集》，大理州文化局 2000 年版。

物馆，赵丕鼎先生使用过的大本曲曲本以及他的生平简介等都是博物馆馆藏和文字介绍的组成部分。

三是基于传承人档案开展的学术研究，包括利用传承人档案形成的关于传承人技艺、技法的研究论著，关于非物质文化遗产、地方文化等方面的研究论著等，例如李晴海编的《杨汉与大本曲艺术》[1]一书，李政的硕士论文《白族建筑彩绘传承人杨克文研究》[2]等都使用了大量的传承人档案；云南大学董秀团博士的著作《白族大本曲研究》便大量使用了传承人档案，如作者根据"杨益先生所收藏的杂志、油印本、手稿等"编制了该书的"附二：大本曲部分新编曲目一览表"，[3] 曲目多为当代传承人的作品，作者有关大本曲的历史和源流、形式和文本、艺人现状等研究均使用了传承人档案。

---

[1] 李晴海：《杨汉与大本曲艺术》，云南艺术学院研究室1986年版，第36页。
[2] 李政：《白族建筑彩绘传承人杨克文研究》，硕士学位论文，云南艺术学院，2015年。
[3] 董秀团：《白族大本曲研究》，中国社会科学出版社2011年版，第431—436页。

# 第七章

# 结论与展望

## 第一节 主要研究结论

非物质文化遗产传承人建档保护是一个兼具现实性和理论性的研究话题。非物质文化遗产作为一种"活态"文化遗产，它的存在与传承必须依托于传承人这一活的载体，所谓"技在人身，技随人走"，[①] 自20世纪四五十年代开始的以信息化为代表的第三次工业革命，给人类生活的方方面面带来了巨大、快速的变化，众多非物质文化遗产面临了前所未有的危机。本书在白族聚居区的调查发现，一些白族非物质文化遗产项目在数百年乃至上千年间奠定的群众基础及市场份额在现代化、全球化的浪潮之下正在萎缩，传承人的收益、社会地位每况愈下，从事非物质文化遗产活动的年轻人越来越少，随着老一代传承人的离世，传承人面临着断代乃至后继无人的尴尬境地。政府在法律、政策和资金等方面的倾斜，社会各界的重视和关注都是承续非物质文化遗产的重要途径。然而，人类社会是随着科学、技术、文化的变迁而螺旋式发展的，非物质文化遗产要想继续获得生存的空间，就必须以扬弃的姿态面对现代社会的

---

[①] 孙谦、张向军、陈维扬等：《我国非物质文化遗产传承人保护研究综述》，《黑龙江史志》2013年第13期，第158—159页。

变化以及市场和大众需求的变更，这是人类社会进步的本质。

发展并不都是颠覆，传统的非物质文化遗产如同古代文明一样，能为现代社会的发展提供无穷无尽的智慧，对传统的非物质文化遗产信息的保护、保存与发扬、承续非物质文化遗产具有同等重要的价值。如何将原真的、原汁原味的非物质文化遗产信息保护、保存下来，便成为一个具有重要现实意义的研究话题。以传承人为中心形成、发展起来的非物质文化遗产活动需要传承人去讲述、阐释和展现，征集、挖掘、采集和保存传承人所承载的非物质文化遗产信息，也就是对传统的非物质文化遗产的保护，从这个意义上讲，建立和保护传承人个人档案，不失为保护传统的非物质文化遗产信息的有效途径。现代化是把双刃剑，它在给非物质文化遗产带来"灾难"的同时，也为保存非物质文化遗产技艺提供了先进的现代化技术和设备，音频、视频、仿真等技术的发展，为非物质文化遗产建档保护提供了足够的技术支撑。

古往今来，国家档案机构都是围绕着国家行政管理工作及相关社会组织建立和保管各类档案材料的，现代档案学理论所阐释、讨论的也几乎都是组织档案的内容。尽管我国宋代就形成了"一帝一阁"制度，苏联也在 20 世纪 20 年代便开展了个人全宗实践及相关理论研究，但迄今为止，个人档案管理仍然是一个长期被理论界遗忘和忽略的荒地，相关研究寥若晨星，仍未形成相对成熟、系统的理论体系，有关个人档案管理的业务方法也不够成熟和规范。首先，非物质文化遗产传承人建档保护与个人档案管理问题一脉相承，但又具有特殊性，从白族非物质文化遗产传承人档案保管的现实情况看，传承人档案的建档主体分散多元，与我国由档案行政和业务部门统一领导和集中管理的档案事业体制不同，相关法律法规规定的传承人建档的第一责任主体是文化行政管理部门而非档案部门；其次，由于多数传承人为民间人士，兼职从事非物质文化遗产传承活动，其早期的从艺经历没有相关的组织为其建立档案材料，导致其个人档案内容不全，个人零星留存的一些档案材料也因保管不善而普遍存在损毁和消亡的情况；最后，作为传承人私有财产的个人档案管理问题，与现行的由相关组织集中管理的档案管理体制和方法不符。因此，研究传承人建档保护问题，既是基于传承人建档保护的特殊性和现实需求，也是因为相关理论研究的匮乏，研究者必须关注传承人建档保护的体制、机制等行政管理问题，还需去探究归档范围、建档方法、分类体系等业务方法问题，只有从机制到业务多方面的研究，才能发现、获得传承人建档保护的科学、有效的实现路径。

从现实情况看，传承人的建档主体形成了文化行政管理部门及非物质文化遗产保护机构、档案行政管理部门及地方国家档案馆、传承人三大主体为核心，博物馆、图书馆、学术机构、文化/旅游企业以及其他社会组织和个人广泛参与的多元建档主体。在传承人档案的构成方面，既有传承人及其家庭、继承者等存档的个人档案，也有由非物质文化遗产保护机构、地方国家档案馆等组织建立和保管的组织化了的传承人个人档案。从保管格局看，组织机构基于管理传承人，保存社会记忆等需求，建立和保管传承人档案是分内之事，也是主流趋势之一。而保存、保护个人档案既是法律法规规定的传承人的义务，也是传承人的主动、自愿行为，传承人档案是口耳相承的非物质文化遗产承续的必要组成部分，而且诸如手稿、工具等许多传承人档案对传承人而言是开展传承活动必不可少的设备，留给后人作为纪念、念想也是传承人存档的重要目的。因此，多元共存是传承人建档保护不可改变的基本现实。然而，传承人自行建档保管现状堪忧的现实又要求相关政府部门必须介入，为传承人建档保护提供支持。

传承人建档保护工作具有这样一些特征：属于公益性文化活

动，国家文化行政管理部门在其中起行政主导的作用，作为唯一形成主体的传承人在其中具有不可动摇的核心地位，目前形成了一种由多元主体共同参与的建档格局，建档活动中各参与主体需要广泛的合作、互动。这符合协同治理的公共性、多元性、互动性、主导性、动态性等基本特征，协同治理理论对此具有较好的解释力，为此，本书从初始条件、过程、结构、行动者和结果五个维度构建了协同开展传承人建档保护分析模型，利用该模型对传承人建档保护的分析发现，开展协同建档保护工作具有良好的制度、现实需求以及合作历史等条件，可以通过建立各建档主体广泛参与的协同机制来开展传承人建档保护工作，通过互动、共知、共建和共享等方式，实现传承人建档保护的有效和全面。

协同机制的建立可以为传承人建档保护解决行政机制问题，业务方法的规范则是协同建档保护得以实现的方法支撑。由于传承人档案是传承人从事非物质文化遗产传承以及其他社会活动中直接形成的，或与传承人直接相关的，能够记载和反映传承人从事非物质文化遗产传承活动历史的各种形式和载体的材料，其中手稿、工具、设备、视频等材料具有档案、图书、文物等多元属性，各建档主体基于各自的需求，对其属性的认识和界定必定有所差异，故而对建档对象、范围、方法、分类和保管等也必然不同。但是，协同的前提和基础是业务方法的规范和耦合，也就是说，对同一档案材料的称谓、著录、标引等应当是相同或者互通的，只有这样，才有可能实现共建、共知和共享，因此，文章从传承人档案的建立、管理和利用三个角度分析、探讨了传承人建档保护的业务方法问题，为协同建档业务方法的规范提供一种思路。

## 第二节　研究局限与展望

传承人建档保护属于个人档案管理的一个分支议题，但是由于有关个人档案管理研究成果的薄弱，有关传承人建档保护的研究成果也不多见，而现实的传承人建档保护非常复杂，所以尽管研究者期望能够对传承人建档保护这一话题开展全面的梳理和阐述，但限于研究者的水平和研究条件，论文仍然存在着诸多不足之处。

第一，总体而言，非物质文化遗产传承人建档保护是具有共性的，为了便于集中讨论，本书仅选择了白族聚居区及其传承人作为研究范围，这种选择必然导致了一些重要问题可能在本书所调查的地区、传承人中不明显、不突出。与此同时，白族传承人分布于云南大理、怒江、丽江、昆明、保山以及湖南桑植等白族聚居区，而且众多的非物质文化遗产在现代化背景下遭受的危机也各不相同，本书虽然选择了占白族人口80%以上的大理州为中心进行调研，拜访了民间音乐、美术、技艺等多个领域的传承人，但显然对于白族传承人整体而言，仍然存在不够全面之处。

第二，传承人建档保护是一个极具现实性的研究话题，尤其是协同机制的构建方面，是与地方政府的行政工作现实密切相关的制度问题，涉及政治学、行政学、组织学等学科知识，而且与基层政府、事业单位的人员配置与构成、财政经费等现实状况紧密相连，本书所构建的分析模型以及对协同开展传承人建档保护实现路径的探讨，只是一种理论上的分析和探讨，受客观条件的限制，研究者无法通过实践对其进行检验与修正，文中也缺少实践操作层面的讨论。

第三，无论在理论界还是实践领域，信息化、数字化、共建共享都是档案事业的重要发展趋势，也是传承人建档保护的必由之路，本书所讨论、构建的协同机制的实现也必须依赖现代信息技术，以信息化平台、数字化档案资源为依托，多元主体通过广泛、深入地实现传承人档案信息资源的共知、共建和共享才能够实现。但是，本书中仅仅提出了这一系列的思路，对协同建档信息化平台的结构体系、技术实现等问题并未深入探讨。

在我国，非物质文化遗产保护源于对少数民族传统文化的保护，因为相对落后的少数民族传统文化在汉文化、西方文化的熏陶以及现代化的冲击之下，正在急速消亡。从这个角度来说，研究少数民族非物质文化遗产传承人建档保护显得更为迫切，也更具现实意义。白族是一个民族文化浓厚、经济发展状况良好的少数民族，研究其建档保护具有一定的代表性，但从现实状况看，一些人口更少、社会经济文化水平较低的少数民族，如傈僳族、怒族等，其非物质文化遗产传承人建档保护应当更为迫切；同时，传承人建档保护是一个具有普遍性的研究话题，不同的民族、地域的传承人档案保护，是具有一般性规律的，因此，从更广的范围去调查、研究传承人建档保护问题，十分有助于传承人建档保护理论的升华。

本书对协同开展传承人建档保护进行了探索性研究，提出了构建协同机制的基本思路，但是构建协同机制的具体实现问题、保障机制、支撑平台等问题，文中并未讨论，进一步讨论、研究这一系列问题，将有助于为传承人建档保护提供更为详尽的实现路径，对现实状况将具有更强的指导意义。

此外，"建档"只是手段，"保护"才是目的，本书讨论的非物质文化遗产传承人建档保护的协同机制、业务方法等问题，其实都是手段问题，这一系列的建档保护措施，最终要实现的是对非物质文化遗产及其传承人所承载的文化、信息的传承和保护。也就是说，本书只是讨论了如何通过"建档"这一手段来实现"保护"的目的，但是，这种目的是否能够通过为传承人建档来实现，进而这种实现路径的效果如何等一系列问题，具有非常重要的现实意义和理论价值，也值得进一步深入地研究和探索。

附录一

# 省级及以上白族非物质文化遗产项目名录

| 序号 | 级别 | 批次 | 项目类型 | 项目名称 | 申报地区 |
|---|---|---|---|---|---|
| 1 | 国家级 | 第一批 | 传统手工技艺 | 白族扎染技艺 | 云南省大理市 |
| 2 | 国家级 | 第一批 | 民俗 | 白族绕三灵 | 云南省大理州 |
| 3 | 国家级 | 第一批 | 民间音乐 | 桑植民歌 | 湖南省桑植县 |
| 4 | 国家级 | 第二批 | 传统戏剧 | 白剧 | 云南省大理州 |
| 5 | 国家级 | 第二批 | 传统美术 | 建筑彩绘（白族民居彩绘） | 云南省大理市 |
| 6 | 国家级 | 第二批 | 民俗 | 大理三月街 | 云南省大理市 |
| 7 | 国家级 | 第二批 | 民俗 | 石宝山歌会 | 云南省剑川县 |
| 8 | 国家级 | 第三批 | 传统美术 | 木雕（剑川木雕） | 云南省剑川县 |
| 9 | 国家级 | 第三批 | 传统技艺 | 黑茶制作技艺（下关沱茶制作技艺） | 云南省大理州 |
| 10 | 国家级 | 第三批 | 传统舞蹈 | 仗鼓舞（桑植仗鼓舞） | 湖南省桑植县 |
| 11 | 国家级 | 第四批 | 传统音乐 | 剑川白曲 | 云南省大理州 |
| 12 | 国家级 | 第四批 | 传统舞蹈 | 耳子歌 | 云南省大理州 |
| 13 | 国家级 | 第四批 | 民俗 | 茶俗（白族三道茶） | 云南省大理市 |
| 14 | 云南省级 | 第一批 | 传统文化保护区 | 周城白族传统文化保护区 | 云南省大理市 |
| 15 | 云南省级 | 第一批 | 传统文化保护区 | 大营镇萂村白族传统文化保护区 | 云南省宾川县 |
| 16 | 云南省级 | 第一批 | 习俗 | *石宝山歌会 | 云南省剑川县 |
| 17 | 云南省级 | 第一批 | 习俗 | *三月街 | 云南省大理市 |
| 18 | 云南省级 | 第一批 | 习俗 | *白族绕三灵 | 云南省大理市 |

续表

| 序号 | 级别 | 批次 | 项目类型 | 项目名称 | 申报地区 |
| --- | --- | --- | --- | --- | --- |
| 19 | 云南省级 | 第一批 | 工艺 | *白族扎染技艺 | 云南省大理市 |
| 20 | 云南省级 | 第一批 | 戏曲 | *白剧 | 云南省大理州 |
| 21 | 云南省级 | 第一批 | 美术 | *白族民居彩绘 | 云南省大理市 |
| 22 | 云南省级 | 第一批 | 民族民间传统文化之乡 | 白族大本曲之乡 | 云南省大理市 |
| 23 | 云南省级 | 第一批 | 民族民间传统文化之乡 | 金华镇梅园村白族石雕之乡 | 云南省剑川县 |
| 24 | 云南省级 | 第一批 | 民族民间传统文化之乡 | 白族吹吹腔之乡 | 云南省云龙县 |
| 25 | 云南省级 | 第二批 | 传统手工技艺 | 大理石制作技艺 | 云南省大理市 |
| 26 | 云南省级 | 第二批 | 传统手工技艺 | 白族民间手工造纸 | 云南省鹤庆县 |
| 27 | 云南省级 | 第二批 | 传统手工技艺 | 白族布扎 | 云南省剑川县 |
| 28 | 云南省级 | 第二批 | 传统手工技艺 | 白族刺绣技艺 | 云南省大理市 |
| 29 | 云南省级 | 第二批 | 传统礼仪与节庆 | *耳子歌 | 云南省云龙县 |
| 30 | 云南省级 | 第二批 | 传统音乐 | *剑川白曲 | 云南省剑川县 |
| 31 | 云南省级 | 第二批 | 传统舞蹈 | 霸王鞭 | 云南省剑川县 |
| 32 | 云南省级 | 第二批 | 传统知识与实践 | 洱海白族鱼鹰驯养捕鱼 | 云南省大理市 |
| 33 | 云南省级 | 第二批 | 传统文化保护区 | 凤羽镇白族传统文化保护区 | 云南省洱源县 |
| 34 | 云南省级 | 第二批 | 传统文化保护区 | 诺邓村白族传统文化保护区 | 云南省云龙县 |
| 35 | 云南省级 | 第二批 | 传统文化保护区 | 沙溪镇白族传统文化保护区 | 云南省剑川县 |
| 36 | 云南省级 | 第二批 | 传统手工技艺 | *剑川木雕技艺 | 云南省剑川县 |
| 37 | 云南省级 | 第二批 | 传统手工技艺 | *下关沱茶制作技艺 | 云南省大理市 |
| 38 | 云南省级 | 第二批 | 传统音乐 | 民歌开益 | 云南省兰坪县 |
| 39 | 云南省级 | 第三批 | 传统美术 | 泥塑 | 云南省大理市 |
| 40 | 云南省级 | 第三批 | 民俗 | *白族三道茶 | 云南省大理市 |
| 41 | 云南省级 | 第三批 | 传统舞蹈 | 打歌 | 云南省剑川县 |
| 42 | 云南省级 | 第三批 | 传统美术 | 剪纸 | 云南省大理市 |
| 43 | 云南省级 | 第三批 | 传统美术 | 白族刺绣 | 云南省云龙县 |
| 44 | 云南省级 | 第三批 | 传统技艺 | 银器制作工艺（鹤庆新华） | 云南省鹤庆县 |
| 45 | 云南省级 | 第三批 | 民俗 | 白族火把节 | 云南省大理州 |
| 46 | 湖南省级 | 第一批 | 民间音乐 | *桑植民歌 | 湖南省桑植县 |
| 47 | 湖南省级 | 第二批 | 民间舞蹈 | *桑植白族仗鼓舞 | 湖南省桑植县 |
| 48 | 湖南省级 | 第二批 | 传统戏剧 | 湖南花灯戏（桑植花灯戏） | 湖南省桑植县 |
| 49 | 湖南省级 | 第二批 | 传统戏剧 | 傩戏（桑植傩戏） | 湖南省桑植县 |

续表

| 序号 | 级别 | 批次 | 项目类型 | 项目名称 | 申报地区 |
|---|---|---|---|---|---|
| 50 | 湖南省级 | 第二批 | 民俗 | 桑植白族游神 | 湖南省桑植县 |
| 51 | 湖南省级 | 第四批 | 曲艺 | （桑植围鼓） | 湖南省桑植县 |

备注：表中，项目名称前带"＊"的项目为已经升格为国家级的项目。

数据来源说明：

1. 国家级非物质文化遗产名录摘自如下文献：

［1］《国务院关于公布第一批国家级非物质文化遗产名录的通知》，《中华人民共和国国务院公报》2006年第20期，第8—24页。

［2］《第二批国家级非物质文化遗产名录》，《中华人民共和国国务院公报》2008年第18期，第9—31页。

［3］《国务院关于公布第三批国家级非物质文化遗产名录的通知》，《中华人民共和国国务院公报》2011年第17期，第90—102页。

［4］《国务院关于公布第四批国家级非物质文化遗产代表性项目名录的通知》，《中华人民共和国国务院公报》2014年第35期，第6—22页。

2. 云南省省级非物质文化遗产名录摘自如下文献：

［1］《云南省人民政府关于公布云南省第一批非物质文化遗产保护名录的通知》，《云南政报》2006年第10期，第19—20页。

［2］尹欣、纳麒：《云南文化发展蓝皮书（2009—2010）》，云南大学出版社2010年版，第446—451页。

［3］《云南省文化厅关于公示第三批省级非物质文化遗产名录推荐项目名单的公告》，2013年10月22日，云南省文化和旅游厅（http：//www.whyn.gov.cn/list/view/2/626）。

3. 湖南省省级非物质文化遗产名录摘自如下文献：

［1］《湖南省人民政府关于公布第一批省级非物质文化遗产名录的通知》，《湖南政报》2006年第12期，第10—12页。

［2］陈俊勉、侯碧云主编：《守望精神家园——走近桑植非物质文化遗产》，九州出版社2012年版。

［3］《湖南省文化厅关于公示第四批省级非物质文化遗产代表性项目名录推荐项目名单的公告》，2016年5月11日，湖南省文化厅（http：//wht.hunan.gov.cn/xxgk/tzgg/201605/t20160511_3828851.html）。

附 录 二

## 市级及以上白族非物质文化遗产项目代表性传承人名录

| 序号 | 级别 | 批次 | 项目类型 | 姓名 | 性别 | 出生年份 | 项目名称 | 申报地区/单位/住址 | 备注 |
|---|---|---|---|---|---|---|---|---|---|
| 1 | 国家级 | 第五届 | 民间工艺美术大师 | 寸发标 | 男 | 1962 | 银雕手工工艺 | 云南省大理州鹤庆县草海镇新华村 | 2003年由中国民间文艺家协会与联合国教科文组织颁发荣誉证书 |
| 2 | 国家级 | 第五届 | 中国工艺美术大师 | 段国梁 | 男 | 1949 | 白族木雕 | 云南省大理州剑川县金华镇南门社区 | |
| 3 | 国家级 | 第一批 | 传统手工技艺 | 张仕绅 | 男 | 1941 | 白族扎染技艺 | 云南省大理州大理市喜洲镇周城村 | 已故 |
| 4 | 国家级 | 第二批 | 民俗 | 赵丕鼎 | 男 | 1942 | 白族绕三灵 | 云南省大理州大理市喜洲镇作邑村 | |
| 5 | 国家级 | 第三批 | 传统美术 | 李云义 | 男 | 1940 | 建筑彩绘（白族民居彩绘） | 云南省大理州大理市双廊镇长育村 | |
| 6 | 国家级 | 第四批 | 传统舞蹈 | 钟会龙 | 男 | 1932 | 仗鼓舞（桑植仗鼓舞） | 湖南省张家界市桑植县麦地坪白族乡麦地坪村 | |
| 7 | 国家级 | 第五批 | 传统音乐 | 姜宗德 | 男 | 1969 | 剑川白曲 | 云南省大理州剑川县甸南镇兴水村 | 原名"姜中德" |

附录二 市级及以上白族非物质文化遗产项目代表性传承人名录

续表

| 序号 | 级别 | 批次 | 项目类型 | 姓名 | 性别 | 出生年份 | 项目名称 | 申报地区/单位/住址 | 备注 |
|---|---|---|---|---|---|---|---|---|---|
| 8 | 国家级 | 第五批 | 传统舞蹈 | 杨春文 | 男 | 1938 | 耳子歌 | 云南省大理州云龙县检槽乡哨上村 | |
| 9 | 国家级 | 第五批 | 传统美术 | 段四兴 | 男 | 1973 | 木雕（剑川木雕） | 云南省大理州剑川县金华镇南门社区 | |
| 10 | 国家级 | 第五批 | 传统技艺 | 段银开 | 女 | 1975 | 白族扎染技艺 | 云南省大理州大理市喜洲镇周城村 | |
| 11 | 国家级 | 第五批 | 传统技艺 | 母炳林 | 男 | 1970 | 银饰锻制技艺（鹤庆银器锻制技艺） | 云南省大理州鹤庆县草海镇新华村 | |
| 12 | 国家级 | 第五批 | 传统技艺 | 寸发标 | 男 | 1962 | 银饰锻制技艺（鹤庆银器锻制技艺） | 云南省大理州鹤庆县草海镇新华村 | |
| 13 | 国家级 | 第七届 | 中国工艺美术大师 | 寸发标 | 男 | 1962 | 银雕手工工艺 | 云南省大理州鹤庆县草海镇新华村 | |
| 14 | 云南省级 | 第一批 | 云南民族民间美术艺人 | 阿才妞 | 女 | 1951 | （特长）制作怒江白族直系勒墨人服饰 | 云南省怒江州泸水市洛本卓白族乡保登村 | |
| 15 | 云南省级 | 第一批 | 云南民族民间高级美术师 | 寸发标 | 男 | 1962 | （特长）金、银、铜、首饰、民族工艺品设计、加工 | 云南省大理州鹤庆县草海镇新华村 | |
| 16 | 云南省级 | 第一批 | 云南民族民间美术师 | 李新成 | 男 | 1927 | （特长）民族民间玩具 | 云南省大理州大理市湾桥镇向阳溪村 | 已故 |

续表

| 序号 | 级别 | 批次 | 项目类型 | 姓名 | 性别 | 出生年份 | 项目名称 | 申报地区/单位/住址 | 备注 |
|---|---|---|---|---|---|---|---|---|---|
| 17 | 云南省级 | 第一批 | 云南民族民间高级美术师 | 李云新 | 男 | 1927 | （特长）彩扎 | 云南省大理州大理市喜洲镇 | 已故 |
| 18 | 云南省级 | 第一批 | 云南民族民间美术师 | 李云义 | 男 | 1940 | （特长）泥塑、彩绘 | 云南省大理州大理市双廊镇长育村 | |
| 19 | 云南省级 | 第一批 | 云南民族民间美术艺人 | 梁小龙 | 男 | 1967 | （特长）石雕 | 云南省大理州剑川县石宝山东岭上桃源村 | 已故 |
| 20 | 云南省级 | 第一批 | 云南民族民间美术艺人 | 刘丽湘 | 女 | 1959 | （特长）布扎 | 云南省大理州剑川县甸南镇沙尾登村 | |
| 21 | 云南省级 | 第一批 | 云南民族民间美术师 | 聂元龙 | 男 | 1938 | （特长）制作民间儿童玩具 | 云南省大理州剑川县甸南镇天马村 | |
| 22 | 云南省级 | 第一批 | 云南民族民间美术师 | 徐国珍 | 男 | 1921 | （特长）泥塑、塑造、释道和白族本主像 | 云南省大理州剑川县甸南镇新华村 | 已故 |
| 23 | 云南省级 | 第一批 | 云南民族民间美术师 | 羊瑞臣 | 男 | 1936 | （特长）面塑（祭品） | 云南省大理州剑川县马登镇 | |
| 24 | 云南省级 | 第一批 | 云南民族民间美术师 | 杨世昌 | 男 | 1954 | （特长）石雕、石砚 | 云南省怒江州兰坪县金顶镇 | |
| 25 | 云南省级 | 第一批 | 云南民族民间美术师 | 杨添瑞 | 男 | 1954 | （特长）木、石雕、泥塑、民族建筑装饰、民族现代园林建筑 | 云南省大理州洱源县 | |

附录二 市级及以上白族非物质文化遗产项目代表性传承人名录　　167

续表

| 序号 | 级别 | 批次 | 项目类型 | 姓名 | 性别 | 出生年份 | 项目名称 | 申报地区/单位/住址 | 备注 |
|---|---|---|---|---|---|---|---|---|---|
| 26 | 云南省级 | 第一批 | 云南民族民间高级美术师 | 张德和 | 女 | 1916 | (特长)刺绣、布扎 | 云南省昆明市盘龙区 | 已故 |
| 27 | 云南省级 | 第一批 | 云南民族民间美术艺人 | 张素娟 | 女 | 1918 | (特长)剪纸、刺绣 | 云南省大理州云龙县 | 已故 |
| 28 | 云南省级 | 第一批 | 云南民族民间美术艺人 | 张文祥 | 男 | 1963 | (特长)甲马纸 | 云南省大理州大理市湾桥镇下阳溪村 | |
| 29 | 云南省级 | 第二批 | 云南民族民间美术艺人 | 包根 | 男 | 1963 | 纸扎 | 云南省大理州云龙县漕涧镇 | |
| 30 | 云南省级 | 第二批 | 云南民族民间音乐艺人 | 陈永仙 | 女 | 1951 | 民歌演唱 | 云南省玉溪市元江县因远镇安仁村 | |
| 31 | 云南省级 | 第二批 | 云南民族民间高级美术师 | 董中豪 | 男 | 1946 | (特长)金银铜民族工艺 | 云南省大理州鹤庆县草海镇新华村 | |
| 32 | 云南省级 | 第二批 | 云南民族民间音乐艺人 | 段凤清 | 男 | 1953 | 大本曲演唱 | 云南省大理州宾川县鸡足山镇上沧村 | |
| 33 | 云南省级 | 第二批 | 云南民族民间美术艺人 | 段文信 | 男 | 1946 | 石雕、木刻 | 云南省大理州洱源县 | |
| 34 | 云南省级 | 第二批 | 云南民族民间美术艺人 | 段臻然 | 男 | 1948 | (特长)砚台制作 | 云南省大理州洱源县 | |

续表

| 序号 | 级别 | 批次 | 项目类型 | 姓名 | 性别 | 出生年份 | 项目名称 | 申报地区/单位/住址 | 备注 |
|---|---|---|---|---|---|---|---|---|---|
| 35 | 云南省级 | 第二批 | 云南民族民间音乐师 | 和文全 | 男 | 1933 | 开益（民歌）演唱 | 云南省怒江州兰坪县 | |
| 36 | 云南省级 | 第二批 | 云南民族民间美术艺人 | 洪钰昌 | 男 | 1950 | 金、银、铜首饰制作和加工 | 云南省大理州鹤庆县草海镇新华村 | |
| 37 | 云南省级 | 第二批 | 云南民族民间音乐师 | 黄四代 | 男 | 1951 | 本子曲演唱 | 云南省大理州剑川县沙溪镇黄花坪村 | 已故 |
| 38 | 云南省级 | 第二批 | 云南民族民间舞蹈师 | 李定鸿 | 男 | 1928 | 霸王鞭舞 | 云南省大理州剑川县沙溪镇石坪村 | 已故 |
| 39 | 云南省级 | 第二批 | 云南民族民间高级美术师 | 李元生 | 男 | 1948 | （特长）木雕 | 云南省玉溪市因源县江尾乡孝元村 | |
| 40 | 云南省级 | 第二批 | 云南民族民间音乐师 | 刘沛 | 男 | 1938 | 大本曲演唱 | 云南省大理州洱源县江尾乡孝元村 | 已故 |
| 41 | 云南省级 | 第二批 | 云南民族民间美术师 | 母炳林 | 男 | 1970 | （特长）金、银、铜及鎏金工艺品 | 云南省大理州鹤庆县草海镇新华村 | |
| 42 | 云南省级 | 第二批 | 云南民族民间音乐师 | 苏贵 | 男 | 1940 | 本子曲演唱 | 云南省大理州剑川县沙溪镇东南村 | 已故 |
| 43 | 云南省级 | 第二批 | 云南民族民间美术艺人 | 杨惠英 | 女 | 1964 | 剪纸、刺绣、绘画 | 云南省大理州大理市 | |

附录二 市级及以上白族非物质文化遗产项目代表性传承人名录

续表

| 序号 | 级别 | 批次 | 项目类型 | 姓名 | 性别 | 出生年份 | 项目名称 | 申报地区/单位/住址 | 备注 |
|---|---|---|---|---|---|---|---|---|---|
| 44 | 云南省级 | 第二批 | 云南民族民间音乐师 | 杨士才 | 男 | 1938 | 唢呐演奏 | 云南省大理州洱源县右所镇温水村 | |
| 45 | 云南省级 | 第二批 | 云南民族民间音乐艺人 | 杨兴廷 | 男 | 1938 | 大本曲演唱 | 云南省大理州大理市七里桥镇大庄村 | |
| 46 | 云南省级 | 第二批 | 云南民族民间音乐艺人 | 杨振华 | 男 | 1957 | 大本曲演唱 | 云南省大理州大理市海东镇向阳村 | |
| 47 | 云南省级 | 第二批 | 云南民族民间美术 | 于鳌 | 男 | 1928 | 彩扎、服饰、雕塑 | 云南省大理州大理市 | 已故 |
| 48 | 云南省级 | 第二批 | 云南民族民间音乐师 | 张树先 | 男 | 1949 | 小三弦、笛子、唢呐、树叶演奏（特长） | 云南省大理州鹤庆县辛屯镇 | |
| 49 | 云南省级 | 第二批 | 云南民族民间美术师 | 张文献 | 男 | 1920 | 泥塑 | 云南省大理州巍山县 | 已故 |
| 50 | 云南省级 | 第二批 | 云南民族民间音乐师 | 赵丕鼎 | 男 | 1942 | 大本曲演唱 | 云南省大理州大理市喜洲镇作邑村 | |
| 51 | 云南省级 | 第二批 | 云南民族民间音乐艺人 | 赵平中 | 男 | 1929 | 微型二弦演奏 | 云南省大理州云龙县长新乡豆寺村 | |
| 52 | 云南省级 | 第二批 | 云南民族民间美术艺人 | 赵斋 | 男 | 1957 | 民间建筑、雕塑、彩绘 | 云南省大理州大理市挖色镇康廊村 | |

续表

| 序号 | 级别 | 批次 | 项目类型 | 姓名 | 性别 | 出生年份 | 项目名称 | 申报地区/单位/住址 | 备注 |
|---|---|---|---|---|---|---|---|---|---|
| 53 | 云南省级 | 第三批 | 工艺美术 | 段德坤 | 男 | 1966 | 石雕 | 云南省大理州剑川县剑阳镇梅园村 | |
| 54 | 云南省级 | 第三批 | 音乐 | 姜中德 | 男 | 1969 | 音乐 | 云南省大理州剑川县甸南镇新水村 | 现名"姜宗德" |
| 55 | 云南省级 | 第三批 | 音乐 | 李全文 | 男 | 1971 | 音乐 | 云南省怒江州兰坪县营盘镇黄柏村 | |
| 56 | 云南省级 | 第三批 | 音乐 | 杨元轩 | 男 | 1926 | 音乐 | 云南省大理州剑川县金华镇 | |
| 57 | 云南省级 | 第三批 | 工艺美术 | 尹德全 | 男 | 1953 | 木雕 | 云南省大理州剑川县剑阳镇金龙下登村 | 已故 |
| 58 | 云南省级 | 第三批 | 戏剧曲艺 | 张杰兴 | 男 | 1954 | 戏剧曲艺 | 云南省大理州云龙县长新乡包罗村 | |
| 59 | 云南省级 | 第三批 | 传统文化资料保存者 | 张立泽 | 男 | 1932 | 传统文化资料保存者 | 云南省大理州云龙县旧州镇下坞村 | |
| 60 | 云南省级 | 第三批 | 音乐 | 张亚辉 | 男 | 1955 | 音乐 | 云南省大理州大理市湾桥镇云峰村 | |
| 61 | 云南省级 | 第三批 | 音乐 | 张宗义 | 男 | 1928 | 音乐 | 云南省大理州剑川县甸南镇白蜡村 | |

附录二　市级及以上白族非物质文化遗产项目代表性传承人名录　　171

续表

| 序号 | 级别 | 批次 | 项目类型 | 姓名 | 性别 | 出生年份 | 项目名称 | 申报地区/单位/住址 | 备注 |
|---|---|---|---|---|---|---|---|---|---|
| 62 | 云南省级 | 第四批 | 传统技艺 | 段银开 | 女 | 1975 | 白族扎染技艺 | 云南省大理州大理市喜洲镇周城村 | |
| 63 | 云南省级 | 第四批 | 传统音乐 | 李宝妹 | 女 | 1978 | 剑川白曲 | 云南省大理州剑川县沙溪镇石龙村 | |
| 64 | 云南省级 | 第四批 | 民俗 | 杨春文 | 男 | 1938 | 云龙耳子歌 | 云南省大理州云龙县检槽乡哨上村 | |
| 65 | 云南省级 | 第四批 | 传统美术 | 杨克文 | 男 | 1969 | 白族民居彩绘 | 云南省大理州大理市大理镇 | |
| 66 | 云南省级 | 第四批 | 传统技艺 | 张庆昌 | 男 | 1969 | 剑川木雕技艺 | 云南省大理州剑川县甸南镇联合村 | |
| 67 | 云南省级 | 第四批 | 传统技艺 | 张月秋 | 男 | 1961 | 剑川木雕技艺 | 云南省大理州剑川县甸南镇狮河村 | |
| 68 | 云南省级 | 第四批 | 民俗 | 赵丕宗 | 男 | 1953 | 白族绕三灵 | 云南省大理州大理市喜洲镇庆洞村 | |
| 69 | 云南省级 | 第四批 | 传统戏剧 | 赵彭云 | 男 | 1950 | 白族吹吹腔 | 云南省大理州云龙县旧州镇下坞村 | |
| 70 | 云南省级 | 第五批 | 传统音乐 | 段昆云 | 男 | 1957 | 剑川白曲 | 云南省大理州剑川县沙弥乡文新村 | |

续表

| 序号 | 级别 | 批次 | 项目类型 | 姓名 | 性别 | 出生年份 | 项目名称 | 申报地区/单位/住址 | 备注 |
|---|---|---|---|---|---|---|---|---|---|
| 71 | 云南省级 | 第五批 | 传统美术 | 段四兴 | 男 | 1973 | 木雕（剑川木雕） | 云南省大理州剑川县金华镇南门社区 | |
| 72 | 云南省级 | 第五批 | 民俗 | 姜伍发 | 男 | 1967 | 石宝山歌会 | 云南省大理州剑川县沙溪镇石龙村 | |
| 73 | 云南省级 | 第五批 | 传统美术 | 李红桃 | 女 | 1976 | 白族刺绣 | 云南省大理州大理市挖色镇挖色村 | |
| 74 | 云南省级 | 第五批 | 曲艺 | 李润凤 | 女 | 1964 | 白族大本曲 | 云南省大理州大理市海东镇名庄村 | 原名"李丽" |
| 75 | 云南省级 | 第五批 | 传统体育、游艺与杂技 | 欧道生 | 男 | 1946 | 沙武武术 | 云南省昆明市沙国政武术馆 | |
| 76 | 云南省级 | 第五批 | 传统美术 | 施鸿训 | 男 | 1954 | 剑川木雕 | 云南省大理州剑川县 | |
| 77 | 云南省级 | 第五批 | 传统舞蹈 | 颜炳英 | 女 | 1961 | 打歌 | 云南省大理州剑川县 | |
| 78 | 云南省级 | 第五批 | 传统技艺 | 杨玉藩 | 男 | 1978 | 洱海鱼鹰驯养捕鱼 | 云南省大理州大理市喜洲镇沙村 | |
| 79 | 云南省级 | 第五批 | 传统技艺 | 尹旺松 | 男 | 1968 | 传统手工造纸技艺 | 云南省大理州鹤庆县松桂镇龙珠村 | |

附录二　市级及以上白族非物质文化遗产项目代表性传承人名录

续表

| 序号 | 级别 | 批次 | 项目类型 | 姓名 | 性别 | 出生年份 | 项目名称 | 申报地区/单位/住址 | 备注 |
|---|---|---|---|---|---|---|---|---|---|
| 80 | 云南省级 | 第五批 | 民俗 | 张福姝 | 女 | 1972 | 石宝山歌会 | 云南省大理州剑川县沙溪镇石龙村 | |
| 81 | 云南省级 | 第五批 | 曲艺 | 张国藩 | 男 | 1953 | 白族吹吹腔 | 云南省大理州云龙县功果桥镇 | |
| 82 | 云南省级 | 第五批 | 曲艺 | 张志天 | 男 | 1939 | 白族吹吹腔 | 云南省大理州云龙县 | |
| 83 | 云南省级 | 第五批 | 民俗 | 赵彩庭 | 男 | 1948 | 白族绕三灵 | 云南省大理州大理市上关镇马厂村 | |
| 84 | 云南省级 | 第五批 | 传统技艺 | 赵怀珠 | 女 | 1947 | 白族布扎 | 云南省大理州剑川县 | |
| 85 | 云南省级 | 第五批 | 传统美术 | 宇勤飞 | 女 | 1961 | 白族刺绣 | 云南省大理州云龙县关坪乡新荣村 | |
| 86 | 云南省级 | 第六批 | 传统音乐 | 车玉江 | 男 | 1960 | 白族阿吒力民俗音乐 | 云南省大理州剑川县 | 公示名单 |
| 87 | 云南省级 | 第六批 | 传统技艺 | 段树坤 | 男 | 1973 | 白族扎染技艺 | 云南省大理州大理市喜洲镇周城村 | 公示名单 |
| 88 | 云南省级 | 第六批 | 传统技艺 | 段义繁 | 男 | 1970 | 白族石雕 | 云南省大理州剑川县 | 公示名单 |
| 89 | 云南省级 | 第六批 | 传统技艺 | 段佑坤 | 男 | 1975 | 白族石雕 | 云南省大理州剑川县 | 公示名单 |
| 90 | 云南省级 | 第六批 | 传统音乐 | 洪子盛 | 男 | 1944 | 甸北白族田埂调 | 云南省大理州鹤庆县 | 公示名单 |

续表

| 序号 | 级别 | 批次 | 项目类型 | 姓名 | 性别 | 出生年份 | 项目名称 | 申报地区/单位/住址 | 备注 |
|---|---|---|---|---|---|---|---|---|---|
| 91 | 云南省级 | 第六批 | 传统戏剧 | 李映川 | 男 | 1951 | 白族吹吹腔 | 云南省大理州云龙县 | 公示名单 |
| 92 | 云南省级 | 第六批 | 传统技艺 | 李月周 | 男 | 1968 | 银器锻制技艺（鹤庆银器锻制技艺） | 云南省大理州鹤庆县 | 公示名单 |
| 93 | 云南省级 | 第六批 | 传统音乐 | 罗金科 | 男 | 1945 | 白族阿吒力民俗音乐 | 云南省大理州剑川县 | 公示名单 |
| 94 | 云南省级 | 第六批 | 传统舞蹈 | 茅秀枝 | 女 | 1965 | 白族力格高 | 云南省大理州云龙县 | 公示名单 |
| 95 | 云南省级 | 第六批 | 传统舞蹈 | 施绍雨 | 女 | 1951 | 白族力格高 | 云南省大理州云龙县 | 公示名单 |
| 96 | 云南省级 | 第六批 | 民俗 | 严学侯 | 男 | 1944 | 白族三道茶 | 云南省大理州云龙县 | 公示名单 |
| 97 | 云南省级 | 第六批 | 传统美术 | 杨焕培 | 男 | 1974 | 剑川木雕 | 云南省大理州剑川县 | 公示名单 |
| 98 | 云南省级 | 第六批 | 民俗 | 杨文焕 | 女 | 1959 | 白族服饰 | 云南省大理州鹤庆县金墩乡化龙村 | 公示名单 |
| 99 | 云南省级 | 第六批 | 传统技艺 | 杨伍松 | 男 | 1964 | 火腿制作技艺（诺邓火腿） | 云南省大理州云龙县 | 公示名单 |
| 100 | 云南省级 | 第六批 | 传统技艺 | 杨锡雄 | 男 | 1942 | 酒制作技艺（上沧酒） | 云南省大理州宾川县 | 公示名单 |
| 101 | 云南省级 | 第六批 | 传统技艺 | 杨银梅 | 女 | 1976 | 白族布扎 | 云南省大理州剑川县 | 公示名单 |

附录二 市级及以上白族非物质文化遗产项目代表性传承人名录　175

续表

| 序号 | 级别 | 批次 | 项目类型 | 姓名 | 性别 | 出生年份 | 项目名称 | 申报地区/单位/住址 | 备注 |
|---|---|---|---|---|---|---|---|---|---|
| 102 | 云南省级 | 第六批 | 民俗 | 杨正策 | 男 | 1969 | 雨露白族正月灯会 | 云南省楚雄州南华县 | 公示名单 |
| 103 | 云南省级 | 第六批 | 传统舞蹈 | 尹正廷 | 男 | 1951 | 耳子歌 | 云南省大理州云龙县 | 公示名单 |
| 104 | 云南省级 | 第六批 | 传统戏剧 | 张绍奎 | 男 | 1943 | 白剧 | 云南省大理州大理市喜洲镇仁和村 | 公示名单 |
| 105 | 云南省级 | 第六批 | 曲艺 | 赵冬梅 | 女 | 1971 | 白族大本曲 | 云南省大理州大理市 | 公示名单 |
| 106 | 云南省级 | 第六批 | 传统美术 | 赵树林 | 男 | 1971 | 剑川木雕 | 云南省大理州剑川县 | 公示名单 |
| 107 | 云南省级 | 首届 | 云南省工艺美术大师 | 寸发标 | 男 | 1962 | 银雕手工艺 | 云南省大理州鹤庆县草海镇新华村 | |
| 108 | 云南省级 | 首届 | 云南省工艺美术大师 | 段国梁 | 男 | 1949 | 白族木雕 | 云南省大理州剑川县金华镇南门社区 | |
| 109 | 云南省级 | 第二届 | 云南省工艺美术大师 | 母炳林 | 男 | 1970 | 银饰锻制技艺（鹤庆银器锻制技艺） | 云南省大理州鹤庆县草海镇新华村 | |
| 110 | 云南省级 | 第二届 | 云南省工艺美术大师 | 尹德全 | 男 | 1953 | 木雕 | 云南省大理州剑川县剑阳镇金龙下登村 | |
| 111 | 云南省级 | 第二届 | 云南省工艺美术大师 | 张金星 | 男 | 1952 | 剑川木雕 | 云南省大理州剑川县 | |

续表

| 序号 | 级别 | 批次 | 项目类型 | 姓名 | 性别 | 出生年份 | 项目名称 | 申报地区/单位/住址 | 备注 |
|---|---|---|---|---|---|---|---|---|---|
| 112 | 云南省级 | 第三届 | 云南省工艺美术大师 | 曾岳辉 | 男 | 1973 | 剑川木雕 | 云南省大理州剑川县 | |
| 113 | 云南省级 | 第三届 | 云南省工艺美术大师 | 寸彦同 | 男 | 1969 | 银雕手工工艺 | 云南省大理州鹤庆县草海镇新华村 | |
| 114 | 云南省级 | 第三届 | 云南省工艺美术大师 | 段四兴 | 男 | 1973 | 木雕（剑川木雕） | 云南省大理州剑川县金华镇南门社区 | |
| 115 | 云南省级 | 第三届 | 云南省工艺美术大师 | 段银开 | 女 | 1975 | 白族扎染技艺 | 云南省大理州喜洲镇周城村 | |
| 116 | 云南省级 | 第三届 | 云南省工艺美术大师 | 李兴成 | 男 | 1976 | 白族泥塑 | 云南省大理州宾川县 | |
| 117 | 云南省级 | 第三届 | 云南省工艺美术大师 | 李元生 | 男 | 1948 | （特长）木雕 | 云南省玉溪市因远镇安定社区 | |
| 118 | 云南省级 | 第三届 | 云南省工艺美术大师 | 杨宏举 | 男 | 1962 | 白族和纳西族服饰制作工艺 | 云南省丽江市古城区 | |
| 119 | 云南省级 | 第三届 | 云南省工艺美术大师 | 赵树林 | 男 | 1971 | 剑川木雕 | 云南省大理州剑川县 | |
| 120 | 云南省级 | 第三届 | 云南省工艺美术大师 | 周金梓 | 男 | 1970 | 传统手工技艺 | 云南省西双版纳州勐海县 | |
| 121 | 湖南省级 | 第二批 | 桑植民歌 | 谷彩花 | 女 | 1946 | 桑植民歌 | 湖南省张家界市桑植县官地坪镇杜家坪村 | |

续表

| 序号 | 级别 | 批次 | 项目类型 | 姓名 | 性别 | 出生年份 | 项目名称 | 申报地区/单位/住址 | 备注 |
|---|---|---|---|---|---|---|---|---|---|
| 122 | 湖南省级 | 第二批 | 传统舞蹈 | 钟会龙 | 男 | 1932 | 桑植白族仗鼓舞 | 湖南省张家界市桑植县麦地坪白族乡麦地坪村 | |
| 123 | 湖南省级 | 第二批 | 民间信仰 | 钟阳生 | 男 | 1932 | 桑植白族游神 | 湖南省张家界市桑植县麦地坪白族乡农科站村 | 已故 |
| 124 | 湖南省级 | 第三批 | 传统舞蹈 | 王安平 | 男 | 1962 | 仗鼓舞（桑植白族仗鼓舞） | 湖南省张家界市桑植县芙蓉桥乡银星村 | |
| 125 | 湖南省级 | 第三批 | 传统音乐 | 袁绍云 | 男 | 1948 | 桑植民歌 | 湖南省张家界市桑植县五道水镇团堡村 | |
| 126 | 湖南省级 | 第四批 | 传统舞蹈 | 钟必武 | 男 | 1956 | 仗鼓舞（桑植白族仗鼓舞） | 湖南省张家界市桑植县麦地坪白族乡农科站村 | |
| 127 | 云南省大理州级 | 第一批 | 民族民间音乐 | 李家福 | 男 | 1958 | 唢呐 | 云南省大理州洱源县茈碧湖镇大松甸村 | |
| 128 | 云南省大理州级 | 第一批 | 民族民间音乐 | 罗六芳 | 男 | | 白族唢呐 | 云南省大理州洱源县茈碧湖镇松鹤村 | |
| 129 | 云南省大理州级 | 第一批 | 民族民间音乐 | 毛六藩 | 男 | | 唢呐 | 云南省大理州洱源县茈碧湖镇松鹤村 | |
| 130 | 云南省大理州级 | 第一批 | 文献资料保存 | 杨兴廷 | 男 | 1938 | 大本曲曲本78本 | 云南省大理州大理市七里桥镇大庄村 | |

续表

| 序号 | 级别 | 批次 | 项目类型 | 姓名 | 性别 | 出生年份 | 项目名称 | 申报地区/单位/住址 | 备注 |
|---|---|---|---|---|---|---|---|---|---|
| 131 | 云南省大理州级 | 第一批 | 民间文献资料保存 | 杨振华 | 男 | 1956 | 大本曲曲本 | 云南省大理州大理市海东镇向阳村 | |
| 132 | 云南省大理州级 | 第一批 | 民族民间音乐 | 张亚辉 | 男 | 1955 | 大三弦、大本曲 | 云南省大理州大理市湾桥镇云峰村 | |
| 133 | 云南省大理州级 | 第一批 | 民族民间美术 | 赵杰仁 | 男 | 1930 | 霸王鞭舞 | 云南省大理州云龙县白石镇顺荡村 | |
| 134 | 云南省大理州级 | 第一批 | 民间文献资料保存 | 赵丕鼎 | 男 | 1942 | 大本曲曲本 | 云南省大理州大理市喜洲镇作邑村 | |
| 135 | 云南省大理州级 | 第二批 | 传统手工技艺 | 段四兴 | 男 | 1973 | 木雕 | 云南省大理州剑川县金华镇南门社区 | |
| 136 | 云南省大理州级 | 第二批 | 传统音乐 | 洪子盛 | 男 | 1944 | 民间音乐 | 云南省大理州鹤庆县 | |
| 137 | 云南省大理州级 | 第二批 | 传统手工技艺 | 李红桃 | 女 | 1976 | 白族刺绣 | 云南省大理州大理市挖色镇挖色村 | |
| 138 | 云南省大理州级 | 第二批 | 传统音乐 | 罗德雄 | 男 | | 白族山歌 | 云南省大理州云龙县 | |
| 139 | 云南省大理州级 | 第二批 | 传统手工技艺 | 杨德珠 | 女 | 1971 | 木雕 | 云南省大理州剑川县沙溪镇沙坪村 | |

附录二　市级及以上白族非物质文化遗产项目代表性传承人名录

续表

| 序号 | 级别 | 批次 | 项目类型 | 姓名 | 性别 | 出生年份 | 项目名称 | 申报地区/单位/住址 | 备注 |
|---|---|---|---|---|---|---|---|---|---|
| 140 | 云南省大理州级 | 第二批 | 传统手工技艺 | 杨巨兴 | 男 |  | 木雕 | 云南省大理州剑川县甸南镇狮河村 |  |
| 141 | 云南省大理州级 | 第二批 | 传统音乐 | 杨美华 | 女 | 1971 | 白族大本曲 | 云南省大理州大理市下关镇文献村 |  |
| 142 | 云南省大理州级 | 第二批 | 传统戏剧 | 杨益琨 | 女 | 1964 | 白剧 | 云南省大理州白剧团 |  |
| 143 | 云南省大理州级 | 第二批 | 传统戏剧 | 叶新涛 | 女 | 1945 | 白剧 | 云南省大理州白剧团 |  |
| 144 | 云南省大理州级 | 第二批 | 传统音乐 | 张国兴 | 男 | 1946 | 白族大本曲 | 云南省大理州大理市凤仪镇满江村 |  |
| 145 | 云南省大理州级 | 第二批 | 传统戏剧 | 张绍奎 | 男 | 1943 | 白剧 | 云南省大理州大理市喜洲镇仁和村 |  |
| 146 | 云南省大理州级 | 第二批 | 濒危民族语言文字 | 张亚 | 男 | 1940 | 方块白文 | 云南省大理州大理市湾桥镇向阳溪村 |  |
| 147 | 云南省大理州级 | 第二批 | 传统音乐 | 张志天 | 男 | 1939 | 吹吹腔表演 | 云南省大理州云龙县 |  |
| 148 | 云南省大理州级 | 第二批 | 传统音乐 | 赵冬梅 | 女 | 1971 | 白族大本曲 | 云南省大理州大理市 |  |

续表

| 序号 | 级别 | 批次 | 项目类型 | 姓名 | 性别 | 出生年份 | 项目名称 | 申报地区/单位/住址 | 备注 |
|---|---|---|---|---|---|---|---|---|---|
| 149 | 云南省大理州级 | 第二批 | 传统手工技艺 | 赵树林 | 男 | 1971 | 木雕 | 云南省大理州剑川县 | |
| 150 | 云南省大理州级 | 第三批 | 传统美术 | 董晓云 | 男 | 1971 | 剑川木雕 | 云南省大理州剑川县 | |
| 151 | 云南省大理州级 | 第三批 | 传统音乐 | 段昆云 | 男 | 1957 | 剑川白曲 | 云南省大理州剑川县弥沙乡文新村 | |
| 152 | 云南省大理州级 | 第三批 | 传统美术 | 段义繁 | 男 | 1970 | 白族石雕 | 云南省大理州剑川县 | |
| 153 | 云南省大理州级 | 第三批 | 民俗 | 姜伍发 | 男 | 1967 | 石宝山歌会 | 云南省大理州剑川县沙溪镇石龙村 | |
| 154 | 云南省大理州级 | 第三批 | 传统舞蹈 | 李繁昌 | 男 | 1983 | 霸王鞭 | 云南省大理州剑川县沙溪镇石龙村 | |
| 155 | 云南省大理州级 | 第三批 | 曲艺 | 李丽 | 女 | 1964 | 白族大本曲 | 云南省大理州大理市海东镇名庄村 | 现名"李润凤" |
| 156 | 云南省大理州级 | 第三批 | 传统美术 | 李兴成 | 男 | 1976 | 白族泥塑 | 云南省大理州宾川县 | |
| 157 | 云南省大理州级 | 第三批 | 传统音乐 | 罗金科 | 男 | 1945 | 阿吒力佛教科仪音乐 | 云南省大理州剑川县 | |

附录二　市级及以上白族非物质文化遗产项目代表性传承人名录　　181

续表

| 序号 | 级别 | 批次 | 项目类型 | 姓名 | 性别 | 出生年份 | 项目名称 | 申报地区/单位/住址 | 备注 |
| --- | --- | --- | --- | --- | --- | --- | --- | --- | --- |
| 158 | 云南省大理州级 | 第三批 | 传统美术 | 欧阳海育 | 男 | 1955 | 白族纸扎 | 云南省大理州剑川县 | |
| 159 | 云南省大理州级 | 第三批 | 传统美术 | 施鸿训 | 男 | 1954 | 剑川木雕 | 云南省大理州剑川县 | |
| 160 | 云南省大理州级 | 第三批 | 传统美术 | 谢道明 | 男 | 1952 | 白族泥塑 | 云南省大理州云龙县 | |
| 161 | 云南省大理州级 | 第三批 | 传统戏剧 | 杨会池 | 女 | 1968 | 白族吹吹腔 | 云南省大理州云龙县 | |
| 162 | 云南省大理州级 | 第三批 | 传统美术 | 杨山华 | 男 | 1967 | 剑川木雕 | 云南省大理州剑川县 | |
| 163 | 云南省大理州级 | 第三批 | 传统技艺 | 杨文焕 | 女 | 1959 | 白族服饰手工刺绣 | 云南省大理州鹤庆县金墩乡化龙村 | |
| 164 | 云南省大理州级 | 第三批 | 曲艺 | 杨现平 | 女 | 1970 | 白族大本曲 | 云南省大理州大理市 | |
| 165 | 云南省大理州级 | 第三批 | 传统知识与实践 | 杨玉藩 | 男 | 1978 | 洱海鱼鹰驯养捕鱼技艺 | 云南省大理州大理市喜洲镇沙村 | |
| 166 | 云南省大理州级 | 第三批 | 传统技艺 | 尹旺松 | 男 | 1968 | 鹤庆白族手工造纸技艺 | 云南省大理州鹤庆县松桂镇龙珠村 | |

续表

| 序号 | 级别 | 批次 | 项目类型 | 姓名 | 性别 | 出生年份 | 项目名称 | 申报地区/单位/住址 | 备注 |
|---|---|---|---|---|---|---|---|---|---|
| 167 | 云南省大理州州级 | 第三批 | 传统技艺 | 尹云鹏 | 男 | 1966 | 白族民居建筑技艺 | 云南省大理州洱源县 | |
| 168 | 云南省大理州州级 | 第三批 | 民俗 | 张福妹 | 女 | 1972 | 石宝山歌会 | 云南省大理州剑川县沙溪镇石龙村 | |
| 169 | 云南省大理州州级 | 第三批 | 传统戏剧 | 张国藩 | 男 | 1953 | 白族吹吹腔 | 云南省大理州云龙县功果桥镇 | |
| 170 | 云南省大理州州级 | 第三批 | 传统技艺 | 张瑞龙 | 男 | 1969 | 白族甲马 | 云南省大理州大理市 | |
| 171 | 云南省大理州州级 | 第三批 | 传统技艺 | 张灌荣 | 男 | 1962 | 白族民居建筑技艺 | 云南省大理州洱源县 | |
| 172 | 云南省大理州州级 | 第三批 | 民俗 | 赵彩庭 | 男 | 1948 | 白族绕三灵 | 云南省大理州大理市上关镇马厂村 | |
| 173 | 云南省大理州州级 | 第三批 | 民俗 | 赵成 | 男 | 1973 | 白族绕三灵 | 云南省大理州大理市 | |
| 174 | 云南省大理州州级 | 第三批 | 传统美术 | 赵怀珠 | 女 | 1947 | 白族布扎 | 云南省大理州剑川县 | |
| 175 | 云南省大理州州级 | 第三批 | 传统知识与实践 | 赵志文 | 男 | 1963 | 洱海鱼鹰驯养捕鱼技艺 | 云南省大理州大理市 | |

附录二 市级及以上白族非物质文化遗产项目代表性传承人名录

续表

| 序号 | 级别 | 批次 | 项目类型 | 姓名 | 性别 | 出生年份 | 项目名称 | 申报地区/单位/住址 | 备注 |
|---|---|---|---|---|---|---|---|---|---|
| 176 | 云南省大理州州级 | 第四批 | 传统音乐 | 车玉江 | 男 | 1960 | 白族"阿吒力"佛教科仪音乐 | 云南省大理州剑川县 | |
| 177 | 云南省大理州州级 | 第四批 | 传统技艺 | 寸成四 | 男 | 1978 | 鹤庆银器锻制技艺 | 云南省大理州鹤庆县 | |
| 178 | 云南省大理州州级 | 第四批 | 传统技艺 | 段树坤 | 男 | 1972 | 白族扎染技艺 | 云南省大理州大理市喜洲镇周城村 | |
| 179 | 云南省大理州州级 | 第四批 | 传统技艺 | 段佑坤 | 男 | 1975 | 梅园白族石雕 | 云南省大理州剑川县 | |
| 180 | 云南省大理州州级 | 第四批 | 传统技艺 | 洪卫 | 男 | 1972 | 鹤庆银器锻制技艺 | 云南省大理州鹤庆县 | |
| 181 | 云南省大理州州级 | 第四批 | 传统美术 | 花现国 | 男 | 1954 | 白族民居彩绘 | 云南省大理州大理市 | |
| 182 | 云南省大理州州级 | 第四批 | 传统技艺 | 李灿然 | 男 | 1955 | 凤羽白族传统民居建筑技艺 | 云南省大理州洱源县 | |
| 183 | 云南省大理州州级 | 第四批 | 传统技艺 | 李凤章 | 男 | 1950 | 凤羽白族传统民居建筑技艺 | 云南省大理州洱源县 | |
| 184 | 云南省大理州州级 | 第四批 | 民俗 | 李根繁 | 男 | 1969 | 石宝山歌会 | 云南省大理州剑川县沙溪镇石龙村 | |

续表

| 序号 | 级别 | 批次 | 项目类型 | 姓名 | 性别 | 出生年份 | 项目名称 | 申报地区/单位/住址 | 备注 |
|---|---|---|---|---|---|---|---|---|---|
| 185 | 云南省大理州级 | 第四批 | 传统音乐 | 李顺香 | 女 | 1959 | 大理白族调 | 云南省大理州大理市 | |
| 186 | 云南省大理州级 | 第四批 | 传统戏剧 | 李映川 | 男 | 1951 | 白族吹吹腔 | 云南省大理州云龙县 | |
| 187 | 云南省大理州级 | 第四批 | 传统技艺 | 李月周 | 男 | 1968 | 鹤庆银器锻制技艺 | 云南省大理州鹤庆县 | |
| 188 | 云南省大理州级 | 第四批 | 传统美术 | 刘润 | 男 | 1975 | 剑川木雕 | 云南省大理州剑川县 | |
| 189 | 云南省大理州级 | 第四批 | 传统技艺 | 聂忠厚 | 男 | 1968 | 白族儿童玩具传统制作技艺 | 云南省大理州剑川县 | |
| 190 | 云南省大理州级 | 第四批 | 传统美术 | 施家顺 | 男 | 1970 | 剑川木雕 | 云南省大理州剑川县 | |
| 191 | 云南省大理州级 | 第四批 | 传统舞蹈 | 施绍雨 | 女 | 1951 | 云龙白族力格高 | 云南省大理州云龙县 | |
| 192 | 云南省大理州级 | 第四批 | 传统音乐 | 施永妹 | 女 | 1990 | 剑川白曲 | 云南省大理州剑川县 | |
| 193 | 云南省大理州级 | 第四批 | 传统美术 | 王镇雄 | 男 | 1977 | 剑川木雕 | 云南省大理州剑川县 | |

附录二　市级及以上白族非物质文化遗产项目代表性传承人名录　　185

续表

| 序号 | 级别 | 批次 | 项目类型 | 姓名 | 性别 | 出生年份 | 项目名称 | 申报地区/单位/住址 | 备注 |
|---|---|---|---|---|---|---|---|---|---|
| 194 | 云南省大理州州级 | 第四批 | 传统美术 | 玄金花 | 女 | 1930 | 剪纸 | 云南省大理州宾川县 | |
| 195 | 云南省大理州州级 | 第四批 | 民俗 | 严学侯 | 男 | 1944 | 白族三道茶 | 云南省大理州大理市 | |
| 196 | 云南省大理州州级 | 第四批 | 民俗 | 杨麟 | 男 | 1952 | 栽秧会 | 云南省大理州大理市 | |
| 197 | 云南省大理州州级 | 第四批 | 民俗 | 杨定光 | 男 | 1946 | 宝丰白族本主习俗 | 云南省大理州云龙县 | |
| 198 | 云南省大理州州级 | 第四批 | 传统美术 | 杨加爱 | 女 | 1972 | 白族刺绣 | 云南省大理州云龙县 | |
| 199 | 云南省大理州州级 | 第四批 | 传统美术 | 杨建鸿 | 男 | 1970 | 白族泥塑 | 云南省大理州剑川县 | |
| 200 | 云南省大理州州级 | 第四批 | 传统技艺 | 杨伍松 | 男 | 1964 | 诺邓火腿制作技艺 | 云南省大理州云龙县 | |
| 201 | 云南省大理州州级 | 第四批 | 传统技艺 | 杨锡雄 | 男 | 1942 | 南诏御酒酿造技艺 | 云南省大理州宾川县 | |
| 202 | 云南省大理州州级 | 第四批 | 传统美术 | 杨亚辉 | 女 | 1987 | 剪纸 | 云南省大理州大理市 | |

续表

| 序号 | 级别 | 批次 | 项目类型 | 姓名 | 性别 | 出生年份 | 项目名称 | 申报地区/单位/住址 | 备注 |
|---|---|---|---|---|---|---|---|---|---|
| 203 | 云南省大理州级 | 第四批 | 传统技艺 | 杨银梅 | 女 | 1976 | 白族布扎 | 云南省大理州剑川县 | |
| 204 | 云南省大理州级 | 第四批 | 传统舞蹈 | 尹正廷 | 男 | 1951 | 耳子歌 | 云南省大理州云龙县 | |
| 205 | 云南省大理州级 | 第四批 | 传统美术 | 张家镇 | 男 | 1965 | 剑川木雕 | 云南省大理州剑川县 | |
| 206 | 云南省大理州级 | 第四批 | 传统技艺 | 张建春 | 男 | 1960 | 大理白族传统民居建筑技艺 | 云南省大理州大理市 | |
| 207 | 云南省大理州级 | 第四批 | 传统文化保护区 | 张绍恒 | 男 | 1953 | 凤羽镇白族传统文化保护区（白族纸扎） | 云南省大理州洱源县 | |
| 208 | 云南省大理州级 | 第四批 | 传统舞蹈 | 张石瑞 | 女 | 1944 | 霸王鞭 | 云南省大理州剑川县 | |
| 209 | 云南省大理州级 | 第四批 | 传统美术 | 张月堂 | 男 | 1955 | 剑川木雕 | 云南省大理州剑川县 | |
| 210 | 云南省大理州级 | 第四批 | 传统技艺 | 赵双琪 | 女 | 1953 | 白族刺绣技艺 | 云南省大理州大理市 | |
| 211 | 云南省大理州级 | 第四批 | 传统美术 | 赵银生 | 男 | 1969 | 剑川木雕 | 云南省大理州剑川县 | |

附录二 市级及以上白族非物质文化遗产项目代表性传承人名录

续表

| 序号 | 级别 | 批次 | 项目类型 | 姓名 | 性别 | 出生年份 | 项目名称 | 申报地区/单位/住址 | 备注 |
|---|---|---|---|---|---|---|---|---|---|
| 212 | 云南省大理州市级 | 第四批 | 传统文化保护区 | 赵政忠 | 男 | 1949 | 大理市白族大本曲之乡（白族大本曲） | 云南省大理州大理市 | |
| 213 | 云南省保山市级 | 2005.9 | 木雕工艺 | 刘铭锡 | 男 | 1915 | 木雕工艺 | 云南省保山市腾冲市和顺镇李家巷 | 已故 |
| 214 | 云南省保山市级 | 2005.9 | 玉雕工艺 | 杨儒 | 男 | 1964 | 玉雕工艺 | 云南省保山市腾冲市腾越镇 | |
| 215 | 云南省保山市级 | 第五批 | 传统技艺 | 钱秀英 | 女 | 1957 | 民族刺绣传统技艺（隆阳区） | 云南省保山市隆阳区 | |
| 216 | 云南省丽江市级 | 2005年 | 民族民间音乐 | 杨寿喜 | 男 | 1941 | 民间音乐 | 云南省丽江市玉龙纳西族自治县九河乡南高村 | |
| 217 | 云南省丽江市级 | 2010年 | 传统手工技艺 | 赵向龙 | 男 | 1959 | 传统手工技艺 | 云南省丽江市玉龙县石头乡石头村 | |
| 218 | 湖南省张家界市级 | 第一批 | 传统音乐 | 谷彩花 | 女 | 1946 | 桑植民歌 | 湖南省张家界市桑植县官地坪镇杜家坪村 | |
| 219 | 湖南省张家界市级 | 第一批 | 传统舞蹈 | 谷春凡 | 女 | 1944 | 桑植白族仗鼓舞 | 湖南省张家界市桑植县马合口乡梭子丘村 | |
| 220 | 湖南省张家界市级 | 第一批 | 传统舞蹈 | 王安平 | 男 | 1962 | 桑植白族仗鼓舞 | 湖南省张家界市桑植县芙蓉桥乡银星村 | |

续表

| 序号 | 级别 | 批次 | 项目类型 | 姓名 | 性别 | 出生年份 | 项目名称 | 申报地区/单位/住址 | 备注 |
|---|---|---|---|---|---|---|---|---|---|
| 221 | 湖南省张家界市级 | 第一批 | 传统舞蹈 | 钟会龙 | 男 | 1930 | 桑植白族仗鼓舞 | 湖南省张家界市桑植县麦地坪白族乡麦地坪村 | 已故 |
| 222 | 湖南省张家界市级 | 第一批 | 民族语言 | 钟善养 | 男 | 1939 | 桑植白家话 | 湖南省张家界市桑植县麦地坪白族乡 | 已故 |
| 223 | 湖南省张家界市级 | 第一批 | 民间信仰 | 钟阳生 | 男 | 1932 | 桑植白族游神 | 湖南省张家界市桑植县麦地坪白族乡农科站村 | |
| 224 | 湖南省张家界市级 | 第二批（2012） | 传统舞蹈 | 钟必武 | 男 | 1956 | 桑植白族仗鼓舞 | 湖南省张家界市桑植县麦地坪白族乡农科站村 | |
| 225 | 湖南省张家界市级 | 第二批（2012） | 传统舞蹈 | 钟南仁 | 男 | 1952 | 桑植白族游神 | 湖南省张家界市桑植县麦地坪白族乡麦地坪村 | |
| 226 | 湖南省张家界市级 | 第二批（2012） | 传统舞蹈 | 钟新化 | 男 | 1968 | 桑植白族仗鼓舞 | 湖南省张家界市桑植县麦地坪白族乡 | |
| 227 | 湖南省张家界市级 | 第三批 | 传统舞蹈 | 黄联生 | 男 | 1946 | 桑植白族仗鼓舞 | 湖南省张家界市桑植县刘家坪白族乡熊家溶村 | |
| 228 | 湖南省张家界市级 | 第三批 | 传统舞蹈 | 钟彩香 | 女 | 1963 | 桑植白族仗鼓舞 | 湖南省张家界市桑植县麦地坪白族乡麦地坪村 | |
| 229 | 湖南省张家界市级 | 第三批 | 传统舞蹈 | 钟为银 | 男 | 1962 | 桑植白族仗鼓舞 | 湖南省张家界市桑植县麦地坪白族乡走马坪村 | |

附录二　市级及以上白族非物质文化遗产项目代表性传承人名录

续表

| 序号 | 级别 | 批次 | 姓名 | 性别 | 出生年份 | 项目名称 | 项目类型 | 申报地区/单位/住址 | 备注 |
|---|---|---|---|---|---|---|---|---|---|
| 230 | 湖南省张家界市级 | 第三批 | 钟以放 | 男 | 1937 | 桑植白族游神 | 传统舞蹈 | 湖南省张家界市桑植县芙蓉桥白族乡芙蓉桥村 | |
| 231 | 湖南省张家界市级 | 第一批 | 陈才学 | 男 | 1946 | 桑植傩戏 | 传统戏剧 | 湖南省张家界市桑植县马合口白族乡梭子丘村 | 已故 |
| 232 | 湖南省张家界市级 | 第一批 | 向国建 | 男 | 1964 | 桑植傩戏 | 传统戏剧 | 湖南省张家界市桑植县马合口白族乡梭子丘村 | |

数据来源说明：

1. 同一位传承人在不同级别政府命名的代表性传承人中，对其所传承的项目类型、名称有所差异，故本附录分别列出。

2. 本附录中传承人的信息，以官方发布的文件（公告）为准，主要从以下途径获得：

(1) 国家级代表性传承人的信息以如下信源为准：

① 第一至第六届"中国工艺美术大师"名单以中国工艺美术协会官方网站（www.cnaca.org）为准。第七届的名单以中国轻工业联合会2018年第1号公告为准。

② 《文化部关于公布第一批国家级非物质文化遗产项目代表性传承人的通知》，载中华人民共和国文化部编《中华人民共和国文化法规全书》，文化艺术出版社2008年版，第628—634页。

③ 《文化部关于公布第二批国家级非物质文化遗产项目代表性传承人的通知》，载中华人民共和国文化部编《中国文化年鉴（2009年）》，文化艺术出版社2010年版，第390—412页。

④ 《文化部关于公布第三批国家级非物质文化遗产项目代表性传承人名单》，《中国文化报》2009年6月12日，第1、6—7版。

⑤ 《第四批国家级非物质文化遗产代表性项目代表性传承人》，蔡武主编《中国文化年鉴（2013）》，新华出版社2013年版，第683—703页。

⑥ 《文化和旅游部关于公布第五批国家级非物质文化遗产代表性项目代表性传承人的通知》，《中国文化报》2018年5月16日，第1、5—8版。

(2) 云南省级代表性传承人的信息以如下信源为准：

① 1999年和2002年命名的461名"云南省民族民间艺人"的信息，以《都市时报》2005年12月8日的《2005年云南文化茶叶博览会暨首届中国西部文产博览会特刊》第76和77版刊发的《云南民族民间艺人名单》为准。

② 云南省第五批代表性传承人的信息以《云南省文化厅关于公布第五批省级非物质文化遗产项目代表性传承人的通知》①为准。

③ 云南省其余各批次的传承人信息以云南省文化厅编著的《云南省非物质文化遗产代表性传承人名录》（云南大学出版社2009年版）和《云南省非物质文化遗产代表性传承人名录·第二卷》（云南人民出版社2010年版）两部图书为准。

(3) 湖南省级、张家界市级代表性传承人信息，主要参考陈俊勉和侯碧云主编的《守望精神家园——走近桑植非物质文化遗产》（九州出版社2012年版）一书，其中湖南省第三批代表性传承人的信息以《湖南省文化厅关于公布第三批省级非物质文化遗产项目代表性传承人的通知》②为准，第四批以（www.0744fyg.com）补充完善。

(4) 大理州级、保山市级非物质文化遗产代表性传承人信息，以大理州文广局、保山市文广局等部门提供的数据为准，其中，大理州第四批代表性传承人信息通过"桑植文化遗产网络展示博物馆"（www.0744fyg.com）③为准；部分信息通过《大理日报》2016年5月13日，第A4版）为准；丽江市非物质文化遗产中心网站公布的数据为准。

(5) 对于官方公告中未列出的信息，以及之后更新的信息（如逝世、住址等），主要根据相关行政、业务部门提供的为准，少量参考了大理市文化局、大理市文化馆和大理市图书馆合编的《大木曲览胜》（云南民族出版社2005年版），董秀团著的《白族大本曲研究》（中国社会科学出版社2011年版），罗阳总主编的《中国名镇·云南沙溪》（知识产权出版社2013年版），张崇礼和尚纶礼编著的《大理民族文化遗产》（云南民族出版社2007年版）等图书，以及桑植非物质文化遗产网络展示博物馆介绍等网络媒介。

---

① 《云南省文化厅关于公布第五批省级非物质文化遗产项目代表性传承人的通知》，2014年9月4日，云南省文化和旅游厅（http://www.whyn.gov.cn/list/view/2/686）。

② 《湖南省文化厅关于公布第三批省级非物质文化遗产项目代表性传承人的通知》，2014年5月20日，湖南省文化和旅游厅（http://www.hnswht.gov.cn/newbak/xxgk/gggs/content_66232.html）。

③ 《湖南省文化厅关于公布第四批省级非物质文化遗产代表性传承人的通知》，2018年9月30日，湖南省文化和旅游厅（http://www.hnswht.gov.cn/xxgk/gggs/content_129918.html）。

# 附录三

## 64份个人档案管理规范一览表

（依名称排序）

| 序号 | 规范名称 | 颁布日期/文号 | 实施年份 |
|---|---|---|---|
| 1 | 阿勒泰地区名人档案管理办法 | 不详 | 不详 |
| 2 | 北京理工大学人物档案管理暂行办法 | 1996年10月10日 | 1996 |
| 3 | 东北农业大学名人档案分类、整理办法 | 不详 | 不详 |
| 4 | 东华大学人物档案管理办法 | 不详 | 不详 |
| 5 | 东南大学名人档案管理规定 | 1996年11月1日 | 1996 |
| 6 | 广东省名人档案管理办法 | 穗府办〔2005〕27号 | 2005 |
| 7 | 广州市著名人物档案管理办法 | 2006年4月30日 | 2006 |
| 8 | 河源市名人档案管理办法 | 黑档发〔2006〕23号 | 2006 |
| 9 | 黑龙江省名人档案管理办法 | 2003年2月25日 | 2003 |
| 10 | 湖北省档案局（馆）征集名人档案试行办法 | 不详 | 不详 |
| 11 | 湖南师范大学关于建立和征集人物档案的实施办法 | 不详 | 不详 |
| 12 | 华北电力大学人物档案管理实施办法 | 华师档〔2006〕6号 | 2006 |
| 13 | 华东师范大学人物档案管理办法 | | |

续表

| 序号 | 规范名称 | 颁布日期/文号 | 实施年份 |
| --- | --- | --- | --- |
| 14 | 华南理工大学人物档案工作规定 | 不详 | 不详 |
| 15 | 吉林大学人物档案管理暂行规定 | 2010年1月18日第二次校长办公会议讨论通过 | 2010 |
| 16 | 吉林省著名人物档案管理办法 | 2008年吉林省人民政府第199号 | 2008 |
| 17 | 建邺区档案局（馆）关于征集人物档案资料的通知 | 2013年8月13日 | 2013 |
| 18 | 江南大学人物档案征集、归档办法（暂行） | 江大校办 [2002] 54号 | 2002 |
| 19 | 江苏省档案馆征集名人档案资料的函 | 2007年8月8日 | 2007 |
| 20 | 江西省档案馆征集名人档案范围 | 不详 | 不详 |
| 21 | 揭阳市名人档案管理办法 | 2003 | 2003 |
| 22 | 马鞍山市著名人物档案管理暂行办法 | 党办 [2008] 50号 | 2008 |
| 23 | 南昌大学名人全宗档案管理办法 | 不详 | 不详 |
| 24 | 南京农业大学名人档案管理规定 | 2005年9月 | 2005 |
| 25 | 南京大学名人档案管理办法 | 不详 | 不详 |
| 26 | 南京市著名人物档案管理暂行办法 | 宁档 [2006] 36号 | 2006 |
| 27 | 南京邮电大学人物档案管理办法 | 不详 | 不详 |
| 28 | 南宁市名人档案管理办法 | 2006年4月3日 | 2006 |
| 29 | 宁波市著名人物档案征集办法 | 宁波市人民政府令第201号 | 2013 |
| 30 | 宁夏回族自治区著名人物档案管理办法 | 1999年7月26日 | 1999 |
| 31 | 萍乡市著名人物档案管理办法 | 2012年8月10日 | 2012 |

续表

| 序号 | 规范名称 | 颁布日期/文号 | 实施年份 |
|---|---|---|---|
| 32 | 乾县著名人物档案管理办法 | 2010年1月15日 | 2010 |
| 33 | 芮城县名人档案管理暂行办法 | 2007 | 2007 |
| 34 | 山东省著名人物档案管理办法 | 2003年10月16日 | 2003 |
| 35 | 陕西师范大学名人档案管理办法 | 陕师校发〔2006〕23号 | 2006 |
| 36 | 汕头市名人档案管理暂行办法 | 2002年3月4日 | 2002 |
| 37 | 上海大学名人档案管理暂行办法 | 不详 | 不详 |
| 38 | 上海交通大学名人档案校友人物类档案工作规范 | 不详 | 不详 |
| 39 | 上海市著名人物档案管理暂行办法 | 沪档〔1998〕168号 | 1998 |
| 40 | 十堰市著名人物档案管理办法 | 十政办发〔2013〕98号 | 2013 |
| 41 | 石家庄市名人档案管理办法 | 石政办发〔2005〕9号 | 2005 |
| 42 | 顺德区名人档案管理办法 | 2005年10月11日 | 2005 |
| 43 | 四川大学著名校友档案征集、归档细则（试行） | 川大馆〔2013〕10号 | 2013 |
| 44 | 苏州大学人物档案管理办法 | 不详 | 不详 |
| 45 | 苏州市名人档案管理暂行办法 | 2002年10月 | 2002 |
| 46 | 太原市著名人物档案管理办法 | 并政办发〔2013〕77号 | 2013 |
| 47 | 同济大学人物档案管理暂行办法 | 不详 | 不详 |
| 48 | 武汉大学人物档案管理办法 | 武大档字〔2006〕1号 | 2006 |
| 49 | 襄樊市人物档案管理办法 | 襄政发〔2002〕61号 | 2002 |

续表

| 序号 | 规范名称 | 颁布日期/文号 | 实施年份 |
| --- | --- | --- | --- |
| 50 | 新晃侗族自治县著名人物档案管理办法（征求意见稿） | 晃办发〔2008〕9号 | 2008 |
| 51 | 烟台市著名人物档案管理办法 | 烟档字〔2004〕7号 | 2004 |
| 52 | 延边大学人物类档案管理细则 | 不详 | 不详 |
| 53 | 叶县名人档案管理办法 | 不详 | 不详 |
| 54 | 营口市著名人物档案管理办法 | 2010年10月29日 | 2010 |
| 55 | 云南省名人档案管理办法（试行） | 不详 | 不详 |
| 56 | 张家港市名人档案管理办法 | 张政发规〔2014〕6号 | 2014 |
| 57 | 长沙市著名人物档案管理办法 | 长政办发〔2005〕17号 | 2005 |
| 58 | 肇庆市名人档案建设与管理办法 | 肇府〔2004〕15号 | 2004 |
| 59 | 中国海洋大学人物档案管理办法 | 不详 | 不详 |
| 60 | 中国科学院金属研究所著名人物档案管理办法 | 不详 | 不详 |
| 61 | 中国科学院著名人物档案管理办法 | 科发办字〔2000〕0274号 | 2000 |
| 62 | 中国农业大学"人物档案"征集、归档管理办法 | 中农大档字〔2003〕3号 | 2003 |
| 63 | 中央戏剧学院"人物档案"征集、归档暂行办法 | 中戏院〔2003〕68号 | 2003 |
| 64 | 舟山市各行各业著名人物档案管理办法（试行） | 舟委办〔2012〕7号 | 2012 |

# 附录 四

# 非物质文化遗产传承人个人档案目录

说明：为了便于分析，本书将笔者在实地调查中了解、获得传承人档案信息较全的赵丕鼎、李润凤、杨春文和张杰兴四位承人保管的个人档案做了目录，并通过报刊和图书专业数据库、图书馆 OPAC 系统、互联网等途径补充了部分传承人档案信息。其中，不包括文化行政管理部门及非物质文化遗产保护机构等非公开的传承人档案。

## 附录（一）　国家级传承人赵丕鼎的个人档案

| 序号 | 类别 | 档案明细 | 载体 | 保管/来源 | 备注 |
|---|---|---|---|---|---|
| 1 | 生平类 | 大理州人民政府2013年5月颁给赵丕鼎的"2008—2012年度大理州残疾人自强模范"荣誉证书 | 证书 | 赵丕鼎保管 | |
| 2 | 成果类 | 赵丕鼎著：《抗震救灾颂（大本曲）》，《大理》2008年第2期，第50页。 | 期刊 | 网络检索 | |
| 3 | 成果类 | 赵丕鼎大本曲作品《靓丽景田园风光》 | 手稿 | 赵丕鼎保管 | 手抄曲目，未见全文 |
| 4 | 成果类 | 赵丕鼎大本曲作品《誉蒲神州世无双》 | 手稿 | 赵丕鼎保管 | 手抄曲目，未见全文 |
| 5 | 成果类 | 赵丕鼎大本曲作品《任重道远两保护》 | 手稿 | 赵丕鼎保管 | 手抄曲目，未见全文 |

续表

| 序号 | 类别 | 档案明细 | 载体 | 保管/来源 | 备注 |
|---|---|---|---|---|---|
| 6 | 成果类 | 赵丕鼎大本曲作品《订下千秋万年椿》 | 手稿 | 赵丕鼎保管 | 手抄曲目，未见全文 |
| 7 | 成果类 | 赵丕鼎大本曲作品《大理自古文明邦》 | 手稿 | 赵丕鼎保管 | 手抄曲目，未见全文 |
| 8 | 成果类 | 赵丕鼎大本曲作品《风花雪月影更佳》 | 手稿 | 赵丕鼎保管 | 手抄曲目，未见全文 |
| 9 | 成果类 | 赵丕鼎大本曲作品《党政颂谋福祉》 | 手稿 | 赵丕鼎保管 | 手抄曲目，未见全文 |
| 10 | 成果类 | 赵丕鼎大本曲作品《勾划蓝图美白乡》 | 手稿 | 赵丕鼎保管 | 手抄曲目，未见全文 |
| 11 | 成果类 | 赵丕鼎大本曲作品《苍为屏海作镜》 | 手稿 | 赵丕鼎保管 | 手抄曲目，未见全文 |
| 12 | 成果类 | 赵丕鼎大本曲作品《靓丽美觅景上花》 | 手稿 | 赵丕鼎保管 | 手抄曲目，未见全文 |
| 13 | 成果类 | 赵丕鼎大本曲作品《环境优美林中村》 | 手稿 | 赵丕鼎保管 | 手抄曲目，未见全文 |
| 14 | 成果类 | 赵丕鼎大本曲作品《百鸟歌唱鱼火欢》 | 手稿 | 赵丕鼎保管 | 手抄曲目，未见全文 |
| 15 | 成果类 | 赵丕鼎大本曲作品《颐享千年大理人》 | 手稿 | 赵丕鼎保管 | 手抄曲目，未见全文 |
| 16 | 成果类 | 赵丕鼎大本曲作品《田园风光靓白乡》 | 手稿 | 赵丕鼎保管 | 手抄曲目，未见全文 |
| 17 | 成果类 | 赵丕鼎大本曲作品《天蓝海清山更绿》 | 手稿 | 赵丕鼎保管 | 手抄曲目，未见全文 |
| 18 | 成果类 | 赵丕鼎大本曲作品《妖娆大理胜苏杭》 | 手稿 | 赵丕鼎保管 | 手抄曲目，未见全文 |
| 19 | 成果类 | 赵丕鼎大本曲作品《金花阿鹏争奉献》 | 手稿 | 赵丕鼎保管 | 手抄曲目，未见全文 |
| 20 | 成果类 | 赵丕鼎大本曲作品《和谐团结绘江山》 | 手稿 | 赵丕鼎保管 | 手抄曲目，未见全文 |
| 21 | 成果类 | 赵丕鼎大本曲作品《三中全会铸辉煌》 | 手稿 | 赵丕鼎保管 | 手抄曲目，未见全文 |
| 22 | 成果类 | 赵丕鼎大本曲作品《深化改革宏图展》 | 手稿 | 赵丕鼎保管 | 手抄曲目，未见全文 |
| 23 | 成果类 | 赵丕鼎大本曲作品《南诏古乡展新貌》 | 手稿 | 赵丕鼎保管 | 手抄曲目，未见全文 |

续表

| 序号 | 类别 | 档案明细 | 载体 | 保管/来源 | 备注 |
|---|---|---|---|---|---|
| 24 | 成果类 | 赵丕鼎大本曲作品《桥头堡建设一家》 | 手稿 | 赵丕鼎保管 | 手抄曲目，未见全文 |
| 25 | 成果类 | 赵丕鼎大本曲作品《保持共产党员先进性》 | 手稿 | 赵丕鼎保管 | 手抄曲目，未见全文 |
| 26 | 成果类 | 赵丕鼎大本曲作品《廉政文化进万家》 | 手稿 | 赵丕鼎保管 | 手抄曲目，未见全文 |
| 27 | 成果类 | 赵丕鼎大本曲作品《十七大精神永放光辉》 | 手稿 | 赵丕鼎保管 | 手抄曲目，未见全文 |
| 28 | 成果类 | 赵丕鼎大本曲作品《扎实学习江泽民文选》 | 手稿 | 赵丕鼎保管 | 手抄曲目，未见全文 |
| 29 | 成果类 | 赵丕鼎大本曲作品《四项制度》 | 手稿 | 赵丕鼎保管 | 手抄曲目，未见全文 |
| 30 | 成果类 | 赵丕鼎大本曲作品《扎实学习科学发展观》 | 手稿 | 赵丕鼎保管 | 手抄曲目，未见全文 |
| 31 | 成果类 | 赵丕鼎大本曲作品《歌唱改革开放三十周年》 | 手稿 | 赵丕鼎保管 | 手抄曲目，未见全文 |
| 32 | 成果类 | 赵丕鼎大本曲作品《伟大的里程碑（建党八十八周年）》 | 手稿 | 赵丕鼎保管 | 手抄曲目，未见全文 |
| 33 | 成果类 | 赵丕鼎大本曲作品《树立社会主义荣辱观》 | 手稿 | 赵丕鼎保管 | 手抄曲目，未见全文 |
| 34 | 成果类 | 赵丕鼎大本曲作品《纪念邓小平出生一百周年》 | 手稿 | 赵丕鼎保管 | 手抄曲目，未见全文 |
| 35 | 成果类 | 赵丕鼎大本曲作品《歌唱社会主义新农村》 | 手稿 | 赵丕鼎保管 | 手抄曲目，未见全文 |
| 36 | 成果类 | 赵丕鼎大本曲作品《祖国在我心中心》 | 手稿 | 赵丕鼎保管 | 手抄曲目，未见全文 |
| 37 | 成果类 | 赵丕鼎大本曲作品《欢庆奥运会》 | 手稿 | 赵丕鼎保管 | 手抄曲目，未见全文 |
| 38 | 成果类 | 赵丕鼎大本曲作品《献给大理人代会》 | 手稿 | 赵丕鼎保管 | 手抄曲目，未见全文 |
| 39 | 成果类 | 赵丕鼎大本曲作品《欢庆两会召开》 | 手稿 | 赵丕鼎保管 | 手抄曲目，未见全文 |
| 40 | 成果类 | 赵丕鼎大本曲作品《献给第四届残代会》 | 手稿 | 赵丕鼎保管 | 手抄曲目，未见全文 |
| 41 | 成果类 | 赵丕鼎大本曲作品《献给营洲七代会》 | 手稿 | 赵丕鼎保管 | 手抄曲目，未见全文 |

续表

| 序号 | 类别 | 档案明细 | 载体 | 保管/来源 | 备注 |
|---|---|---|---|---|---|
| 42 | 成果类 | 赵丕鼎大本曲作品《喜庆兰花茶花博览会》 | 手稿 | 赵丕鼎保管 | 手抄曲目，未见全文 |
| 43 | 成果类 | 赵丕鼎大本曲作品《向普发光学习》 | 手稿 | 赵丕鼎保管 | 手抄曲目，未见全文 |
| 44 | 成果类 | 赵丕鼎大本曲作品《唱周城》 | 手稿 | 赵丕鼎保管 | 手抄曲目，未见全文 |
| 45 | 成果类 | 赵丕鼎大本曲作品《祖国在腾飞》 | 手稿 | 赵丕鼎保管 | 手抄曲目，未见全文 |
| 46 | 成果类 | 赵丕鼎大本曲作品《党旗永远飘扬》 | 手稿 | 赵丕鼎保管 | 手抄曲目，未见全文 |
| 47 | 成果类 | 赵丕鼎大本曲作品《游大理风情》 | 手稿 | 赵丕鼎保管 | 手抄曲目，未见全文 |
| 48 | 成果类 | 赵丕鼎大本曲作品《和谐大理美如画》 | 手稿 | 赵丕鼎保管 | 手抄曲目，未见全文 |
| 49 | 成果类 | 赵丕鼎大本曲作品《火把节》 | 手稿 | 赵丕鼎保管 | 手抄曲目，未见全文 |
| 50 | 成果类 | 赵丕鼎大本曲作品《众志成城防火灾》 | 手稿 | 赵丕鼎保管 | 手抄曲目，未见全文 |
| 51 | 成果类 | 赵丕鼎大本曲作品《生态农业好》 | 手稿 | 赵丕鼎保管 | 手抄曲目，未见全文 |
| 52 | 成果类 | 赵丕鼎大本曲作品《反对邪教》 | 手稿 | 赵丕鼎保管 | 手抄曲目，未见全文 |
| 53 | 成果类 | 赵丕鼎大本曲作品《风光大道似锦上添花》 | 手稿 | 赵丕鼎保管 | 手抄曲目，未见全文 |
| 54 | 成果类 | 赵丕鼎大本曲作品《十八大精神永铸辉煌》 | 手稿 | 赵丕鼎保管 | 手抄曲目，未见全文 |
| 55 | 成果类 | 赵丕鼎大本曲作品《父女游喜洲》 | 手稿 | 赵丕鼎保管 | 手抄曲目，未见全文 |
| 56 | 成果类 | 赵丕鼎大本曲作品《苍山呼唤 还原生态》 | 手稿 | 赵丕鼎保管 | 手抄曲目，未见全文 |
| 57 | 成果类 | 赵丕鼎大本曲作品《保护洱海》 | 手稿 | 赵丕鼎保管 | 手抄曲目，未见全文 |
| 58 | 成果类 | 赵丕鼎大本曲作品《母亲的呼唤》 | 手稿 | 赵丕鼎保管 | 手抄曲目，未见全文 |
| 59 | 成果类 | 赵丕鼎大本曲作品《爱我大理锦绣》 | 手稿 | 赵丕鼎保管 | 手抄曲目，未见全文 |

续表

| 序号 | 类别 | 档案明细 | 载体 | 保管/来源 | 备注 |
|---|---|---|---|---|---|
| 60 | 成果类 | 赵丕鼎大本曲作品《海鸥与白鹭》 | 手稿 | 赵丕鼎保管 | 手抄曲目，未见全文 |
| 61 | 成果类 | 赵丕鼎大本曲作品《保护海西田园风光》 | 手稿 | 赵丕鼎保管 | 手抄曲目，未见全文 |
| 62 | 成果类 | 赵丕鼎大本曲作品《残疾人心中的歌》 | 手稿 | 赵丕鼎保管 | 手抄曲目，未见全文 |
| 63 | 成果类 | 赵丕鼎大本曲作品《贺新农合》 | 手稿 | 赵丕鼎保管 | 手抄曲目，未见全文 |
| 64 | 成果类 | 赵丕鼎大本曲作品《只生一个好》 | 手稿 | 赵丕鼎保管 | 手抄曲目，未见全文 |
| 65 | 成果类 | 赵丕鼎大本曲作品《农业普查好》 | 手稿 | 赵丕鼎保管 | 手抄曲目，未见全文 |
| 66 | 成果类 | 赵丕鼎大本曲作品《创建平安村社》 | 手稿 | 赵丕鼎保管 | 手抄曲目，未见全文 |
| 67 | 成果类 | 赵丕鼎大本曲作品《全民参与 严防火灾》 | 手稿 | 赵丕鼎保管 | 手抄曲目，未见全文 |
| 68 | 成果类 | 赵丕鼎大本曲作品《文明交通》 | 手稿 | 赵丕鼎保管 | 手抄曲目，未见全文 |
| 69 | 成果类 | 赵丕鼎大本曲作品《劝君莫赌》 | 手稿 | 赵丕鼎保管 | 手抄曲目，未见全文 |
| 70 | 成果类 | 赵丕鼎大本曲作品《长效机制保环境》 | 手稿 | 赵丕鼎保管 | 手抄曲目，未见全文 |
| 71 | 成果类 | 赵丕鼎大本曲作品《诚信纳税 构建和谐社会》 | 手稿 | 赵丕鼎保管 | 手抄曲目，未见全文 |
| 72 | 成果类 | 赵丕鼎大本曲作品《绕三灵》 | 手稿 | 赵丕鼎保管 | 手抄曲目，未见全文 |
| 73 | 成果类 | 赵丕鼎大本曲作品《欢庆九九重阳节》 | 手稿 | 赵丕鼎保管 | 手抄曲目，未见全文 |
| 74 | 成果类 | 赵丕鼎大本曲作品《新年贺词》 | 手稿 | 赵丕鼎保管 | 手抄曲目，未见全文 |
| 75 | 成果类 | 赵丕鼎大本曲作品《教育实践活动就是好》 | 手稿 | 赵丕鼎保管 | 手抄曲目，未见全文 |
| 76 | 成果类 | 赵丕鼎大本曲作品《昔日洱海》 | 打印稿 | 赵丕鼎保管 | 见全文，署名，未署日期 |
| 77 | 成果类 | 赵丕鼎大本曲作品《习总书记到农家》 | 打印稿 | 赵丕鼎保管 | 见全文，署名，未署日期 |

续表

| 序号 | 类别 | 档案明细 | 载体 | 保管/来源 | 备注 |
|---|---|---|---|---|---|
| 78 | 成果类 | 赵丕鼎大本曲作品《祝贺词》 | 打印稿 | 赵丕鼎保管 | 见全文，未署名，未署日期 |
| 79 | 成果类 | 赵丕鼎大本曲作品《关爱生命，预防艾滋》 | 打印稿 | 赵丕鼎保管 | 见全文，署名，未署日期 |
| 80 | 成果类 | 赵丕鼎大本曲作品《祖国在腾飞》（山花体） | 手稿 | 赵丕鼎保管 | 见全文，署名，未署日期 |
| 81 | 评价类 | 段伶：《访大本曲北腔名师——赵丕鼎》，载《大理文化》2002年第4期，第51页。 | 期刊 | 网络检索 | |
| 82 | 评价类 | 《云南先进性教育寓教于乐深入基层》，载"新华网云南频道"2005年12月14日。 | 文字 | 网络检索 | |
| 83 | 评价类 | 《云南：保持党员先进性教育寓教于乐深入基层》，载"新华网昆明"，2005年12月15日。 | 文字 | 网络检索 | |
| 84 | 评价类 | 《喜洲一农民家庭三人同时要求入党》，载《大理日报》2007年7月9日，第A1版。 | 报纸 | 网络检索 | |
| 85 | 评价类 | 《唱响大本曲学习普发兴》，载《大理日报》2010年8月17日，第A1版。 | 报纸 | 网络检索 | |
| 86 | 评价类 | 《大本曲颂普发兴》，载《云南日报》2010年8月23日，第2版。 | 报纸 | 网络检索 | |
| 87 | 评价类 | 《白族绕三灵传人赵丕鼎》，载《文化月刊》2010年第9期，第124页。 | 期刊 | 网络检索 | |
| 88 | 评价类 | 彭海欢、杨俊：《赵丕鼎：用大本曲唱出"绕三灵"》，载《云南信息报》2011年9月14日，第01版（大理读本）。 | 报纸 | 网络检索 | |
| 89 | 评价类 | 赵丕鼎演唱《花子迎亲》，载百度贴吧（http://tieba.baidu.com/p/1548521540），2012年4月24日。 | 视频 | 网络检索 | |
| 90 | 评价类 | 赵丕鼎演唱《黄氏女对金刚经》，载百度贴吧（http://tieba.baidu.com/p/1549086904），2012年4月24日。 | 音频 | 网络检索 | |
| 91 | 评价类 | 《赵丕鼎现场说唱 众游客驻足欣赏——大理非物质文化遗产博物馆开馆侧记》，《云南经济日报》2013年1月23日，第15版（人间万象）。 | 报纸 | 网络检索 | |

续表

| 序号 | 类别 | 档案明细 | 载体 | 保管/来源 | 备注 |
|---|---|---|---|---|---|
| 92 | 评价类 | 《赵丕鼎：“大本曲是我的全部"》，载《今日民族》2013年第12期，第17—20页。 | 期刊 | 网络检索 | |
| 93 | 评价类 | 《大理民间艺术大师赵丕鼎——四世同台唱白族大本曲你弹我唱讲述大理传说》，载《春城晚报》2014年1月15日，第A216版。 | 报纸 | 网络检索 | |
| 94 | 评价类 | 《节·绕三灵》，载"国家地理中文网"，2014年9月29日。 | 网络 | 网络检索 | |
| 95 | 评价类 | 《传承：云南白族大本曲传承人赵丕鼎》，载"央广网"（http://country.cnr.cn/xczt/memory2/cczxdt/20151216_520819331.shtml）2015年12月16日。 | 音频 | 网络检索 | |
| 96 | 评价类 | 杨婷：《白族"绕三灵"国家级传承人——赵丕鼎》，载《大理时讯》2015年6月19日，第2—3版（视野周刊）。 | 报纸 | 网络检索 | |
| 97 | 评价类 | 又凡：《赵丕鼎：绕三灵是个动人的故事》，载《大理时讯》2017年3月20日，第4版（文化旅游）。 | 报纸 | 网络检索 | |
| 98 | 评价类 | 《白族"大本曲"代言人赵丕鼎：唱出洱海保护的古曲新篇》，载"云南网"2018年5月18日。 | 网络 | 网络检索 | |
| 99 | 评价类 | 《我市赵丕鼎家庭荣评"全国最美家庭"》，载"大理市人民政府"网站，2018年5月22日。 | 网络 | 网络检索 | |
| 100 | 评价类 | 《赵丕鼎：《赵丕鼎是我的全部》，载《今日民族》2018年10月22日。 | 网络 | 网络检索 | |
| 101 | 评价类 | 周玉林：《赵丕鼎：保护洱海三代人的古曲新编》，载《中国妇女报》2018年11月11日，第001版。 | 报纸 | 网络检索 | |

续表

| 序号 | 类别 | 档案明细 | 载体 | 保管/来源 | 备注 |
|---|---|---|---|---|---|
| 102 | 评价类 | 赵丕鼎：《大本曲唱出好生活》，载《民族时报》2019年1月18日，第A04版（壮阔东方潮 奋进新时代）。 | 报纸 | 网络检索 | |
| 103 | 评价类 | 《赵丕鼎：一家三代传承白族"大本曲"唱响洱海保护古曲新篇》，载"云南网"2019年3月3日。 | 网络 | 网络检索 | |
| 104 | 评价类 | 赵丕鼎、赵冬梅演唱《大理白族传统大本曲——三公主修行之二》，云南音像出版社（ISRC CN-G10-02-0034-0/V.J6）。 | 视频 | 网络检索 | |
| 105 | 评价类 | 赵丕鼎、赵福坤作，赵冬梅演唱《白族大本曲 崇尚科学反对邪教 构建幸福家园》，中共大理市委610办公室、大理市文化体育广播电视局。 | 视频 | 网络检索 | |

**附录（二） 云南省级传承人李润凤及其父李明璋的个人档案**

| 序号 | 类型 | 档案明细 | 载体形式 | 保管/来源 | 备注 |
|---|---|---|---|---|---|
| 1 | 生平类 | 大理市海东区文艺代表队全体同志合影（黑白照片，标注时间为1984年3月19日） | 照片 | 李润凤保管 | |
| 2 | 生平类 | 中共大理市委、大理市人民政府2000年5月30日颁发给李丽的"大理市第二届银河杯文艺赛表演二等奖"奖状 | 证书 | 李润凤保管 | |
| 3 | 生平类 | 李丽2003年4月5日撰《从事大本曲艺术总结》（手稿） | 手稿 | 李润凤保管 | |
| 4 | 生平类 | "大理州曲艺家协会第三次会员代表大会"合影（彩色照片，标注时间为2003年11月9日） | 照片 | 李润凤保管 | |

续表

| 序号 | 类型 | 档案明细 | 载体形式 | 保管/来源 | 备注 |
|---|---|---|---|---|---|
| 5 | 生平类 | 大理三月街民族节文艺处 2005 年 4 月 23 日颁发给李丽:表演的节目《牛不吃水压牛头》参加 2005 年大理州"三月街民族节"民族民间文艺展演表演纪念证书 | 证书 | 李润凤保管 | |
| 6 | 生平类 | 大理州人事局、大理州文化局 2006 年 2 月颁发给李丽的"大理州民间艺术大师"称号证书 | 证书 | 李润凤保管 | |
| 7 | 生平类 | 大理州人事局、大理州文化局 2006 年 2 月颁发给李丽的"大理州民间艺术大师"牌匾 | 实物 | 李润凤保管 | |
| 8 | 生平类 | 中共海东镇委员会、海东镇人民政府海东镇颁发给李丽的"2006 年度先进民间文艺工作者称号"荣誉证书 | 证书 | 李润凤保管 | |
| 9 | 生平类 | 大理文化局、大理亚汇房地产公司、大理方达房地产公司 2007 年 12 月 9 日颁发给李丽的"大理州第十届洱海歌手'亚方杯'大奖赛原生态组三等奖"奖状 | 证书 | 李润凤保管 | |
| 10 | 生平类 | 中共海东镇委员会、海东镇人民政府海东镇颁发给李丽的"2007 年度先进民间文艺工作者称号"荣誉证书 | 证书 | 李润凤保管 | |
| 11 | 生平类 | 中共海东镇委员会、海东镇人民政府海东镇颁发给李丽的"2008 年度先进民间文艺工作者称号"荣誉证书 | 证书 | 李润凤保管 | |
| 12 | 生平类 | 大理州文化局、剑川县人民政府 2009 年 9 月 14 日颁发给李丽的"2009 年大理州第十一届《洱海歌手》'石宝山杯'民歌大赛优秀奖"荣誉证书 | 证书 | 李润凤保管 | |
| 13 | 生平类 | 中共大理州委宣传部等单位 2009 年 4 月颁发给李丽的"大理州第六届'明珠杯'歌手大赛民族组三等奖"奖状 | 证书 | 李润凤保管 | |
| 14 | 生平类 | 中共海东镇委员会、海东镇人民政府海东镇颁发给李丽的"2009 年度先进民间文艺工作者称号"荣誉证书 | 证书 | 李润凤保管 | |

续表

| 序号 | 类型 | 档案明细 | 载体形式 | 保管/来源 | 备注 |
|---|---|---|---|---|---|
| 15 | 生平类 | 中共海东镇委员会、海东镇人民政府海东镇颁给李丽的"2010年度先进民间文艺工作者称号"荣誉证书 | 证书 | 李润凤保管 | |
| 16 | 生平类 | 中共海东镇委员会、海东镇人民政府海东镇颁给李丽的"2011年度先进民间文艺工作者称号"荣誉证书 | 证书 | 李润凤保管 | |
| 17 | 生平类 | 大赛组委会2013年9月2日颁发给李丽：演唱《阿凤苍山化作云》歌曲，在大理州第十三届《洱海歌手》电视组大奖赛中荣获"中老年优秀歌手奖"荣誉证书 | 证书 | 李润凤保管 | |
| 18 | 生平类 | 大理白族自治州人民政府2014年3月26日颁发给李润凤的"大理州第三批非物质文化遗产项目（白族大本曲）代表性传承人"证书 | 证书 | 李润凤保管 | |
| 19 | 生平类 | 云南省文化厅2014年9月颁发给李润凤的"云南省非物质文化遗产传承人"命名状 | 实物 | 李润凤保管 | |
| 20 | 生平类 | 云南省文化厅2014年9月颁发给李润凤的"云南省非物质文化遗产传承人"荣誉证书 | 证书 | 李润凤保管 | |
| 21 | 生平类 | 李润凤从艺活动照片（彩色照片，拍摄时间、地点不详） | 照片 | 李润凤保管 | |
| 22 | 生平类 | 李润凤从艺活动照片（彩色照片，拍摄时间、地点不详） | 照片 | 李润凤保管 | |
| 23 | 生平类 | 李润凤从艺活动照片（彩色照片，拍摄时间、地点不详） | 照片 | 李润凤保管 | |
| 24 | 生平类 | 李润凤参加"大理州文联曲艺演唱会"活动照片（拍摄时间、地点不详） | 照片 | 李润凤保管 | |
| 25 | 生平类 | 李润凤从艺活动照片（彩色照片，拍摄时间、地点不详） | 照片 | 李润凤保管 | |
| 26 | 生平类 | 李润凤从艺活动照片（彩色照片，拍摄时间、地点不详） | 照片 | 李润凤保管 | |
| 27 | 生平类 | 李润凤从艺活动照片（彩色照片，拍摄时间、地点不详） | 照片 | 李润凤保管 | |

附录四 非物质文化遗产传承人个人档案目录

续表

| 序号 | 类型 | 档案明细 | 载体形式 | 保管/来源 | 备注 |
|---|---|---|---|---|---|
| 28 | 生平类 | 李润凤参加"欢庆前进油水站竣工"文艺表演照片（拍摄时间不详） | 照片 | 李润凤保管 | |
| 29 | 生平类 | 李润凤从艺活动照片（彩色照片、拍摄时间、地点不详） | 照片 | 李润凤保管 | |
| 30 | 生平类 | 李润凤从艺活动照片（黑白照片、拍摄时间、地点不详） | 照片 | 李润凤保管 | |
| 31 | 生平类 | 李明章生活照片（黑白照片、拍摄时间、地点不详） | 照片 | 李润凤保管 | |
| 32 | 生平类 | 李明章生活照片（彩色照片、拍摄时间、地点不详） | 照片 | 李润凤保管 | |
| 33 | 生平类 | 李明章生活照片（彩色照片、拍摄时间、地点不详） | 照片 | 李润凤保管 | |
| 34 | 生平类 | 李明章在天安门广场照片（黑白照片、拍摄时间不详） | 照片 | 李润凤保管 | |
| 35 | 生平类 | 李明章在北京的照片（黑白照片、拍摄时间不详） | 照片 | 李润凤保管 | |
| 36 | 生平类 | 海东陞传人李丽（手写稿、责任者、时间不详） | 手稿 | 李润凤保管 | |
| 37 | 生平类 | 《大本曲艺人李明章》（手写稿、责任者、时间不详） | 手稿 | 李润凤保管 | |
| 38 | 成果类 | 李明章1963年手抄大本曲曲本《梁山泊与祝英台·三妻两状元》 | 手稿 | 李润凤保管 | |
| 39 | 成果类 | 巧妇妈妈（喜剧）大本曲全本·李明章唱本（落款：1964年） | 手稿 | 李润凤保管 | |
| 40 | 成果类 | 李明章1964年手抄大本曲曲本《智取威虎山》 | 手稿 | 李润凤保管 | |
| 41 | 成果类 | 李明章1964年手抄、1979年重抄大本曲曲本《血汗衫：火烧磨房》 | 手稿 | 李润凤保管 | |
| 42 | 成果类 | 李明章1964年手抄大本曲曲本《烂季子会大哥》 | 手稿 | 李润凤保管 | |
| 43 | 成果类 | 李明章1964年手抄大本曲曲本《卖花记（上）：卖花》 | 手稿 | 李润凤保管 | |
| 44 | 成果类 | 接姑娘（大本曲艺）·李明章唱本（落款：1965年8月13日于大理名庄写完） | 手稿 | 李润凤保管 | |
| 45 | 成果类 | 西门豹（法家故事）大本曲全本·李明章唱本（落款：1966年6月） | 手稿 | 李润凤保管 | |

续表

| 序号 | 类型 | 档案明细 | 载体形式 | 保管/来源 | 备注 |
|---|---|---|---|---|---|
| 46 | 成果类 | 血泪仇（白族）大本曲全本·李明章唱本（落款：第三次改写于1966年12月20日） | 手稿 | 李润凤保管 | |
| 47 | 成果类 | 战斗里成长（汉词）大本曲唱本（落款：1967年2月6日） | 手稿 | 李润凤保管 | |
| 48 | 成果类 | 李明章1968年手抄大本曲本《梁山泊与祝英台·英台抗婚》 | 手稿 | 李润凤保管 | |
| 49 | 成果类 | 秦香莲（陈世美不认前妻）（白族）大本曲全本·李明章唱本（落款：1979年） | 手稿 | 李润凤保管 | |
| 50 | 成果类 | 斗夫云（大本曲）·白族李明章编（落款：1980年9月） | 手稿 | 李润凤保管 | |
| 51 | 成果类 | 宝串珠（白族）大本曲全本·李明章唱本（落款：1963年初稿，1980年最终完成） | 手稿 | 李润凤保管 | |
| 52 | 成果类 | 李明章1981年手抄大本曲本《卖花记（下）·斩王强》 | 手稿 | 李润凤保管 | |
| 53 | 成果类 | 火烧百崖寺（神话故事）大本曲全本·李明章唱本（落款：此本曲本修改于大理1982年6月8号结束于名庄） | 手稿 | 李润凤保管 | |
| 54 | 成果类 | 李明章1982年手抄大本曲本《张元庆敬宝》 | 手稿 | 李润凤保管 | |
| 55 | 成果类 | 张四姐下凡（神话故事）大本曲全本·李明章唱本（落款：1983年） | 手稿 | 李润凤保管 | |
| 56 | 成果类 | 墙头记（白族）大本曲全本·李明章唱本（落款：1983年） | 手稿 | 李润凤保管 | |
| 57 | 成果类 | 赵玉娘寻夫（白族）大本曲全本·李明章唱本（落款：1984年） | 手稿 | 李润凤保管 | |
| 58 | 评价类 | 《李明璋传》，载伍国栋主编，中国艺术研究院音乐研究所等编：《白族音乐志》文化艺术出版社1992年版，第380页。 | 图书 | 网络检索 | |
| 59 | 评价类 | 李培德：《艺苑奇葩——忆白族大本曲著名艺人李明璋》，《大理日报》2005年3月4日，第3版。 | 报纸 | 李润凤保管 | |
| 60 | 评价类 | 李培德：《艺苑奇葩——忆白族大本曲著名艺人李明璋》，《海东宣传》2005年3月15日，第4版。 | 报纸 | 李润凤保管 | |

附录四 非物质文化遗产传承人个人档案目录　207

续表

| 序号 | 类型 | 档案明细 | 载体形式 | 保管/来源 | 备注 |
|---|---|---|---|---|---|
| 61 | 评价类 | 杨占祥、杨海胜：《洱海之滨的艺苑奇葩——白族大本曲艺术家李明璋》，《大理文化》2005年第5期，第55—56页。 | 期刊 | 网络检索 | |
| 62 | 评价类 | 《大本曲艺术家李明璋》，载张奋兴《大理海东风物志》，云南民族出版社2006年版，第341—343页。 | 图书 | 网络检索 | |
| 63 | 评价类 | 王晓云：《情到深处曲生花——大理曲艺家协会三人谈（郭晓梅、赵成、李丽）》，《大理文化》2010年第10期，第97—102页。 | 期刊 | 网络检索 | |
| 64 | 评价类 | 《李明璋》，载寸丽香编著《白族人物简志》，中国民族摄影艺术出版社2009年版，第231页。 | 图书 | 网络检索 | |
| 65 | 评价类 | 王晓云：《情到深处曲生花——大理曲艺家协会三人谈（郭晓梅、赵成、李丽）》，《大理文化》2010年第10期，第97—102页。 | 期刊 | 网络检索 | |
| 66 | 其他类 | 大理白族自治州文化局编：《白族大本曲音乐》，云南人民出版社1986年版，第259—263页。 | 图书·复印版 | 李润凤保管 | |
| 67 | 其他类 | 大理州地方志编纂委员会：《大理白族自治州志·卷7》，云南人民出版社2000年版，第81页。 | 图书·复印版 | 李润凤保管 | |

## 国家级传承人杨春文个人档案

附录（三）

| 序号 | 类型 | 档案明细 | 载体形式 | 保管/来源 | 备注 |
|---|---|---|---|---|---|
| 1 | 生平类 | 杨春文2015年11月申报国家级传承人的申报片拍摄脚本：国家非物质文化遗产传统舞蹈"耳子歌"——云南省非物质文化遗产代表性传承人申报片《留住艺术·传承非遗——耳子歌传承人杨春文》 | 纸质 | 杨春文保管 | |

续表

| 序号 | 类型 | 档案明细 | 载体形式 | 保管/来源 | 备注 |
|---|---|---|---|---|---|
| 2 | 生平类 | 2015年9月17日杨春文与云龙县文化馆签署的《云龙县非物质文化遗产项目代表性传承人传承人年度传承工作承诺书》 | 纸质 | 杨春文保管 | |
| 3 | 生平类 | 2015年9月17日杨春文与云龙县文化馆签署的《云龙县非物质文化遗产项目代表性传承人传承人责任书》 | 纸质 | 杨春文保管 | |
| 4 | 生平类 | 杨春文2015年10月申报"第五批国家级非物质文化遗产代表性项目代表性传承人"的申报表 | 纸质 | 杨春文保管 | |
| 5 | 生平类 | 2010年6月12日云南省文化厅、云南省民族事务委员会颁给杨春文的"云南省非物质文化遗产项目省级代表性传承人命名状"牌匾 | 实物 | 杨春文保管 | |
| 6 | 生平类 | 大理白族自治州人民政府2010年3月10日命名杨春文为"大理州第一批民族民间传统文化保护项目（舞蹈）传承人"的证书 | 实物 | 杨春文保管 | |
| 7 | 生平类 | 大理州人事局、大理州文化局于2010年3月命名杨春文为"大理州民间艺术大师称号"的荣誉证书 | 实物 | 杨春文保管 | |
| 8 | 生平类 | 大理州人事局、大理州文化局于2010年3月命名杨春文为"大理州民间艺术大师称号"的牌匾 | 实物 | 杨春文保管 | |
| 9 | 生平类 | 杨春文2014年2月14日致云龙县县政府"关于给予生活困难补助的申请" | 纸质 | 杨春文保管 | |
| 10 | 生平类 | 云南省民族民间传统文化突出人才申报表（时间、责任者不详） | 纸质 | 杨春文保管 | |
| 11 | 活动类 | 腾讯视频《云龙县白族传统舞蹈"耳子歌"传承人——杨春文》 | 视频 | 网络检索 | |
| 12 | 活动类 | 2014年12月杨春文与大理州图书馆签订的《大理州非遗传承人录音制品版权协议》 | 纸质 | 杨春文保管 | |
| 13 | 活动类 | 2014年10月19日云南省档案馆颁给杨春文的"口述历史荣誉证书" | 实物 | 杨春文保管 | |
| 14 | 活动类 | 2014年9月25日云南省档案局致杨春文的"口述历史档案邀请函" | 纸质 | 杨春文保管 | |

附录四　非物质文化遗产传承人个人档案目录　209

续表

| 序号 | 类型 | 档案明细 | 载体形式 | 保管/来源 | 备注 |
|---|---|---|---|---|---|
| 15 | 评价类 | 《高山峡谷间的艺术瑰宝——云龙县开展原生态歌舞保护与传承工作侧记》，《大理日报》2010年6月9日A3版 | 纸质 | 网络检索 | |
| 16 | 评价类 | 2010年3月31日形成的《云龙县检槽乡民族民间传统文化传承人（艺人）杨春文的调查报告》作者不详 | 纸质 | 杨春文保管 | |
| 17 | 评价类 | 《省级传统礼仪节日庆传承人杨春文小传》，载《云龙文化》2010年第2期，第66页 | 纸质 | 杨春文保管 | 整刊 |
| 18 | 评价类 | 2004年11月26日云龙县民族民间传统文化调查组形成的《云龙县检槽乡民族民间传统文化传承人（艺人）杨春文的调查报告》 | 纸质 | 杨春文保管 | |
| 19 | 评价类 | 《杨春文：我一生亲历的"耳子歌"》，2018年3月3日，大理旅游网（http://www.dalitravel.gov.cn/news/41017.html） | 网络 | 网络检索 | |
| 20 | 评价类 | 李维丽：《"耳子歌"传承人——杨春文》，《大理文化》2018年第1期 | 期刊 | 网络检索 | |
| 21 | 评价类 | 《耋耋老人的"耳子歌"人生》，2018年4月26日，大理电视网（http://www.dalitv.net/forum.php?mod=viewthread&tid=6418） | 视频 | 网络检索 | |

## 云南省级传承人张杰兴个人档案

附录（四）

| 序号 | 档案类型 | 档案明细 | 载体形式 | 保管/来源 | 备注 |
|---|---|---|---|---|---|
| 1 | 生平类 | 大理白族自治州民间文艺家协会、大理（市）文化研究会颁2003年4月发给张杰兴参加"大理白族民间文艺传习班"的合格证书 | 证书 | 张杰兴保管 | |

续表

| 序号 | 档案类型 | 档案明细 | 载体形式 | 保管/来源 | 备注 |
|---|---|---|---|---|---|
| 2 | 生平类 | 2007年6月9日云南省文化厅、云南省民族事务委员会颁发的"云南省省级代表性传承人命名状"牌匾 | 实物 | 张杰兴保管 | |
| 3 | 生平类 | 大理白族自治州人民政府2010年3月10日颁发给张杰兴的"大理州第一批民族民间传统文化保护项目（舞蹈）传承人"荣誉证书 | 证书 | 张杰兴保管 | |
| 4 | 生平类 | 中共长新乡委员会、长新乡人民政府2012年11月2日颁发给张杰兴"为传承长新地区白族民间文艺作出了突出贡献"的荣誉证书 | 证书 | 张杰兴保管 | |
| 5 | 生平类 | 2014年10月19日云南省档案馆颁给杨春文的"口述历史荣誉证书（第201418号）" | 证书 | 张杰兴保管 | |
| 6 | 生平类 | 云南省非物质文化遗产保护中心2015年8月颁发给张杰兴的"云南省省国家级、省级非物质文化遗产项目代表性传承人培训班结业证书" | 证书 | 张杰兴保管 | |
| 7 | 成果类 | 大达吹吹腔剧团张杰兴2009年8月20日《吹吹腔之缘》打印稿 | 打印稿 | 张杰兴保管 | |
| 8 | 成果类 | 大达吹吹腔剧团张杰兴2009年8月20日《吹吹腔之缘》手稿 | 手稿 | 张杰兴保管 | |
| 9 | 评价类 | 《张杰兴：一辈子就爱吹吹腔》，《大理日报》2017年4月6日，第7版 | 期刊 | 网络检索 | |
| 10 | 评价类 | 《张杰兴的吹吹腔情结》，2018年5月11日，大理电视网（http://xmt.dalitv.net/forum.php?mod=viewthread&tid=6646&extra=page%3D1） | 视频 | 网络检索 | |
| 11 | 其他类 | 吹吹腔剧本《战罗成》，手稿，1980年正月初一 | 手稿 | 戏台保管 | |
| 12 | 其他类 | 吹吹腔剧本《赵武牧羊》，手稿，1982年冬季 | 手稿 | 戏台保管 | |
| 13 | 其他类 | 吹吹腔剧本《扫平江南》，手稿，1982年4月5日 | 手稿 | 戏台保管 | |
| 14 | 其他类 | 吹吹腔剧本《"高旺盘关""过巴洲""夜战马超"》手抄本；落款1983年冬月 | 手稿 | 张杰兴保管 | |

附录四 非物质文化遗产传承人个人档案目录　211

续表

| 序号 | 档案类型 | 档案明细 | 载体形式 | 保管/来源 | 备注 |
|---|---|---|---|---|---|
| 15 | 其他类 | 吹吹腔剧本《杨六郎智擒孟良》，手稿，1987年9月 | 手稿 | 戏台保管 | |
| 16 | 其他类 | 吹吹腔剧本《伐松望友》，手稿，1991年正月21日 | 手稿 | 戏台保管 | |
| 17 | 其他类 | 云龙县长新乡大达传统吹腔小戏《竹林拾子》，打印稿，2005年元月 | 打印稿 | 戏台保管 | |
| 18 | 其他类 | 吹吹腔剧本《海瑞罢官》，手稿 | 手稿 | 戏台保管 | |
| 19 | 其他类 | 吹吹腔剧本《康孟才胆亮》，手稿 | 手稿 | 戏台保管 | |
| 20 | 其他类 | 吹吹腔剧本《枪挑吕布紫金盔》，手稿 | 手稿 | 戏台保管 | |
| 21 | 其他类 | 吹吹腔剧本《扫平江南》，手稿 | 手稿 | 戏台保管 | |
| 22 | 其他类 | 吹吹腔剧本《三合阵》，手稿 | 手稿 | 戏台保管 | |
| 23 | 其他类 | 吹吹腔剧本《桑园寄子》，手稿 | 手稿 | 戏台保管 | |
| 24 | 其他类 | 吹吹腔剧本《伐松望友人》，手稿 | 手稿 | 戏台保管 | |
| 25 | 其他类 | 吹吹腔剧本《高旺盘官》，手稿 | 手稿 | 戏台保管 | |
| 26 | 其他类 | 吹吹腔剧本《扫平江南西部乡村》，手稿 | 手稿 | 戏台保管 | |
| 27 | 其他类 | 吹吹腔剧本《赵武牧羊》，手稿 | 手稿 | 戏台保管 | |
| 28 | 其他类 | 吹吹腔剧本《王英挑仙》，手稿 | 手稿 | 戏台保管 | |
| 29 | 其他类 | 吹吹腔剧本《智取姜维》，手稿 | 手稿 | 戏台保管 | |
| 30 | 其他类 | 吹吹腔剧本《竹林拾子》，手稿 | 手稿 | 戏台保管 | |
| 31 | 其他类 | "大达吹吹腔剧本"《赵武牧羊》，打印稿 | 打印稿 | 戏台保管 | |
| 32 | 其他类 | "大达吹吹腔戏本"《智取姜维》，打印稿 | 打印稿 | 戏台保管 | |

续表

| 序号 | 档案类型 | 档案明细 | 载体形式 | 保管/来源 | 备注 |
|---|---|---|---|---|---|
| 33 | 其他类 | "大达吹腔戏本"《战罗诚》，打印稿 | 打印稿 | 戏台保管 | |
| 34 | 其他类 | "大达吹腔戏本"《扫平江南》，打印稿 | 打印稿 | 戏台保管 | |
| 35 | 其他类 | "大达吹腔戏本"《长坂坡》，打印稿 | 打印稿 | 戏台保管 | |
| 36 | 其他类 | "大达吹腔戏本"《康孟才挡亮》，打印稿 | 打印稿 | 戏台保管 | |
| 37 | 其他类 | "大达吹腔戏本"《伐松望友》，打印稿 | 打印稿 | 戏台保管 | |
| 38 | 其他类 | "大达吹腔剧本"《仙鹤配》，打印稿 | 打印稿 | 戏台保管 | |
| 39 | 其他类 | "大达吹腔戏本"《海端罢官》，打印稿 | 打印稿 | 戏台保管 | |
| 40 | 其他类 | "大达吹腔戏本"《高旺盘关》，打印稿 | 打印稿 | 戏台保管 | |
| 41 | 其他类 | "大达吹腔戏本"《三合阵》，打印稿 | 打印稿 | 戏台保管 | |
| 42 | 其他类 | "大达吹腔戏本"《过巴洲》，打印稿 | 打印稿 | 戏台保管 | |
| 43 | 其他类 | "大达吹腔剧本"《夜战马超》，打印稿 | 打印稿 | 戏台保管 | |
| 44 | 其他类 | "大达吹腔剧本"《枪挑吕布紫金盔》，打印稿 | 打印稿 | 戏台保管 | |
| 45 | 其他类 | 吹吹腔剧本《长坂坡》，手稿 | 手稿 | 戏台保管 | |
| 46 | 其他类 | 吹吹腔剧本《韩相子修仙·戏曲段》 | 手稿 | 戏台保管 | |
| 47 | 其他类 | 吹吹腔表演道具若干（衣服、头饰等） | 实物 | 戏台保管 | |

# 参考文献

## 一 图书

Christopher A. Lee, *I, Digital*: *Personal Collections in the Digital Era*, Chicago: society of American Archivists, 2011.

Donald T. Hawkins, *Personal Archiving*: *Preserving Our Digital Heritage*, Medford: Information Today Inc, 2013.

Richard J. Cox, *Personal Archives and A New Archival Calling*: *Readings, Reflections and Ruminations*, Sacramento: Litwin Books, LLC, 2008.

［美］唐纳德·里奇：《大家来做口述历史：实务指南》，王芝芝、姚力译，当代中国出版社2006年版。

［苏］姆·斯·谢列兹涅夫：《苏联档案工作的理论与实践》，韩玉梅、吕洪宇、苏秀云译，中国人民大学出版社1955年版。

《白族简史》编写组编：《白族简史》，云南人民出版社1988年版。

蔡武主编：《中国文化年鉴（2013）》，新华出版社2013年版。

陈俊勉、侯碧云主编：《守望精神家园——走近桑植非物质文化遗产》，九州出版社2012年版。

陈时见主编：《教育研究方法》，高等教育出版社2007年版。

陈智为、邓绍兴、刘越男编著：《档案管理学》，中国人民大学出版社2008年版。

程介伟:《苍山大理石天然画——大理石天然画艺术浅谈》,云南美术出版社 2010 年版。

大理白族自治州文化局编:《白剧志》,文化艺术出版社 1989 年版。

大理市档案局编:《大理市国家级非物质文化遗产——大理市档案馆馆藏影像专题记录画册系列之三》,2014 年。

大理市档案局编:《大理市省级非物质文化遗产——大理市档案馆馆藏影像专题记录画册系列之四》,2015 年。

大理市文化局、大理市大理文化馆、大理市图书馆:《大本曲览胜》,云南民族出版社 2005 年版。

大理市文联、文化局、文化馆编:《白族大本曲音乐》,云南民族出版社 1986 年版。

邓绍兴:《人事档案教程》,中国传媒大学出版社 2008 年版。

董秀团:《白族大本曲研究》,中国社会科学出版社 2011 年版。

方德生:《干部人事档案工作理论与实践》,光明日报出版社 2013 年版。

冯惠玲、张辑哲主编:《档案学概论》,中国人民大学出版社 2006 年版。

广东省人民政府法制局:《广东法规规章全书(1979—1998)》,中国法制出版社 2000 年版。

国务院法制办公室:《中华人民共和国法规汇编(2013 年 1 月—12 月)》,中国法制出版社 2014 年版。

国务院人口普查办公室、国家统计局人口和就业统计司编:《中国 2010 年人口普查资料(上)》,中国统计出版社 2012 年版。

华林:《档案管理学新论》,中国社会科学出版社 2010 年版。

蒋敏娟:《中国政府跨部门协同机制研究》,北京大学出版社 2016 年版。

李怀祖编著:《管理研究方法论》,西安交通大学出版社 2004 年版。

李晴海：《杨汉与大本曲艺术》，云南艺术学院研究室 1986 年印。

林庆：《民族记忆的背影：云南少数民族非物质文化遗产研究》，云南大学出版社 2007 年版。

刘洪深：《国际化企业的合理化营销战略研究：理论模型与实证检验》，西南财经大学出版社 2014 年版。

刘敏：《社会资本与多元化贫困治理——来自逢街的研究》，社会科学文献出版社 2013 年版。

刘沛：《刘沛先生大本曲曲本集》，大理州文化局 2000 年版。

孙迎春：《发达国家整体政府跨部门协同机制研究》，国家行政学院出版社 2014 年版。

汪伟全：《地方政府合作》，中央编译出版社 2013 年版。

王锋、王双成：《白语研究论文集》，中西书局 2013 年版。

王文章主编：《非物质文化遗产概论》，教育科学出版社 2013 年版。

徐新建：《文化遗产研究（第三辑）》，巴蜀书社 2014 年版。

杨宴君、杨政业主编：《大理白族绕三灵》，云南民族出版社 2005 年版。

杨镇圭：《白族文化史》，云南民族出版社 2002 年版。

杨政业：《大理文化论》，云南民族出版社 2012 年版。

尹欣、纳麒：《云南文化发展蓝皮书（2009—2010）》，云南大学出版社 2010 年版。

苑利、顾军：《非物质文化遗产学》，高等教育出版社 2009 年版。

云南省人口普查办公室、云南省统计局编：《云南省 2010 年人口普查资料（上）》，中国统计出版社 2012 年版。

云南省文化厅编著：《云南省非物质文化遗产传承人名录》，云南大学出版社 2009 年版。

云南省文化厅编著：《云南省非物质文化遗产项目代表性传承人名录（第二卷）》，云南人民出版社 2010 年版。

张文、羊雪芳：《白乡奇葩：剑川民间传统文化探索》，云南民族出版社 2006 年版。

张仲谋：《非物质文化遗产传承研究》，文化艺术出版社 2010 年版。

中国社会科学院语言研究所词典编辑室编：《现代汉语词典》，商务印书馆 2001 年版。

中华人民共和国文化部：《中华人民共和国文化法规全书》，文化艺术出版社 2008 年版。

中华人民共和国文化部编：《中国文化年鉴（2009 年）》，文化艺术出版社 2010 年版。

周亚庆编著：《现代管理基础》，浙江大学出版社 2014 年版。

周耀林、戴旸、程齐凯等：《非物质文化遗产档案管理理论与实践》，武汉大学出版社 2013 年版。

## 二 期刊

Acker Amelia and Brubaker Jed R., "Death, Memorialization, and Social Media: A Platform Perspective for Personal Archives", *Archivaria*, Vol. 77, No. Spring, May 2014.

Ansell Chris and Gash Alison, "Collaborative Governance in Theory and Practice", *Journal of Public Administration Research & Theory*, Vol. 18, No. 4, Oct 2008.

Barrett Creighton, "Respect Which Fonds? Personal Archives and Family Businesses in Nova Scotia", *Archivaria*, Vol. 76, No. fall, Nov 2013.

Bryson John M., Crosby Barbara C. and Stone Melissa Middleton, "The Design and Implementation of Cross-Sector Collaborations: Propositions from the Literature", *Public Administration Review*, Vol. 66 No. Supplement S1, Dec 2006.

Burrows Toby, "Personal electronic archives: collecting the digital me", *OCLC Systems & Services: International digital library perspectives*, Vol. 22, No. 2, Apr 2006.

Catherine C. Marshall, Sara Bly and Francoise BrunCottan et. al, "The Long Term Fate of Our Digital Belongings: Toward a Service Model for Personal Archives", *Computer Science*, No. 6, Apr 2007.

Hobbs Catherine, "The character of personal archives: reflections on the value of records of individuals", *Archivaria*, Vol. 1, No. 52, Feb 2001.

McKemmish Sue and Piggott Michael, "Toward the Archival Multiverse: Challenging the Binary Opposition of the Personal and Corporate Archive in Modern Archival Theory and Practice", *Archivaria*, No. 76, Nov 2013.

McKemmish Sue and Piggott Michael:《通往档案的多元世界：对现代档案理论与实践中个人档案和法人档案二分法的挑战》，闫静编译，《外国档案》2014年第5期。

Pollard Riva A., "The Appraisal of Personal Papers: A Critical Literature Review", *Archivaria*, No. 52, Feb 2001.

Schindler Paul L. and Thomas, Cher C., "The Structure of Interpersonal Trust in the Workplace", *Psychological Reports*, Vol. 73, No. 2, Oct 1993.

《中华人民共和国国家标准GB 3792.1—83——文献著录总则》，《图书馆学通讯》1983年第4期。

《国家级非物质文化遗产项目代表性传承人认定与管理暂行办法》，《中华人民共和国国务院公报》2008年第33期。

《国务院办公厅关于加强我国非物质文化遗产保护工作的意见》，《中华人民共和国国务院公报》2005年第14期。

《国务院关于公布第一批国家级非物质文化遗产名录的通知》,《中华人民共和国国务院公报》2006年第20期。

《湖南省人民政府关于公布第一批省级非物质文化遗产名录的通知》,《湖南政报》2006年第12期。

《云南省人民政府关于公布云南省第一批非物质文化遗产保护名录的通知》,《云南政报》2006年第10期。

《中华人民共和国档案法》,《中华人民共和国全国人民代表大会常务委员会公报》1996年第6期。

《中华人民共和国非物质文化遗产法》,《中华人民共和国全国人民代表大会常务委员会公报》2011年第2期。

安小米、郝春红:《国外档案多元论研究及其启示》,《北京档案》2014年第11期。

白玉爽、于佩兰:《建立民间文化传承人档案传承祖国文化遗产》,《中国档案》2005年第11期。

包世同、綦楠萍、汤道銮:《浅论"名人全宗"的建立》,《档案与建设》1985年第1期。

曾燕:《借鉴国外经验 推进我省少数民族文化的传承和保护——云南省档案干部赴新加坡学习口述历史档案管理先进经验》,《云南档案》2011年第11期。

陈晓艳、喻晓玲:《环塔里木非遗"非代表性传承人"档案资源建设研究》,《山西档案》2016年第1期。

陈忠海、常大伟:《档案学视角下的个人存档若干理论问题探讨》,《档案与建设》2016年第3期。

丛培丽、王学军:《名人档案的收集整理及思考》,《山东档案》2000年第3期。

戴旸、叶鹏:《我国非物质文化遗产传承人建档探索》,《中国档案》2016年第6期。

管辉：《"名人全宗"研讨会在南京大学召开》，《档案学通讯》1985年第4期。

国家档案局：《国家档案局关于印发〈国家基本专业档案目录（第一批）〉的通知》，《中国档案》2011年第12期。

何芮：《非物质文化遗产传承人个人数字存档研究》，《云南档案》2015年第10期。

贺磊、贺海波：《实证主义与中国社会科学研究》，《河南师范大学学报》（哲学社会科学版）2014年第5期。

胡丽清、陈燕珍：《武汉大学名人档案的建立与发展前景》，《湖北档案》2010年第5期。

黄体杨：《我国个人档案管理研究述评》，《档案学通讯》2016年第3期。

黄永林：《非物质文化遗产传承人保护模式研究——以湖北宜昌民间故事讲述家孙家香、刘德培和刘德方为例》，《中国地质大学学报》（社会科学版）2013年第2期。

黄永勤、黄丽萍：《名人档案知识地图设计研究》，《浙江档案》2015年第7期。

贾雪萍：《高校建立名人档案问题探微》，《兰台世界》2005年第8期。

江沛、陈雄：《双龙风景区非物质文化遗产分类和保护》，《重庆文理学院学报》（社会科学版）2007年第3期。

李昂、徐东升：《做好非物质文化遗产传承人档案的征集工作》，《兰台世界》2010年第6期。

李佳妍：《云南白族档案文献遗产散存问题及其解决方案》，《大理学院学报》2015年第5期。

李克强：《政府工作报告——2014年3月5日在第十二届全国人民代表大会第二次会议上》，《中华人民共和国全国人民代表大会常务委员会公报》2014年第2期。

李孟珂、张静秋：《建立和完善非物质文化遗产传承人档案的思考——以孟连傣族"马鹿舞"为例》，《云南档案》2013年第3期。

李树青：《传承人档案：非物质文化遗产档案管理的核心》，《山东档案》2014年第3期。

李修宽、曹先武：《对地方档案馆建立"人物全宗"的探讨》，《河南档案》1984年第1期。

李祎、龙则灵：《鄂西土家织锦文化遗产传承人口述档案建立探析》，《兰台世界》2016年第9期。

联合国教育、科学及文化组织：《保护非物质文化遗产公约》，《中华人民共和国全国人民代表大会常务委员会公报》2006年第2期。

刘卫平：《社会协同治理：现实困境与路径选择——基于社会资本理论视角》，《湘潭大学学报》（哲学社会科学版）2013年第4期。

吕瑞花、覃兆刿：《基于"活化"理论的科技名人档案开发研究》，《档案学研究》2015年第4期。

吕瑞花、俞以勤、韩露等：《科技名人档案知识管理实践研究——以老科学家学术成长资料管理为例》，《情报理论与实践》2011年第6期。

马曜：《白族异源同流说》，《云南社会科学》2000年第3期。

倪恩玲：《浅谈名人档案的建立与整理》，《浙江档案》1995年第4期。

彭鑫、王云庆：《非物质文化遗产传承人个人存档SWOT分析》，《档案学通讯》2017年第5期。

祁庆富：《论非物质文化遗产保护中的传承及传承人》，《西北民族研究》2006年第3期。

孙谦、张向军、陈维扬等：《我国非物质文化遗产传承人保护研究综述》，《黑龙江史志》2013年第13期。

孙涛、袁泽轶：《浅谈海洋名人档案及其征集与整理》，《海洋信息》2010年第2期。

孙展红：《浅谈非物质文化遗产档案管理》，《黑龙江档案》2009年第3期。

谭九生、任蓉：《网络公共事件的演化机理及社会协同治理》，《吉首大学学报》（社会科学版）2014年第5期。

汤建容、何悦：《关于武陵山区非物质文化遗产传承人档案管理的思考》，《科技文献信息管理》2013年第2期。

田培杰：《协同治理概念考辨》，《上海大学学报》（社会科学版）2014年第1期。

田艳：《非物质文化遗产代表性传承人认定制度探究》，《政法论坛》2013年第4期。

王景高：《口述历史与口述档案》，《档案学研究》2008年第2期。

王丽：《论档案在边疆多民族地区社会秩序建构中的文化功能：基于档案多元论的阐释》，《档案学通讯》2016年第4期。

王云庆、李许燕：《为非物质文化遗产传承人建档的路径探析》，《浙江档案》2011年第12期。

王云庆、魏会玲：《论建立非物质文化遗产项目传承人档案的重要性》，《北京档案》2012年第2期。

王知津、韩正彪、周鹏：《当代情报学理论思潮：经验主义、理性主义与实证主义》，《情报科学》2011年第12期。

萧放：《关于非物质文化遗产传承人的认定与保护方式的思考》，《文化遗产》2008年第1期。

徐智波：《非遗传承人档案工作机制亟待构建》，《浙江档案》2013

年第 11 期。

尹利丰：《云龙婚俗傩仪"耳子歌"文化研究》，《安徽文学（下半月）》2013 年第 10 期。

俞可平：《中国公民社会：概念、分类与制度环境》，《中国社会科学》2006 年第 1 期。

张振元、李辉：《谈开发人物档案信息资源的途径》，《兰台世界》2002 年第 4 期。

赵林林、王云庆：《非物质文化遗产档案的特征和意义》，《档案与建设》2007 年第 12 期。

种金成、路颖：《数字档案馆背景下中医院校名人档案信息资源挖掘》，《中国管理信息化》2015 年第 20 期。

周超：《中日非物质文化遗产传承人认定制度比较研究》，《民族艺术》2009 年第 2 期。

周耀林、赵跃：《个人存档研究热点与前沿的知识图谱分析》，《档案学研究》2014 年第 3 期。

周耀林、赵跃：《国外个人存档研究与实践进展》，《档案学通讯》2014 年第 3 期。

朱春奎、申剑敏：《地方政府跨域治理的 ISGPO 模型》，《南开学报》2015 年第 6 期。

《大理州第四批州级非物质文化遗产项目代表性传承人推荐名单》，《大理日报》2016 年 5 月 13 日，第 A4 版。

《江苏省非物质文化遗产条例》，《江苏法制报》2013 年 1 月 23 日，第 3 版。

《文化部关于公布第三批国家级非物质文化遗产项目代表性传承人的通知》，《中国文化报》2009 年 6 月 12 日，第 1、6—7 版。

《文化和旅游部关于公布第五批国家级非物质文化遗产代表性项目代表性传承人的通知》，《中国文化报》2018 年 5 月 16 日，第 1、

5—8 版。

《云龙白族"耳子歌"》,《大理日报》2013 年 7 月 24 日, 第 A3 版。

《云南民族民间艺人名单》,《都市时报》2005 年 12 月 8 日, 第 76—77 版。

陈建东:《口述档案让少数民族历史不再靠口耳相传》,《中国档案报》2010 年 3 月 18 日, 第 1 版。

褚馨:《制砚大师蔡金兴档案入藏市档案馆》,《姑苏晚报》2014 年 5 月 29 日, 第 A09 版。

李潇:《王贯英档案资料 入馆收藏》,《保定晚报》2014 年 10 月 18 日, 第 05 版。

刘魁立:《非物质文化遗产传承人的历史价值》,《贵州民族报》2016 年 11 月 28 日, 第 A03 版。

罗旭:《非遗为何难解传承人之困》,《光明日报》2012 年 12 月 26 日, 第 15 版。

周清印:《老艺人走了, 把一身绝技和宝贝也带走了》,《新华每日电讯》2009 年 6 月 14 日, 第 06 版。

### 三 其他

李政:《白族建筑彩绘传承人杨克文研究》, 硕士学位论文, 云南艺术学院, 2015 年。

《白族档案》, 2016 年 1 月 6 日, 云南档案网 (http://www.ynda.yn.gov.cn/ztsj/ssmzzt/201610/t20161013_ 443490.html)。

《大本曲〈绕三灵〉》, 大理电视网 (http://www.dalitv.net/2016/0704/23669.shtml)。

《国家级非物质文化遗产代表性传承人抢救性记录工作规范(试行稿)》, 2015 年 4 月 7 日, 中国非物质文化遗产网 (http://www.ihchina.cn/newResources/fyweb/id/d/20150522001/64ce3bdb69ac4

b61b3df95ee1d44397d. doc）。

《湖南省文化厅关于公布第三批省级非物质文化遗产项目代表性传承人的通知》，2014年5月20日，湖南省文化和旅游厅（http：//www. hnswht. gov. cn/newbak/xxgk/gggs/content_ 66232. html）。

《湖南省文化厅关于公布第四批省级非物质文化遗产代表性传承人的通知》，2018年9月30日，湖南省文化和旅游厅（http：//www. hnswht. gov. cn/xxgk/gggs/content_ 129918. html）。

《湖南省文化厅关于公示第四批省级非物质文化遗产代表性项目名录推荐项目名单的公告》，2016年5月11日，湖南省文化厅（http：//wht. hunan. gov. cn/xxgk/tzgg/201605/t20160511_ 3828851. html）。

《丽江市非物质文化遗产保护中心》，http：//www. ichlj. org/，2016年8月3日。

《云南省文化厅关于公布第五批省级非物质文化遗产项目代表性传承人的通知》，2014年9月4日，云南省文化和旅游厅（http：//www. whyn. gov. cn/list/view/2/686）。

《云南省文化厅关于公示第三批省级非物质文化遗产名录推荐项目名单的公告》，2013年10月22日，云南省文化和旅游厅（http：//www. whyn. gov. cn/list/view/2/626）。

北京理工大学档案馆：《人物档案管理暂行办法》，2008年1月18日，北京理工大学（http：//www. bit. edu. cn/oldbit/xxgk/gljg/xzjg/dag/gzzd123/15886. htm）。

东华大学档案馆：《东华大学人物档案管理办法》，2018年9月25日，东华大学档案馆（http：//da. dhu. edu. cn/s/83/t/572/28/1c/info75804. htm）。

华东师范大学档案馆：《人物档案管理办法》，2013年7月11日，华东师范大学档案校史信息网（http：//www. dag. ecnu. edu. cn/

s/134/t/434/1c/95/info72853. htm）。

上海大学档案馆：《上海大学人物档案管理暂行办法》，上海大学档案馆（http：//cms. shu. edu. cn/Default. aspx？tabid＝17632）。

苏州大学档案馆：《苏州大学人物档案征集、归档办法》，苏州大学（http：//www. suda. edu. cn/html/article/181/24561. shtml）。

文化部：《关于开展国家级非物质文化遗产代表性传承人抢救性记录工作的通知》，2015年5月22日，中国非物质文化遗产网（http：//www. ihchina. cn/14/14829. html）。

扬州市档案局：《档案征集》，扬州档案方志网（http：//daj. yangzhou. gov. cn/daj/dazj/daj_ list. shtml）。

云南省工艺美术行业协会：《云南工美大师》，云南省工艺美术行业协会（http：//www. ynaca. org/list/front. article. articleList/15/44/1479. html），2016年11月4日。

宗文雯：《留存当代吴门艺术精品》，2012年5月22日，苏州新闻网（http：//www. subaonet. com/cul/2012/0522/928239. shtml）。

# 后 记

2018年1月，我调回母校工作，获得了档案与信息管理系学科发展经费的支持，使我的博士论文有机会公开出版。本书即是我的博士论文的修订版。

博士论文通过答辩以后，我对它的修改、补充一直没有中断。前期的修改主要集中在两个方面，一是对第四章进行了重新组织、梳理和精练，其核心内容以"非物质文化遗产传承人建档保护：文本分析与田野调查"为题发表于《档案学研究》2018年第3期；二是对第五章进行了精练，主要内容以"非遗数字信息资源建设的起点：协同开展非遗传承人建档保护的分析模型"为题发表于《图书馆论坛》2018年第12期。此次修订，对论文的体系也作了一些调整，对内容进行了较为全面的修改，吸收最新的研究成果、更新相关数据，试图强化白族传承人及其聚居区作为"研究场域"的定位，从更具普遍性的角度探讨非物质文化遗产传承人建档保护这一话题，书名也大胆地调整为《非物质文化遗产传承人建档保护研究——以白族传承人及其聚居区为中心》。

博士论文得以顺利出版，首先得感谢我的导师华林教授，从入门到毕业，及至今日博士论文公开出版，都与华老师的悉心指导分不开。感谢王晋老师邀我参与他主持的国家社科基金项目"白族口承文艺非物质文化遗产调查及专题数据库建设"，我正是在参与该项目中"发现"了博士论文的选题，并在研究过程中获得了该项目的支持。我从本科、硕士、博士，到今日留系任教，云南大学档案与信息管理系的老师们给了我很多的教育、指导和帮助，借此对他们表示诚挚谢意！读博期间，我任职于云南农业大学图书馆，特别感谢馆领导为我提供的便利和帮助，感谢同事们对我的理解和支持！

博士论文研究和写作过程中，得到了云南省档案局、大理州文广局、大理州文化遗产局、大理州档案局、大理州白剧团、大理市档案局、大理市非物质文化博物馆、云龙县文广局、云龙县政协、剑川县档案局、剑川县文广局、剑川县文化馆、保山市文广局、原云南省文化厅非物质文化遗产处、云南省非物质文化遗产保护中心、重庆市非物质文化遗产保护中心和昆明市文化馆等部门的支持和帮助；得到了众多传承人及师友同好的帮助，他们是：王水乔先生、王红光女士、李国文教授、赵丕鼎先生、赵冬梅女士、李润凤女士一家、张亚辉先生、戴四达先生父子、杨克文先生、程介伟先生、杨春文先生、赵兴杰先生、赵建军同学、杜钊学弟、余务清先生、余光岚师姐、董甜甜学姐、冯艳敏女士、王强源先生、刘方方先生、肖鹏先生、郑永田博士、谢欢博士、魏志鹏先生、张静文博士、马立伟学妹、张志惠学妹、李新先生、段砚玲女士、杨万涛先生、黄燕玲女士、蒋一红女士、梁雪花女士、姜吉顺先生、陈立周博士、赵局建师妹、刘为师妹及朱天梅师妹，在此谨致感谢！

读博那几年，工作的担子重了，生活上也开始步入正轨，结婚、安家、生子，感谢妻子对我的理解和包容，为我们的小家庭任劳任怨；感谢我的母亲默默忍受着疾病的折磨和在昆明生活的种种不适，从妻子怀胎到小儿的出生、养育，为我们忙里忙外；感谢家人对我的宽容和支持，正是有他们做坚强后盾，我才能够安心地学习、顺利完成学业，及至今日修订成书公开出版。

最后，需要特别感谢中国社会科学出版社孔继萍女士对本书出版的大力支持和帮助！

黄体杨

2019 年 3 月于昆明